现代职业教育汽车专业"十三五"创新规划教材

汽车自动变速器故障诊断与排除一体化教程

王正旭　刘炽平　杨　旭　编著

机械工业出版社

本书内容以汽车自动变速器故障诊断与排除为主，侧重讲解液压控制和电控系统，重点是自动变速器故障诊断的方法和技巧，让你对棘手的自动变速器故障不再无从下手。

本书的特点是以企业工作任务情境导入学习任务，体现工学一体的教学思想；配有大量实物图片和简图，直观高效；操作步骤详细，实用性强；以油路分析、阀体拆装、故障诊断与排除方法为主线，使理论与实践相结合，是理实一体化教学教材。

附录配有"工学结合一体化课程教学设计示范教案""知识技能与工作要求鱼骨图""自动变速器不升档故障诊断与排除学习工作页"，是新法教学思路的精彩体现。

本书以《汽车自动变速器检修一体化教程》为学习基础，是学习汽车自动变速器技术的高级教程，特别适合三年制、四年制、五年（3+2）制技工学校学生使用，也适合对汽车自动变速器有初步了解但并不精通的技术人员学习。

图书在版编目（CIP）数据

汽车自动变速器故障诊断与排除一体化教程/王正旭，刘炽平，杨旭编著. —北京：机械工业出版社，2017.11
现代职业教育汽车专业"十三五"创新规划教材
ISBN 978-7-111-58214-4

Ⅰ.①汽… Ⅱ.①王…②刘…③杨… Ⅲ.①汽车－自动变速装置－故障诊断－高等职业教育－教材②汽车－自动变速装置－维修－高等职业教育－教材 Ⅳ.①U472.41

中国版本图书馆CIP数据核字（2017）第245596号

机械工业出版社（北京市百万庄大街22号　邮政编码100037）
策划编辑：齐福江　责任编辑：齐福江
责任校对：肖　琳　封面设计：陈　沛
责任印制：孙　炜
保定市中画美凯印刷有限公司印刷
2018年1月第1版第1次印刷
184mm×260mm·11.5印张·4插页·278千字
0 001—3 000册
标准书号：ISBN 978-7-111-58214-4
定价：38.00元

凡购本书，如有缺页、倒页、脱页，由本社发行部调换

电话服务　　　　　　　　　　　　网络服务
服务咨询热线：010-88379833　　　机 工 官 网：www.cmpbook.com
读者购书热线：010-88379649　　　机 工 官 博：weibo.com/cmp1952
　　　　　　　　　　　　　　　　　教育服务网：www.cmpedu.com
封面无防伪标均为盗版　　　　　　金　书　网：www.golden-book.com

当前,职业教育课程改革的方向是由传统学科体系的"理论+实操"模式,到理实一体化模式,再到工学一体化模式。"工学一体"即:学习的内容即工作内容,通过工作实现学习,因此要求教学的内容必须是来自企业的实际工作。但企业的工作是零散的、具体的、可操作的,而学校的课程必须是系统的、完整的、可教授的,教学不是企业的师傅带徒弟。因此,如何把企业的典型工作任务转化为学校的课程成为实现"工学一体"教学模式的关键。

实践专家访谈会是实现课程转化的重要手段。经过实践专家访谈会研讨和论证,根据具体能力水平要求,我们把汽车自动变速器维修分为初中级水平层次和高级水平层次两个阶段,对应教材分别为《汽车自动变速器检修一体化教程》和《汽车自动变速器故障诊断与排除一体化教程》,适于"3+2"学制使用。

初中级水平层次以维修液力变矩器和齿轮变速机构的机械部分为主,侧重于故障现象的确认与检修。高级水平层次以故障诊断与排除为主,侧重于液压控制系统与电控系统的检修。

本书的突出特点如下:

1. 以企业工作任务情境导入学习任务,体现工学一体的教学思想,并附有示范教案和工作页。

2. 配有大量实物图片和简图,直观高效。

3. 操作步骤详细,实用性强。

4. 以油路分析、阀体拆装、故障诊断方法为主线,使理论与实践相结合,是理实一体化教学的典范教材。

5. 详细介绍了自动变速器液控系统和电控系统两大部分,侧重于自动变速器故障诊断的思路与方法。

6. 书中内容来自教学实践一线的课堂、车间、修理厂,从学习者的角度切入,符合认知的一般规律,通俗易懂。

本书以《汽车自动变速器检修一体化教程》为学习基础,是学习汽车自动变速器技术的高级教程,特别适合三年制、四年制、五年制技工学校学生使用,也适合对汽车自动变速器有初步了解但并不精通的技术员学习。

本书由广州市工贸技师学院王正旭、刘炽平、杨旭编著。由于资料收集等方面原因,书中难免有疏漏和不当之处,欢迎大家批评指正。

编著者

前言

项目一　检修自动变速器控制系统 ... 1

学习任务一　检修油泵 ... 4
活动一、检修齿轮泵 ... 5
活动二、检修叶片泵 ... 10
活动三、检修转子泵 ... 12
活动四、更换别克 4T65E 自动变速器油泵 ... 12
活动五、油泵的检查 ... 14
活动六、油泵的组装 ... 15
回顾与思考 ... 16

学习任务二　认识与检修主要控制阀 ... 17
活动一、认识油压调节阀 ... 17
活动二、认识控制信号转换阀 ... 22
活动三、检修换档控制阀 ... 27
活动四、检修阀体 ... 34
回顾与思考 ... 42

学习任务三　液控原理与油路分析 ... 43
活动、电液控自动变速器各档油路分析 ... 44
回顾与思考 ... 59

学习任务四　检修自动变速器电控系统故障 ... 60
活动一、认识自动变速器电控系统特点 ... 60
活动二、认识自动变速器电控系统组成 ... 62
活动三、掌握控制原理 ... 76
活动四、就车技能实训 ... 81
回顾与思考 ... 81

学习任务五　认识锁止控制与散热系统 ... 81
活动一、认识液控锁止离合器的控制原理 ... 82

活动二、认识电控锁止离合器控制原理 ·· 84
　　活动三、认识锁止离合器工作原理 ·· 85
　　活动四、认识自动变速器冷却系统 ·· 90
　　活动五、认识自动变速器辅助装置 ·· 91
　　回顾与思考 ·· 92
复习题 ·· 94

项目二　自动变速器故障诊断方法 ··· 96

学习任务一　自动变速器故障诊断一般步骤 ··· 96
　　活动一、了解故障发生的整个过程——问 ·· 97
　　活动二、直观检查——望 ·· 98
　　活动三、异响检查——听 ·· 98
　　活动四、油液检查——摸与闻 ··· 99
　　活动五、故障诊断步骤 ··· 99
　　活动六、利用液控图分析故障 ··· 100
　　回顾与思考 ·· 102
学习任务二　自动变速器试验 ··· 102
　　活动一、失速试验 ··· 103
　　活动二、时滞试验 ··· 105
　　活动三、油压试验 ··· 106
　　活动四、气压试验 ··· 109
　　活动五、道路行驶试验 ·· 117
　　回顾与思考 ·· 120
复习题 ·· 120

项目三　自动变速器常见故障诊断与排除 ··· 123

学习任务一　自动变速器异响故障诊断与排除 ·· 123
　　活动一、异响的诊断方法 ··· 124
　　活动二、异响的来源 ··· 124
　　活动三、检修异响的经验 ··· 125
　　活动四、异响故障诊断与排除实践 ·· 127
　　回顾与思考 ·· 130
学习任务二　自动变速器换档冲击大故障诊断与排除 ······································· 130

活动一、换档冲击大故障现象与原因认知……………………………………131
　　活动二、换档冲击大故障诊断与排除实践……………………………………133
　　回顾与思考………………………………………………………………………135

学习任务三　自动变速器换档规律不正常故障诊断与排除……………………135
　　活动一、升档过迟故障诊断与排除……………………………………………135
　　活动二、不能升档故障诊断与排除……………………………………………137
　　活动三、无超速档故障诊断与排除……………………………………………138
　　活动四、无前进档故障诊断与排除……………………………………………140
　　活动五、无倒车档故障诊断与排除……………………………………………140
　　回顾与思考………………………………………………………………………141

学习任务四　自动变速器打滑故障诊断与排除…………………………………141
　　活动一、自动变速器打滑故障现象与原因认知………………………………142
　　活动二、自动变速器打滑故障诊断与排除实践………………………………143
　　回顾与思考………………………………………………………………………146

学习任务五　自动变速器其他常见故障诊断与排除……………………………146
　　活动一、一挂档就灭车故障诊断与排除………………………………………147
　　活动二、无发动机制动故障诊断与排除………………………………………147
　　活动三、液压油（ATF）易变质故障诊断与排除……………………………148
　　回顾与思考………………………………………………………………………150
复习题……………………………………………………………………………………150

附录

　　附录 A　工学结合一体化课程教学设计示范…………………………………152
　　附录 B　自动变速器不升档故障诊断与排除知识技能与工作要求
　　　　　　鱼骨图……………………………………………………………………167
　　附录 C　自动变速器不升档故障诊断与排除学习工作页……………………168

项目一 检修自动变速器控制系统

液力变矩器和齿轮变速机构组成了自动变速器的机械传动部分,这一部分可以提供若干个传动比供汽车行驶时选择,且在动力不中断的情况下实现档位自动变换,这一切都是在液压控制系统的控制下完成的。因此,控制系统的作用是根据自动变速器变速杆的位置,以及汽车的行驶状态(节气门开度、车速等因素),按照预先设定的换档规律,在汽车行驶过程中,自动选择档位,通过控制换档执行元件的工作,改变齿轮变速机构的传动比,实现档位变换。

液压控制系统除了控制自动换档外,还要兼顾液力变矩器的油压补偿,所有运动部件,特别是行星轮的润滑,以及工作介质(ATF)的冷却等功能,它的主要组成部分包括油泵、阀体、若干控制阀和冷却系统等。

液压控制系统控制自动换档的信息主要有三个:变速杆的位置、节气门的开度(发动机的负荷)和汽车行驶的速度(车速)。当驾驶人选定变速杆位置时,控制系统将根据节气门的开度和车速实现自动换档。下面学习自动变速器的换档原理。

一、换档控制原理

1. 全液控自动变速器的换档原理

如图 1-0-1 所示,起动发动机时,油泵泵油,建立系统油压,经主调压阀调节后进入手动阀,当驾驶人选择 D 位行车时,手动阀将系统油压送入节气门阀和速控阀。节气门阀受节气门拉索控制,当节气门开度大时,节气门阀控制的节流口开度大,节气门油压就增大,此油压作用于换档阀左端,使换档阀向右移动;速控阀产生速控油压,速控油压的大小取决于车速,车速越快,速控油压越大,此油压作用于换档阀右端,使换档阀向左移动。

当汽车起步时,节气门开度大,节气门油压大;而车辆起步时,汽车行驶

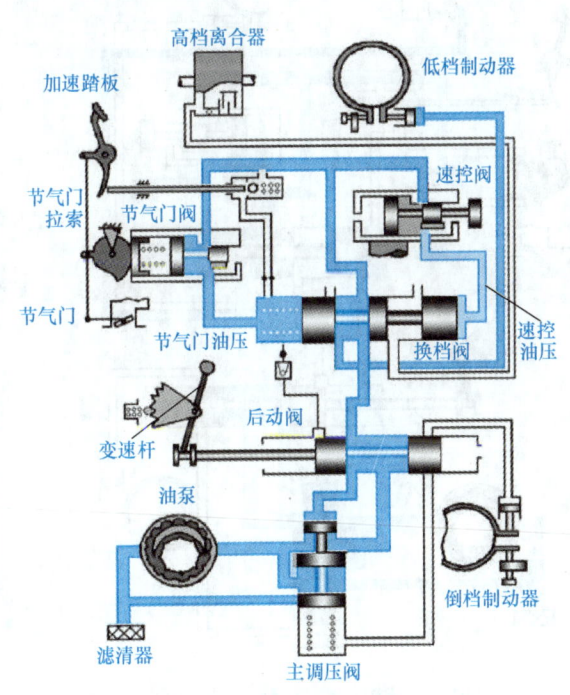

图 1-0-1 液控换档原理(低档位)

速度慢，因此，速控油压较小；在左边节气门油压和弹簧的共同作用下，使换档阀处于最右端，接通低档执行元件油路，汽车以低档位行驶。随着车速的加快，速控油压增大，当进入高档位车速范围时，速控油压克服节气门油压和弹簧的弹力，使换档阀左移接通高档位换档执行元件油路，汽车升档，如图1-0-2所示。可见，换档阀实际上是一个油路开关，可控制某个换档执行元件油路的通断，从而控制档位的变换。根据对A341E自动变速器各档位传动路线的分析可知，在D1档基础上，只要增加制动器B2工作，汽车即可升入D2档。因此，1-2档换档阀控制1、2档变换的实质就是控制B2制动器油路的通断。当B2制动器断油时，为D1档；当B2制动器通油时，汽车进入D2档行驶。同理，2-3档换档阀控制换档的实质就是控制C2离合器油路的通断。当C2离合器断油，汽车以D2档行驶，当C2离合器通油时，汽车进入D3档行驶。同样，3-4档换档阀是控制C0离合器和B0制动器的工作，汽车在D1、D2、D3档行驶时，C0离合器工作，而B0制动器不工作；当B0通油而C0泄油时，汽车进入D4档行驶。

换档阀的位置，取决于换档阀两边的油压，即节气门油压和车速油压。因此换档的主要信号是车速信号和节气门开度信号。

2. 电液控自动变速器的换档原理

电液控自动变速器是在全液控自动变速器的基础上改进而成。如图1-0-3所示，电液控自动变速器增加了电磁阀、电控单元、传感器和控制电路等，取消了速控阀，不再需要速控油压，而作用于换档阀两端的是由电磁阀控制的电磁阀油压；用车速传感器取代了速控阀，

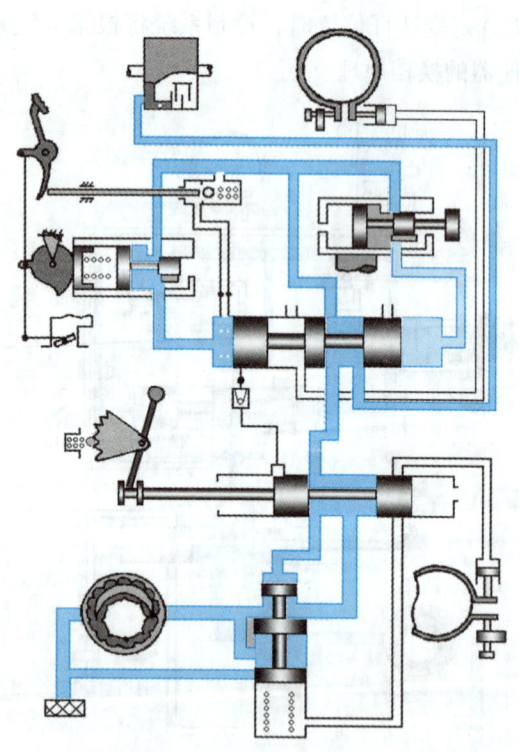

图1-0-2 液控换档原理（高档位）

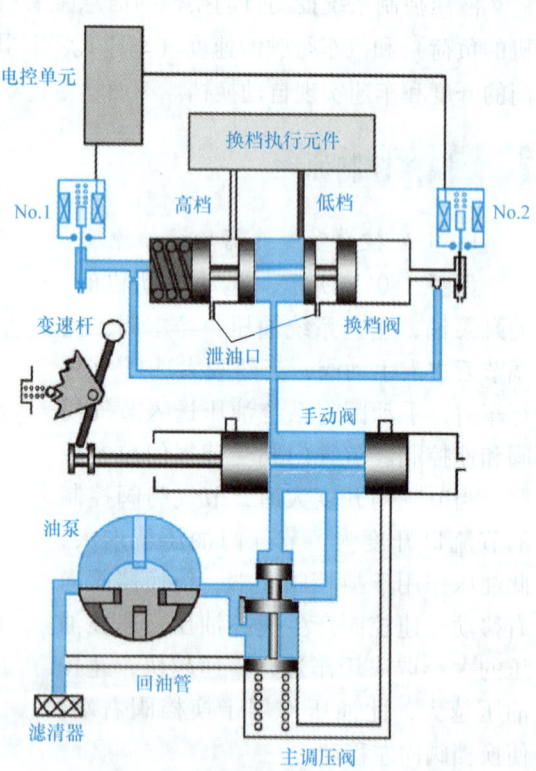

图1-0-3 电控换档原理（低档位）

将车速信号转变为电信号,送入控制单元。有的电液控自动变速器仍然保留了节气门拉索,此拉索产生的节气门油压可用于调节主油压的大小,作为主油压控制的修正信号,而不再决定换档时刻。电液控自动变速器的液控部分与全液控的相似。

起动发动机时,油泵建立油压,主调压阀调节主油路油压。当变速杆选择 D 位置时,手动阀将主油压送入换档阀中间,作为工作油压;同时,换档阀两端有经过节流口节流后的控制油压,此控制油压由电控单元控制的电磁阀控制。电控单元根据档位开关、车速传感器、节气门位置传感器等送入电控单元的信号,根据预先存储在其内部的控制程序,向 No.1 和 No.2 电磁阀发出指令,控制档位的自动变换。

当汽车起步时,电控单元根据相应传感器的信号,检测到车速较慢,而节气门开度较大时,使 No.1 电磁阀断电,泄油口关闭;No.2 电磁阀通电,泄油口打开。在换档阀左边建立油压,而换档阀右边泄油,使换档阀位于最右端,将工作油压送入低档位的换档执行元件,汽车进入低档位行驶。随着车速的加快,当车速传感器检测到汽车进入到高档位行驶速度范围时,根据换档程序控制 No.1 电磁阀通电,泄油口打开,No.2 电磁阀断电,泄油口关闭。换档阀右边建立油压,而左边泄油,如图 1-0-4 所示,使换档阀接通高档位油路,汽车升档。

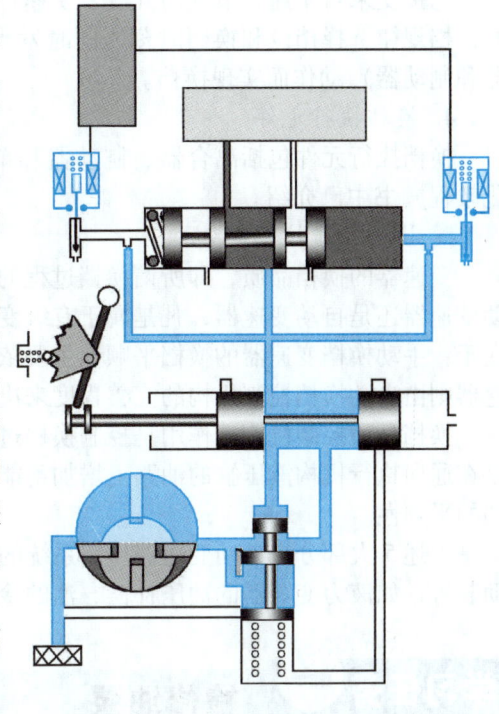

图 1-0-4 电控换档原理(高档位)

二、自动变速器控制系统的组成

虽然液力自动变速器的结构种类很多,液压控制系统各不相同,各具特点,但控制系统应满足的要求是同样的,故其主要组成是有共性的。前面已提到过,液压控制系统主要由油泵、阀体和若干控制阀等组成,但按系统中各装置的功能可分为以下几大部分。

1. 供油和调压部分

供油和调压部分是整个液压控制系统各个机构的动力源,向各个机构提供压力足够的液体,而且油压的大小随发动机的负荷、车速及档位等不同而相应变化。它由油泵、节气门阀或主油压电磁阀和主调压阀等组成。

2. 控制信号转换部分

自动换档是按控制参数的变化来执行和实现换档的,故必须有反映该参数的信号转换装置。控制参数(也即换档信息)主要有3个:①变速杆的位置。②节气门开度。③车速。通过节气门阀(或节气门位置传感器)和速控阀(或车速传感器)把节气门开度和车速转换成液压信号(或电信号),根据这两个信号自动地实现档位变换。实行自动换档的前提条件是变速杆的位置。对于设置 P、R、N、D、2、L 位的自动变速器,在 P、R、N 位是不需要自动换档的。只有在 D 位行驶时,才需要档位的自动变换。而 2 位和 L 位不同车型功能不同,共同点是都对某些档位做了限制。因此,控制信号转换的液压控制部分主要有手动阀

（或档位开关）、节气门阀（或节气门位置传感器）、速控阀（或车速传感器）等。

除此之外，还有各种换档模式信号，如手动换档模式、经济模式、运动模式、雪地驾驶模式、快放模式、下坡模式、坡道逻辑控制等。

3. 换档控制部分

换档控制部分由换档电磁阀和几个换档控制阀组成，是自动换档操纵系统中的核心机件。它接受来自车速、节气门开度、变速杆位置所传来的信号，进行比较和处理，并按预定的换档规律选择档位和换档时刻，同时发出相应的换档油压指令，使换档执行机构（离合器和制动器）动作而实现换档。

4. 换档执行元件

换档执行元件包括离合器、制动器和单向离合器3种，在《汽车自动变速器检修一体化教程》书中已介绍。

5. 换档品质控制部分

变速器的换档品质，即所谓换档过程的平稳性是自动变速器的一项重要指标。无论是手动变速器还是自动变速器，凡是属于有级变速器，都存在换档是否平顺的问题。两者的不同在于：手动换档变速器的换档平顺性主要依据驾驶人的操作技术熟练程度来决定，而自动变速器则由自动换档控制机构的完善程度来决定。

换档品质控制机构的作用是控制换档过程平稳、无冲击、防止产生大的动载荷。一般它是在通向执行机构液压缸的油路上增加蓄能器、缓冲阀、定时阀、压力调节阀等，来提高换档的平顺性。

上述5大部分是自动变速器控制系统的基本组成部分。在液压控制系统中还包括其他辅助装置，如液力变矩器的油压补偿、油的冷却和运动部件的润滑及其他辅助调节装置。

学习任务一 检修油泵

任务描述

一辆皇冠3.0轿车，装用A340E自动变速器，热车时动力不足，热车起步要深踩下加速踏板，才可慢慢起步，行驶时无力，加速不良。冷车正常。从故障现象分析，故障应由液压油泄漏引起。进一步检测判断，通过失速、时滞、液压等试验，初步判定应是油泵有故障。拆解油泵，测量其有关数据，发现油泵从动齿轮与泵体间隙已大于0.4mm，标准值是0.07~0.15mm，极限值是0.3mm，超出极限值。更换油泵后，故障排除。分析：在冷车时，变速器油的黏度较大，泄漏不明显，故冷车正常。热车后，油的黏度下降，油变稀，泄漏加大，油压不足，故动力下降。

请你根据以上描述，制订一份尽可能详细的维修计划方案，并说明其理由。

 知识目标

1. 能区别不同种类的自动变速器油泵。

2. 能判断油泵引起的自动变速器故障。

能力目标

1. 能正确安装油泵的驱动轴，不会损坏油泵。
2. 能分析判断油泵故障。

企业典型工作任务

检修热车动力不足故障。

油泵通常安装在液力变矩器之后，由液力变矩器泵轮轴驱动。由于泵轮与发动机飞轮通过螺栓刚性连接，可以认为油泵是由发动机直接驱动的。也有的油泵安装的位置不是紧挨液力变矩器，不能由泵轮轴直接驱动，通常用油泵驱动轴通过花键将泵轮与油泵连接起来，来驱动油泵运转。

油泵是液压控制系统中最重要的部件之一。油泵的作用是使液压油产生一定的压力，供给液压控制系统。其技术状况的好坏，对自动变速器的使用性能及使用寿命有很大的影响。在自动变速器的供油系统中，常用的油泵有齿轮泵、叶片泵和转子泵。其中齿轮泵应用较广。

活动一、检修齿轮泵

1. 齿轮泵的结构与工作原理

齿轮泵分为内啮合齿轮泵与外啮合齿轮泵两种，内啮合齿轮泵的应用比较广泛，如丰田系列自动变速器及大众系列自动变速器等（图1-1-1）；本田平行轴式自动变速器采用了外啮合式齿轮泵（图1-1-2）。

图 1-1-1　内啮合齿轮泵
（丰田 A341E 内啮合轮泵）

图 1-1-2　外啮合齿轮泵
（本田外啮合齿轮泵）

下面以丰田 A341E 自动变速器的内啮合齿轮泵为例，介绍齿轮泵的工作原理。

丰田 A341E 自动变速器齿轮泵由三部分组成：泵体、泵盖和一对内啮合齿轮，如图 1-1-3、图 1-1-4 所示。

泵体上有间距不等的 7 个螺栓孔，通过 7 个螺栓将油泵固定在变速器壳体上，其中相对的两个孔内有螺纹，可以拧入拉力器螺栓，将油泵从壳体上拉出。泵体上有进油口、出油

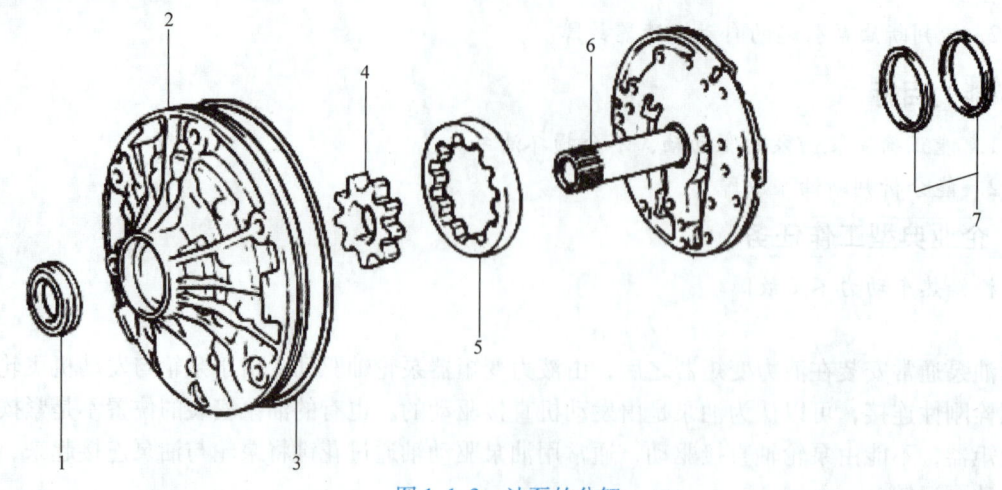

图 1-1-3　油泵的分解

1—油封　2—泵体　3—O形密封圈　4—主动齿轮　5—从动齿轮　6—泵盖　7—密封环

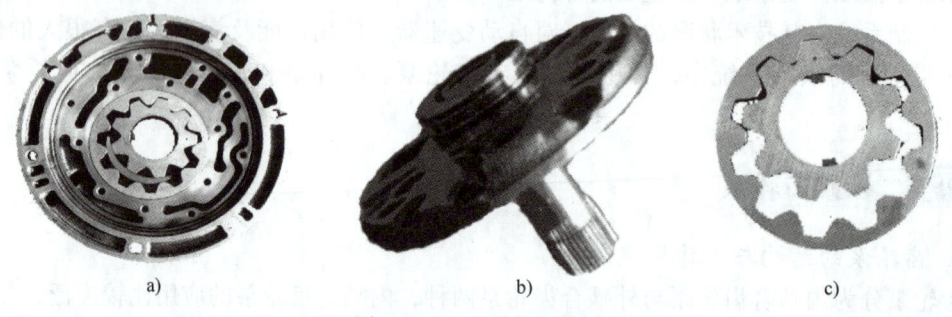

图 1-1-4　油泵实物分解

a) 泵体　b) 泵盖　c) 一对齿轮

口、进油腔、出油腔。泵体上的月牙台隔墙将进油腔和出油腔隔开，泵体上还有液力变矩器油道、C0离合器油道、通气口等，在泵体的中心孔处还有铜套和油封，如图1-1-5所示。

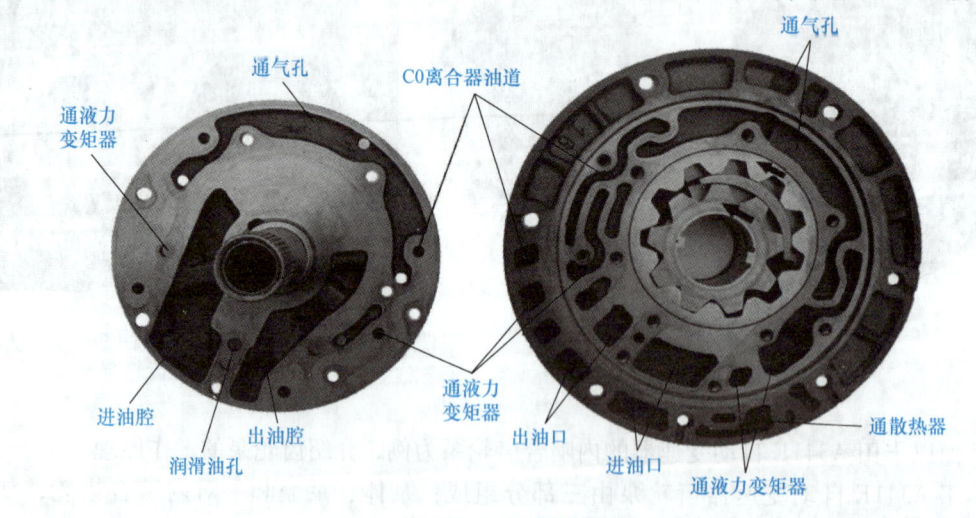

图 1-1-5　油泵油道

泵盖上有13个螺栓孔，均匀分布，将泵盖固定在泵体上，以防油压过大造成泵盖变形而漏油。泵盖轴上的花键插入液力变矩器内，用于固定导轮单向离合器内圈，使导轮被单向固定，以便汽车在低速行驶时，导轮不动，从而改变液流方向，增加变矩器的输出转矩。在泵盖轴内有两个铜套，可以减小变速器输入轴与泵盖轴的摩擦。

一对内啮合齿轮。小齿轮主动，大齿轮从动。小齿轮内侧有两个齿，插入泵轮轴上的凹槽内，用于驱动油泵运转。一般要先将液力变矩器插到油泵内，保证插到位，然后将液力变矩器和变速器总成一起与发动机连接，否则变矩器泵轮轴上的凹槽很难插入油泵小齿轮的两个齿上，甚至会损坏油泵齿轮。

当油泵转动时，油泵的主动齿轮带动从动齿轮转动。在齿轮脱离啮合的一端，容积由小变大，产生吸力，将油液从油底壳经滤网吸入油泵。在齿轮进入啮合的一端，容积由大变小，油压升高，把油以一定压力泵出。油泵由发动机经液力变矩器直接驱动，所以油泵转速随发动机转速改变而改变，其排油量也随之变化。在油泵的输出油路中装有卸压阀，其作用是限制油泵最高输出压力，稳定油压，以保证液压系统的安全。油泵驱动轴如图1-1-6所示。

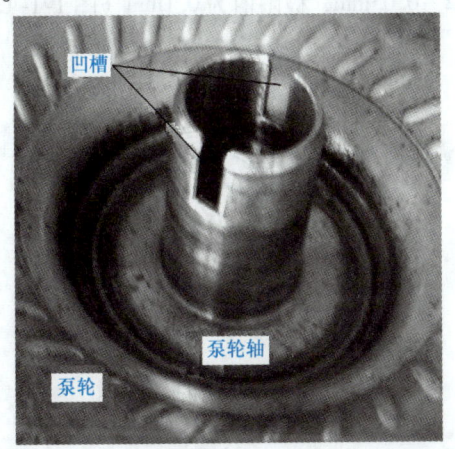

图1-1-6　油泵驱动轴

2. 油泵的分解与检修

1）将液力变矩器作为工作台，然后将油泵放在液力变矩器上（图1-1-7）。

2）取下封油环（图1-1-8）。

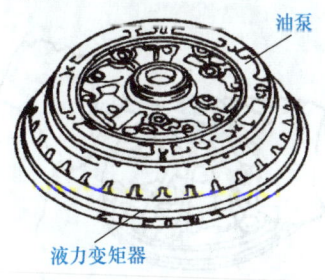
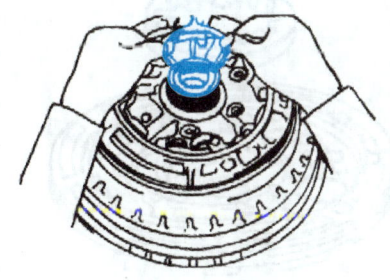

图1-1-7　油泵与变矩器　　　　　图1-1-8　取下封油环

3）卸下泵盖上的13个螺栓，然后从油泵体上取下泵盖。从液力变矩器上取下泵体（图1-1-9）。

4）检查从动齿轮与泵体之间的间隙：将塞尺插入从动齿轮与泵体间，标准间隙为0.07～0.15mm，极限值为0.3mm。如果此间隙超过极限值，应更换齿轮或泵体（图1-1-10）。

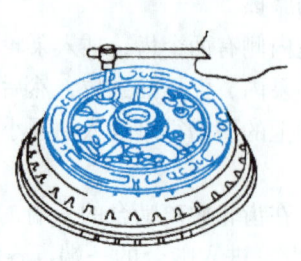

图 1-1-9 分解油泵

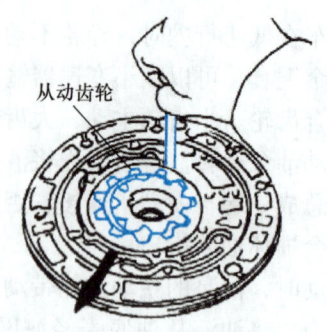

图 1-1-10 测量油泵间隙（一）

5）检查主、从动齿轮与月牙台隔墙的间隙，标准间隙为 0.11~0.14mm，极限值为 0.3mm（图 1-1-11）。

6）检查齿轮端面与泵盖间隙，标准间隙为 0.02~0.05mm，极限值为 0.1mm（图 1-1-12）。

图 1-1-11 测量油泵间隙（二）

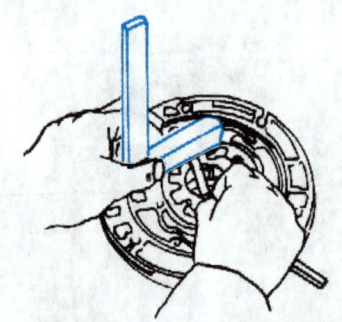

图 1-1-12 测量油泵间隙（三）

7）拆卸油泵主动齿轮和从动齿轮（图 1-1-13）。

8）用螺钉旋具撬出油封（图 1-1-14）。

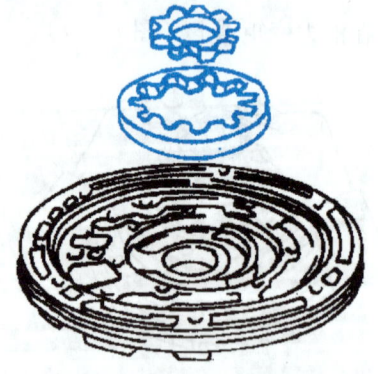

图 1-1-13 取出油泵齿轮

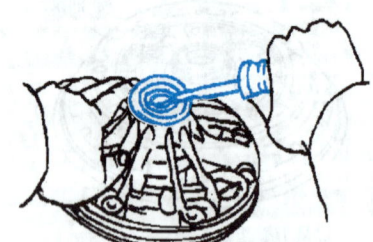

图 1-1-14 撬出油封

9）使用 SST（专用工具）安装新的油封，油封与泵体外缘配合部分应光滑。在油封边缘涂上润滑脂（图 1-1-15）。

3. 油泵衬套的检查与装配

1）检查泵体衬套，用百分表测量油泵衬套内径，最大为 38.19mm（图 1-1-16）。

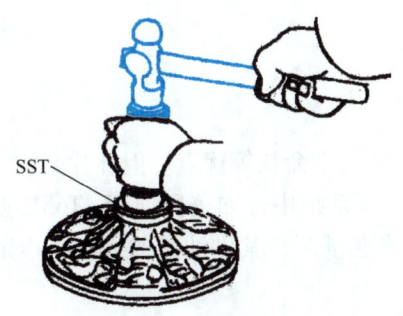

图 1-1-15　安装新油封

图 1-1-16　检查泵体衬套

2）检查泵盖衬套，前端为 21.58mm，后端为 27.08mm（图 1-1-17）。

3）将油泵体放在液力变矩器上，在从动齿轮和主动齿轮上涂上自动变速器油（ATF），如图 1-1-18 所示。

4）使泵盖对准泵体上的螺栓孔，用 10N·m 的力矩拧紧 13 个螺栓（图 1-1-19）。

5）将两个封油环涂上 ATF，装到泵盖上（图 1-1-20）。

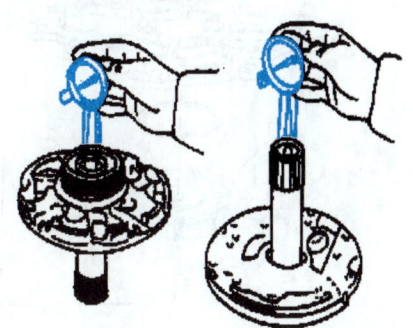

图 1-1-17　检查泵盖衬套

6）检查油泵驱动齿轮运转情况，注意确保驱动齿轮转动平滑（图 1-1-21）。

图 1-1-18　涂 ATF

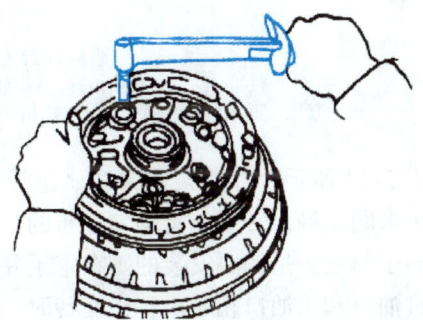

图 1-1-19　拧紧泵盖

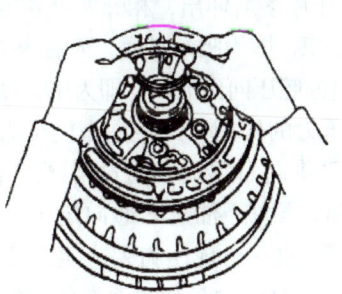

图 1-1-20　封油环上涂 ATF

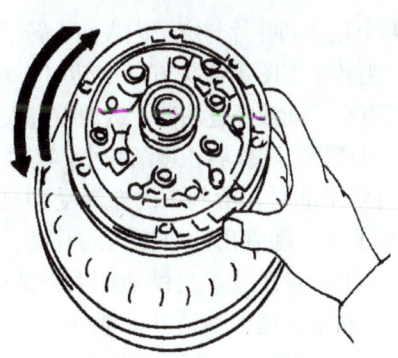

图 1-1-21　检查齿轮转动

活动二、检修叶片泵

一般说来，叶片泵具有结构紧凑、流量均匀、使用寿命长等优点。但叶片泵的结构比较复杂，制造精度要求高，所以常用于压力较高的液压系统中，如美国通用 4T65E 型自动变速器、马自达 R4A-EL 变速器等。叶片泵可以制成变量泵，其供油量的大小可以随系统油压的变化而自动调节。其结构如图 1-1-22 所示。

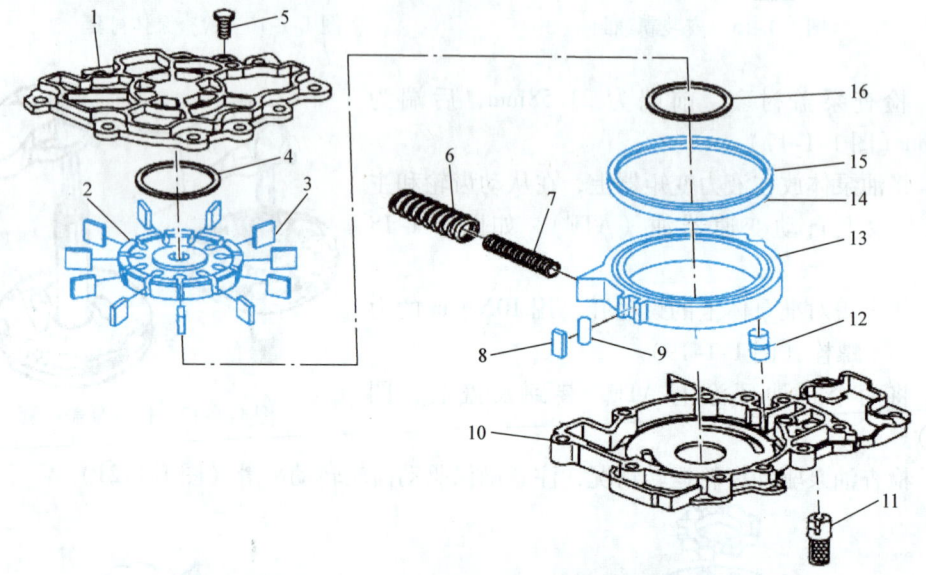

图 1-1-22 叶片泵结构
1—泵盖 2—转子 3—叶片 4、16—内环 5—泵盖螺栓 6、7—调压弹簧 8—滑块 9—滑块支撑
10—泵体 11—出口滤网 12—支撑销 13—定子 14—滑块密封圈 15—密封圈

如图 1-1-23 所示，叶片泵由泵体、定子、转子、叶片等组成。叶片内端与内环接触，外端与定子内圈接触，转子上有均匀分布的径向狭槽，矩形叶片安装在槽内，并可在槽内径向滑动。转子与定子是偏心安装的。在定子和转子的两个端面有进油腔和出油腔，分别与泵壳体上的进油口和出油口相通。转子旋转时，叶片靠离心力及叶片槽底压力油的作用，紧贴在定子内壁上。

这样，两个相邻的叶片与定子内表面、转子外表面及两端面的进出油腔，构成了若干个密封的工作容积。当转子按图示箭头方向旋转时，左边的叶片逐渐伸出，相邻两叶片的容积逐渐增大，形成局部真空，油液经进油口、进油腔进入工作容积，即为吸油过程。而右边的叶片被定子内表面逐渐压进槽内，工作容积逐渐减小，将油液经出油腔压向出油口，即为压油过程。

当 b 口向外供油时，滑阀 7 的左端受到泵出口压力的作用，产生向右的推力，并与滑阀的弹簧载荷相平衡。随着出油口油压的升高，滑阀 7 将向右移动，通过滑阀左端中心油道，使油道 c、d 的供油量改变。当供油压力较低时，供油压力经油道 c 通向定子 2 的下部油室 8，而定子上部油室 6 则经油道 d 而泄油。因此，上下油室出现压力差，定子 2 上移，增大定子与转子的偏心位置，叶片泵的输出排量增大。当油泵供油量超过系统需要时，泵出口油压升高，滑阀向右移动，通过油道 c、d 相连定子 2 下移，直到上下受力平衡为止。由于偏心量减少，油泵输出油量减少，主油路的油压下降，滑阀7又回复原位，在上下油室内保持受力平衡。如果供油需用量增加则系统油压因此而下降，反过来偏心量将增加，自动增大油泵的排量，保持供油系统的主压力基本不变。

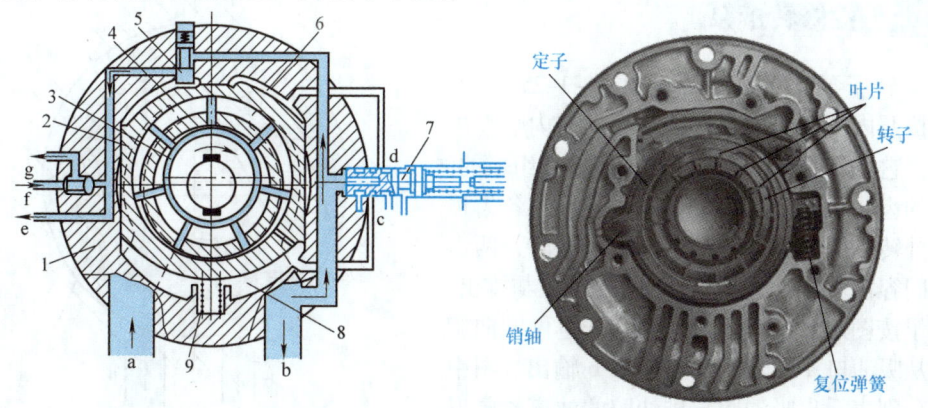

图 1-1-23　叶片泵工作原理与实物
1—泵体　2—定子　3—内环　4—转子　5—供油阀　6—上部油室　7—滑阀　8—下部油室　9—弹簧
a—吸油口　b—排油口　c、d、e、f、g—油道

在供油油路中的供油阀5，可根据偏心量的大小调节输往散热器（油道e与f）及液力元件的供油流量。在油泵起动时，供油阀5位于上部，下面的供油量最小，以保证优先供应控制系统用油。当定子偏心量逐渐减小时，向供油阀5下部的供油量逐渐增大。定子下部油室中的弹簧9，可使定子在油泵起动前保持在最大偏心位置，以使开始供油时得到最大的输出排量。

别克4T65E叶片式油泵如图1-1-24所示。

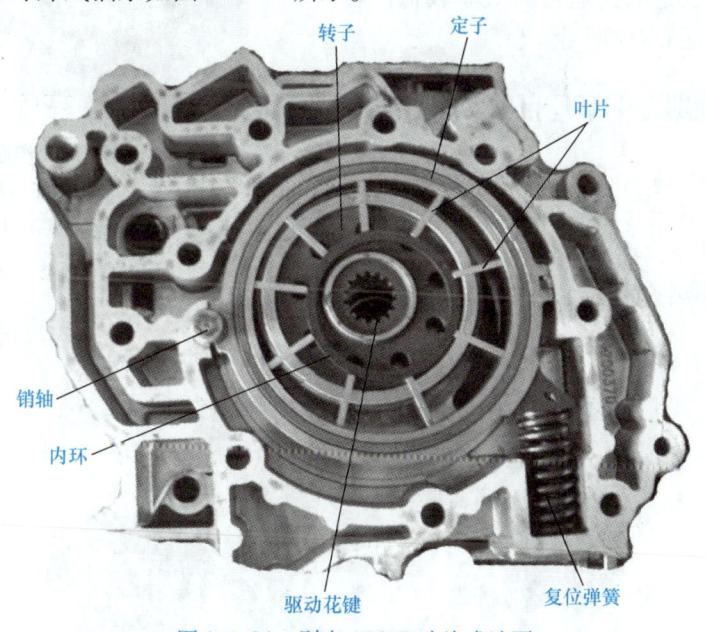

图 1-1-24　别克4T65E叶片式油泵

自动变速器油泵一般均由发动机曲轴直接驱动，当发动机不工作，车辆被牵引时，自动变速器的油泵也不工作。这表明没有工作液ATF输送到变速器。如果车辆被高速或长距离牵引，各种转动零件上涂敷的保护润滑油膜必将消失，并引起变速器卡住。所以车辆应在低速条件下

被牵引（不超过30km/h）并且每次牵引距离不得超过80km。另外，如果变速器有故障或者开始严重泄漏ATF，牵引车辆时应提起驱动轮使其脱离地面。或者将传动轴脱开。

活动三、检修转子泵

转子泵又称摆线泵，如图1-1-25所示，它也是按照内啮合原理工作的油泵。与内啮合齿轮相似，它也是由外转子和内转子及泵体组成的，内转子的齿数比外转子少一个，内转子的各齿顶通常与外转子的齿面滑动接触，随着回转，两齿轮的齿间容积发生变化，进行油液的吸入与排出。当内转子按图示方向转动时，外转子也做同向旋转，并从吸油口a吸油，经出油口b输出。图中的虚线分别表示出吸油腔与排油腔的油道轮廓形状。外转子由于其壳体上没有月牙板存在，加工比较容易，为了得到高容积效率，齿形的加工精度要求较高。转子泵适用于对工件要求高速运转、使用寿命长的场合。

转子泵的结构与内啮合齿轮泵极其相似。由于其壳体上没有月牙板存在，加工较容易，寿命长，适用于高速运转，所以也得到广泛应用。转子泵的缺点是低速运转时效率较低。转子泵常用于美国克莱斯勒车上。

活动四、更换别克4T65E自动变速器油泵

1）拆下壳体侧盖，如图1-1-26所示。
2）拆下油泵螺栓（图1-1-27）：螺栓B连接油泵与壳体，共2个；螺栓A连接油泵与壳体盖，共9个。切勿拆下泵盖的紧固螺栓（共1个）。

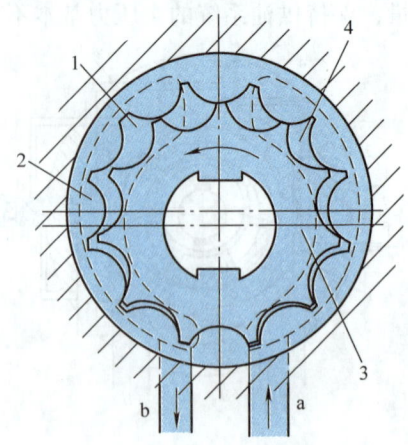

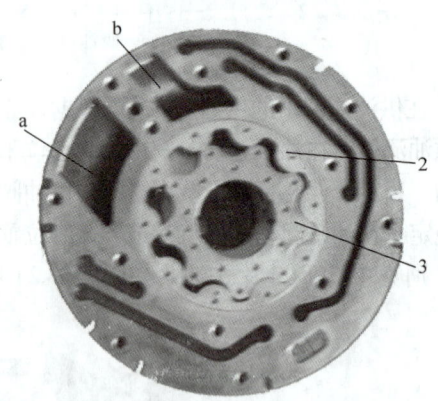

图1-1-25 转子泵工作原理与实物
1—出油腔 2—外转子 3—内转子
4—进油腔 a—进油口 b—出油口

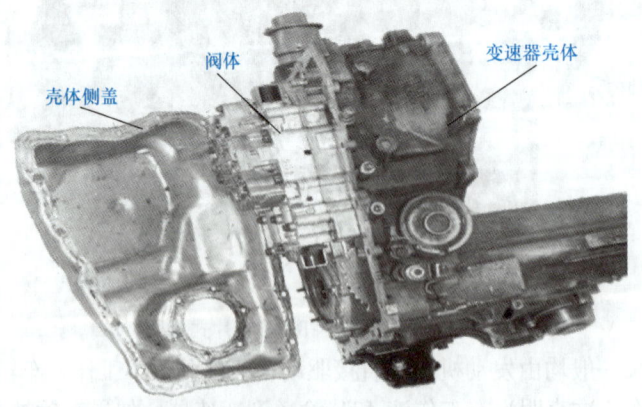

图1-1-26 拆下壳体侧盖

图 1-1-27　拆下油泵螺栓

3) 从阀体上取下油泵，如图 1-1-28 所示。

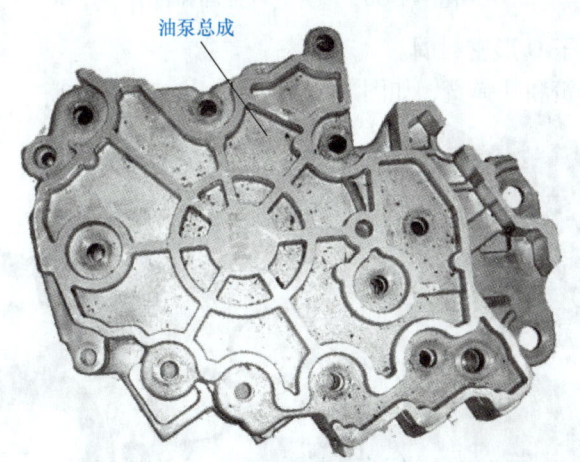

图 1-1-28　油泵总成

4) 拆下油泵盖螺栓，从泵体上取下泵盖，如图 1-1-29 所示。

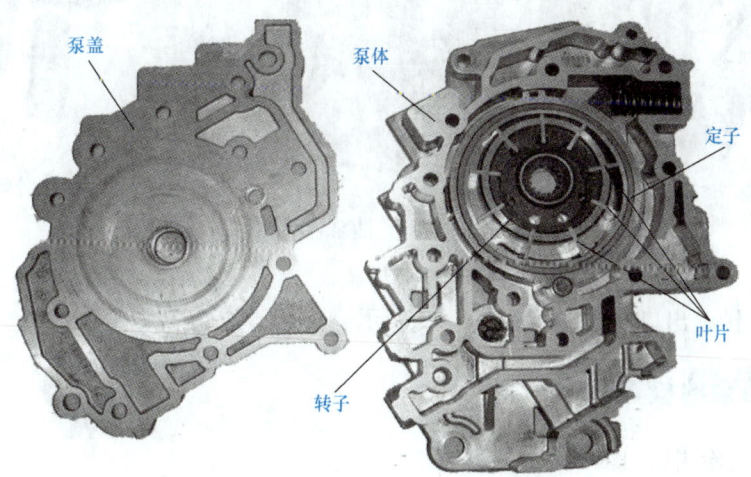

图 1-1-29　打开油泵盖

5) 取下叶片环、叶片、转子（图 1-1-30）。

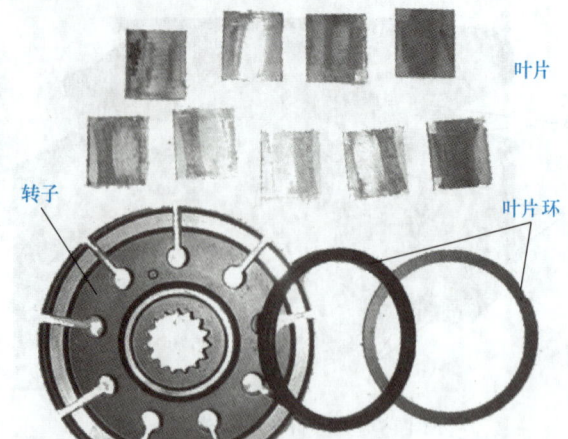

图 1-1-30 叶片、叶片环和转子

6）拆下油封和定子 O 形密封圈。

7）拆下油泵内弹簧和外弹簧，如图 1-1-31 所示。

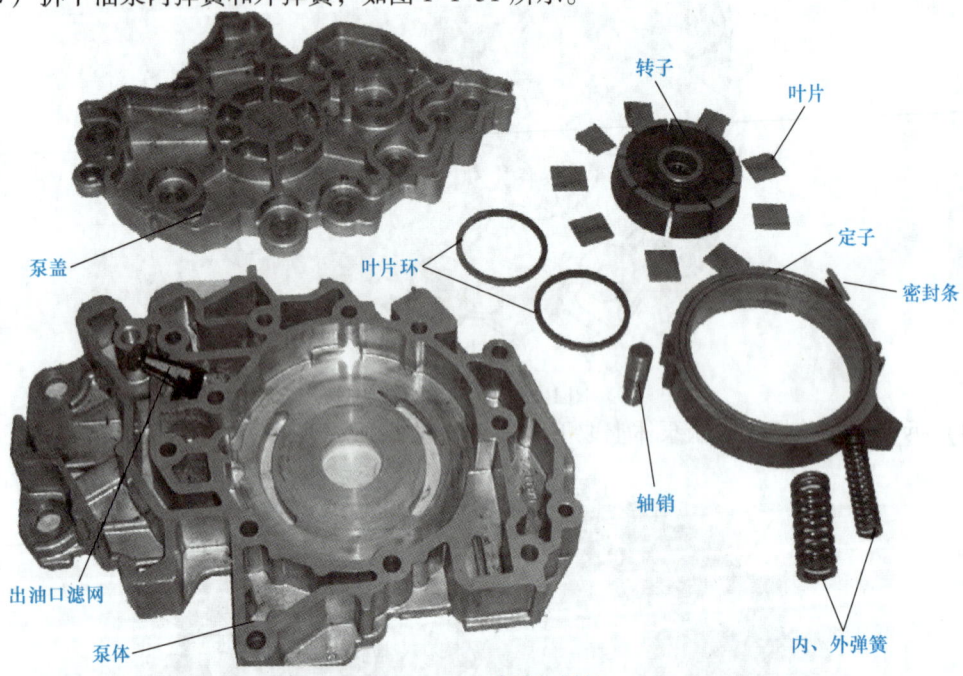

图 1-1-31 油泵各部件

8）拆下定子、定子密封圈支架和定子密封条。

9）拆下轴销、出口滤网，如图 1-1-32 所示。

活动五、油泵的检查

油泵部件的检测如图 1-1-33 所示。

1）检查泵体是否有砂眼，油道是否互相连通，检查泵内表面或机加工面是否损坏。

图 1-1-32 出口滤网与轴销
a）油泵出口滤网 b）定子轴销

2) 检查定子、弹簧、转子和叶片是否损坏。
3) 检查滑座密封圈、定子支架是否损坏。
4) 测量转子、叶片、定子的尺寸，并与标准值对照。

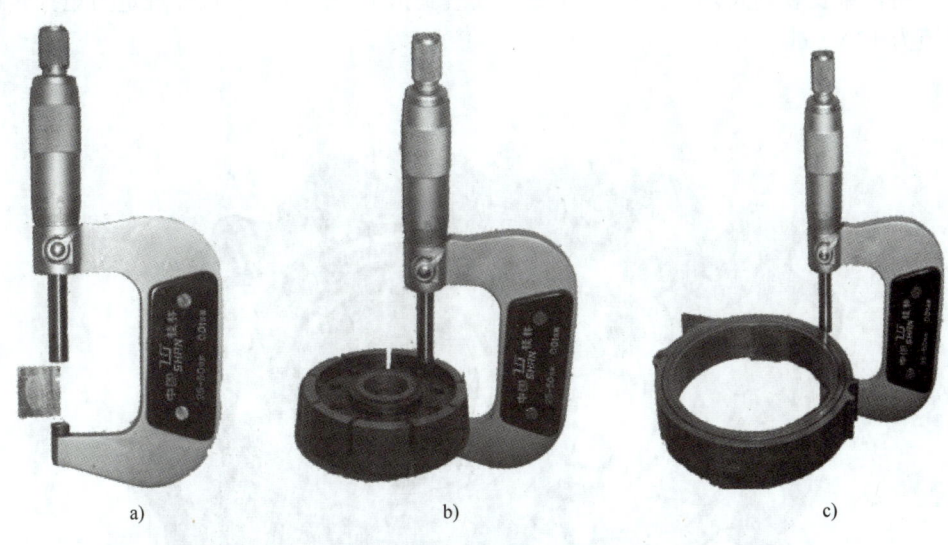

图 1-1-33　油泵部件的检测

5) 确保更换的零件是配套的。油泵部件的厚度见表 1-1-1。

表 1-1-1　油泵部件的厚度　　　　　　　　　　　　（单位：mm）

转子	定子	叶片
17.953 ~ 17.963	17.957 ~ 17.967	17.943 ~ 17.961
17.963 ~ 17.973	17.983 ~ 17.993	17.967 ~ 17.977
17.973 ~ 17.983	17.977 ~ 17.987	17.979 ~ 17.997
17.987 ~ 17.997	17.961 ~ 17.979	

活动六、油泵的组装

1) 清洗油泵，并用压缩空气吹干。
2) 安装油泵出口滤网。
3) 将叶片环装入泵室内。
4) 将滑座装入泵体。
5) 在滑座上安装密封圈和支架。
6) 将内弹簧装入外弹簧，并一起装入泵体。

7）在滑座上安装O形圈和密封圈。

8）将转子装入泵体。

9）将叶片装入转子槽内，并确保叶片与转子顶部平齐，如图1-1-34所示。

10）安装泵盖螺栓，拧紧力矩为 $8N·m$。

11）将油泵安装到阀体上，将11个螺栓安装到指定的位置，并按照规定力矩拧紧螺栓。拧紧力矩为 $12N·m$。

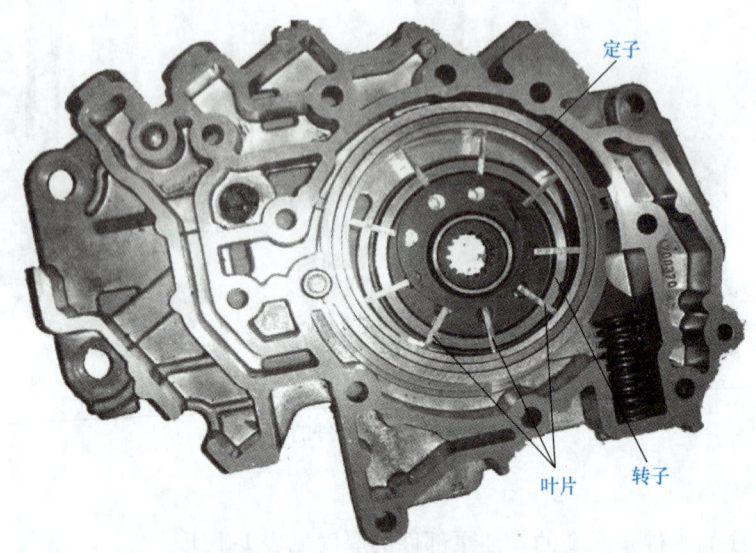

图1-1-34　定子、转子和叶片顶部平齐

判断油泵故障：
　　油泵故障会影响自动变速器的所有档位！个别档位故障与油泵无关！

回顾与思考

1. 自动变速器油泵有哪几种形式？
2. 如何判断油泵故障？
3. 查阅资料，总结油泵常见的损坏形式。如何检测？

项目一 检修自动变速器控制系统

学习任务二 认识与检修主要控制阀

任务描述

一辆现代索纳塔轿车，装用 KM175 自动变速器。该车没有前进档，不能前进行驶。首先抽出油尺，检查自动变速器润滑油，油尺上看不到油迹，说明缺油。补加一部分润滑油后，车辆仍不能前进。再检查油尺，油有糊味，并且有摩擦片残渣。决定解体自动变速器，发现前后离合器摩擦片烧损严重。更换全部摩擦片及密封件，对自动变速器彻底清洗，组装后，试验，故障排除。

请你根据以上描述，制订一份尽可能详细的维修计划方案，并说明其理由。

知识目标

1. 能够熟悉主要控制阀及其功能。
2. 说出丰田自动变速器阀体控制的一般规律。

能力目标

能分解和组装阀体。

企业典型工作任务

检修无前进档故障。

活动一、认识油压调节阀

自动变速器的油泵由发动机直接驱动，因此油泵的理论泵油量是和发动机的转速成正比的。为了保证自动变速器的正常工作，油泵的泵油量应在发动机处于最低转速工况时也能满足自动变速器各部分的需要，其中包括为驱动换档执行元件（离合器、制动器）活塞所需要的液压油、为防止液力变矩器过热而不断循环的液压油、齿轮机构润滑所需要的液压油、各处油封泄漏所消耗的液压油以及控制系统工作所需的液压油等，并保证油路中有足够高的油压，以防止油压过低，使离合器、制动器打滑，影响自动变速器的动力传递。由于发动机怠速工况的转速（750r/min）和发动机的最高转速（6000r/min）之间相差很大，当发动机高速运转时，油泵的泵油量将大大超过自动变速器各部分所需的油量，导致油压过高，增加发动机的负荷，并造成换档冲击。为此，必须在油路中设置一个油压调节装置，在发动机高速运转时让多余的液压油返回油底壳，使油泵的泵油压力始终稳定在一定范围内，以满足自动变速器各种工况对油路油压的要求。

1. 主调压阀

自动变速器油（ATF）经油泵加压后，首先送到主油路调压阀，调节系统油压，也叫主油压。主油压是自动变速器液压控制系统中最基本的油压,是产生其他油压的基础,用于操纵换档执行元件等。由于主油压在控制系统中的重要性,几乎所有的自动变速器,在其壳体外都设有主油压测试孔,用于检测主油压的大小。主调压阀如图 1-2-1 所示。

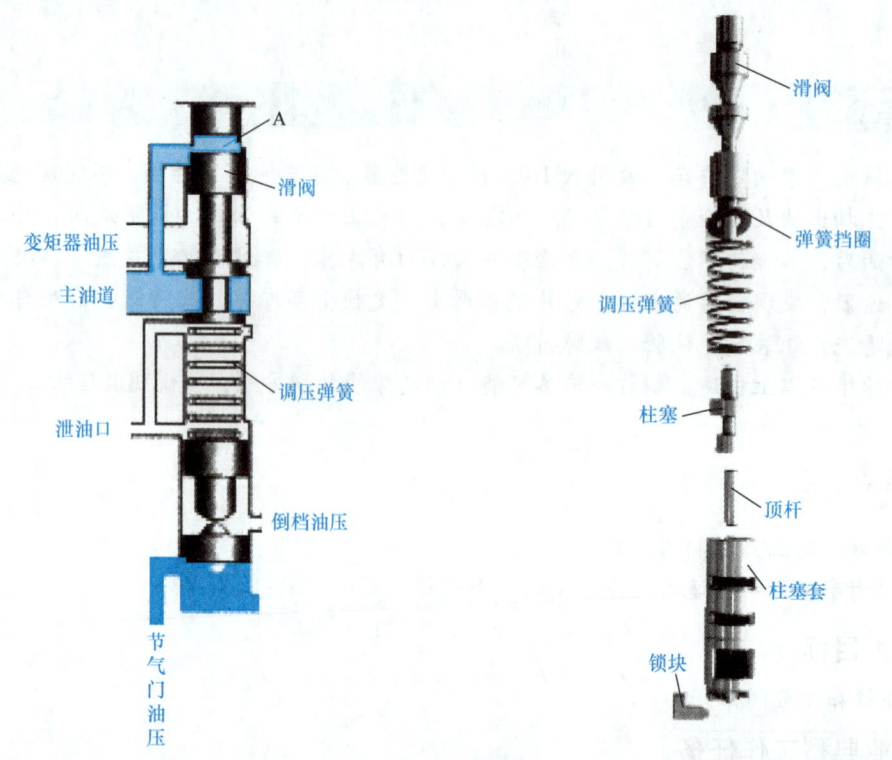

图 1-2-1 主调压阀

油泵运转时,来自油泵出口的压力油经油道通至调压阀上端的 A 腔,当 A 腔油压对调压阀的推力小于调压阀下端调压弹簧的预紧力时,调压阀被推至上端顶部。这时,泄油孔处于封闭状态,使油压上升。当 A 腔油压对调压阀的推力大于调压弹簧预紧力时,滑阀下移,将泄油孔打开,油路中的部分液压油经泄油孔流回油底壳,使主油道油压下降。由于 A 腔油压即为主油道油压,A 腔油压也降低,调压弹簧又使滑阀向上移动,将泄油口关闭。由于油泵在不停运转,油压又会上升,如此反复,使主油道油压相对稳定。此压力通常情况下在 0.4~1.0MPa 间变化。自动变速器的控制系统及变矩器、各换档执行元件都是在主油路油压的作用下进行工作的。

为了使主油路油压能满足自动变速器不同工况的需要,油压调节装置还应具备下列功能。

1)主油路油压应能随发动机节气门开度的增大而升高。当节气门开度较大时,由于发动机输出功率和自动变速器所传递的转矩都较大,为了防止离合器、制动器等换档执行元件打滑,主油路油压要相应升高;反之,当节气门开度较小时,自动变速器所传递的转矩也较小,离合器、制动器不易打滑,主油路油压可以相应降低。

2)汽车在高速档(3 档或 4 档)以较高车速行驶时,由于此时汽车传动系统处在高转速、低转矩状态下工作,可以相应地降低主油路的油压,以减少油泵的运转阻力,节省燃油。

3）倒档时主油路的油压应比前进档时大，通常可达 1～1.5MPa。这是因为倒档在汽车使用过程中所占的时间很少，为了减小自动变速器的尺寸，倒档离合器或倒档制动器在设计上采用较少的摩擦片，因此在工作时需要有较高的油压，以防止其接合时打滑。

目前轿车自动变速器控制系统的主油路调压阀都是采用阶梯式滑阀，它可以根据来自控制系统中几个控制阀的反馈控制油压的变化来改变所调节的主油路油压的大小，图 1-2-1 是丰田 A341E 自动变速器的主调压阀，即为一个很典型的主油路调压阀。

在主油路调压阀下部的柱塞上还作用着两个反馈油压，它们分别是来自节气门阀的节气门油压和来自手动阀的倒档油路油压。这两个反馈油压对柱塞产生向上的推力。并通过柱塞作用在阀芯上，增加了作用在阀芯上的向上的推力，从而使主油路调压阀所调节的主油路油压增大。当汽车高速行驶时，可以通过降低节气门油压的大小，而使主油压降低，以减小油泵的负荷。这一原理在后面会详细讲解。

作用在主油路调压阀下部柱塞上的节气门油压由节气门阀控制，它随着发动机节气门开度的增加而增大。节气门开度愈大，节气门油压就愈高，主油路调压阀所调节的主油路油压也随之升高，这满足了大功率动力传递的需要。

自动变速器处于前进档时，倒档油路油压为0。挂入倒档后，来自手动阀的倒档油路压力油进入柱塞下部，增加了作用在柱塞和阀芯上的向上推力，主油路调压阀所调节的主油路油压也因此升高，满足了倒档时对主油路油压的需要。此时的主油路油压称为倒档油压。

根据以上分析可知，主油压不正常会影响到整个控制系统。若主油压过低，汽车动力不足，加速无力，换档执行元件打滑，烧摩擦片，严重时汽车不能行驶。这是自动变速器最常见的故障之一。若主油压过高，换档执行元件接合粗暴，汽车换档冲击大，密封困难，易漏油。关于此故障的排除方法，在后面章节会详细介绍。

2. 次调压阀

图 1-2-2 所示为次调节阀的结构示意图。从图中可知，由主调压阀泄出的油液进入次调压阀，次调压阀的工作油压来自主调压阀节流孔，此油压与阀上端 A 腔油压相同。当 A 腔油压增大时，克服下端调压弹簧的推力，使滑阀下移，将工作油压与散热器油压接通而泄油，使工作油压降低，从而使 A 腔油压也降低。在调压弹簧的作用下，又使滑阀上移，使泄油口减小，工作油压又再次升高，如此反复，使工作油压相对稳定。通常情况下，此油压一般为 0.4～0.8MPa。此油压有两方面的用处，即变矩器油压和润滑油压。油压的大小要随着节气门开度的变化而变化。当节气门开度大时，作用在次调压阀下端的节气门油压增大，使调压弹簧向上的推力增大，液力变矩器油压和润滑油压也增大。液力变矩器油压流经液力变矩器后，油液极易发热，经过节流后，流出变速器到散热器去散热。此油压经过节流后为 0.2MPa 左右。

由于次调压阀调节后的油压主要向液力变矩器供油，次调压阀也叫变矩器阀或辅助调压阀。

3. 速控油压调节阀

速控油压调节阀是把速控阀调节出的速控油压再次调节，调节后的压力送入节气门反馈阀。速控油压调节阀的构造如图 1-2-3 所示。

从图 1-2-3 可知，阀体内有一滑阀，滑阀一端有弹簧，弹簧将阀压在右侧，将 B 腔与 A 腔连通，所以，当速控阀产生的速控油压从 A 腔进入 B 腔后，便对滑阀 C 端产生一个向左

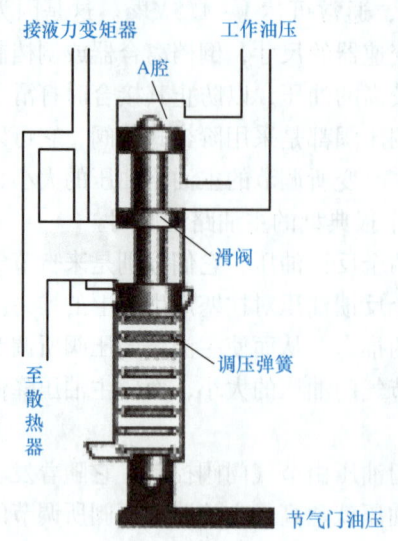
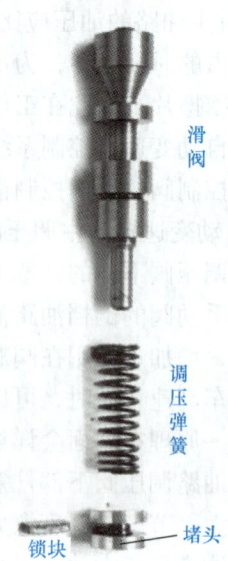

图 1-2-2　次调压阀

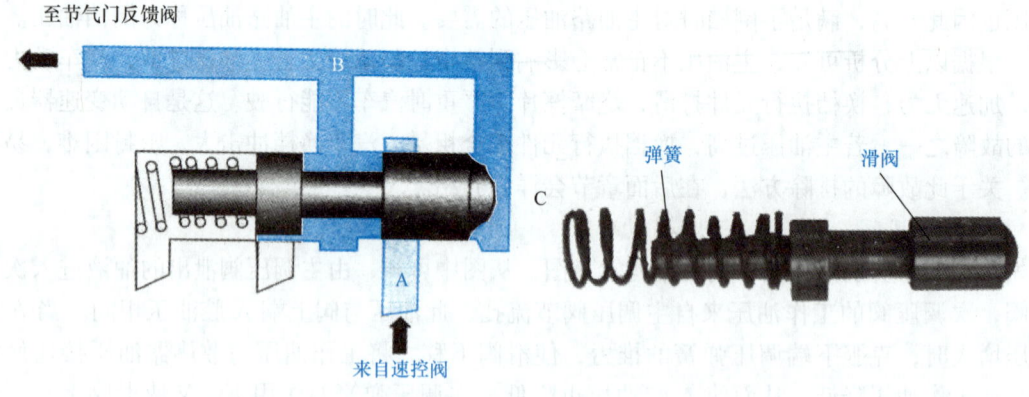

图 1-2-3　速控油压调节阀

推动滑阀的力,使滑阀压缩弹簧而左移,这样滑阀便关小 A 腔与 B 腔的通道,利用通道口开度大小的节流作用把速控油压调节成 B 腔的压力送至节气门反馈阀。

从分析中可知,当弹簧张力与 B 腔油压对阀 C 处形成的推力相等时,阀口的开度便稳定不动,而此时稳定的油压是靠压缩弹簧使泄油口打开相应的开度,通过对应的泄油量来保持油压的稳定。这种稳定的油压随速控油压的变化而产生相应的变化,每有一个车速便有一个速控油压,于是便有一个相应的阀口开度与之相对应的弹簧压缩量。于是便有一个新的 B 腔压力。速控油压越大,B 腔压力也相应增大,则送至节气门反馈阀的压力便增加,通过节气门反馈阀调节出的反馈给节气门阀上的油压也增高,于是节气门压力便相应减小并反馈给主油压,主油压适当下降,以免油泵不必要的功率损失。

综上可知,该阀的调压作用也是靠阀口的节流作用,当车速稳定不变时,调节后的油压一直上升到使阀口关闭为止。

4. 强制降档调压阀

强制降档调压阀是把主油道的压力经该阀调节后变成一个强制降档的油压,该油压在汽车需要强制降档时,通过强制降档阀把此油压送至各换档阀的上端,帮助节气门油压把强制降档时自动变速器所在档的换档阀压下,使汽车强行降下一档。

强制降档调压阀的结构如图 1-2-4 所示。

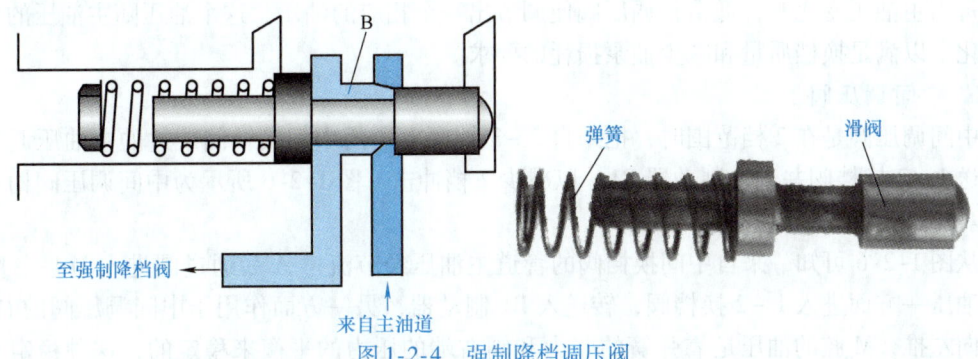

图 1-2-4 强制降档调压阀

从图 1-2-4 可知,强制降档调压阀在弹簧张力作用下力图向右行,而由主油道来的主油压进入图中的 B 腔,因 B 腔内柱塞 A 的受压面积小于柱塞 B 的受压面积,因此进入 B 腔的主油压会使阀左行,阀左行要压缩弹簧,使弹簧张力增加,直至压缩至弹簧张力等于 B 腔油压形成的向左推力时,阀便停止不动,此时通向 B 腔的节流口便固定下来,因此主油压被此放油口节流后的油压也便有一个相应的稳定值,这个稳定的油压便是强制降档油压。应该强调一点的是,此油压随主油压的变化而变化,主油压高,强制降档油压也升高,主油压减小,强制降档油压也降低。当主油压稳定不变时,强制降档油压便一直上升至节流口关闭为止。

5. 低滑行调压阀

在手动阀置入 L 位时,低滑行调压阀降低来自手动阀的主油压使其把 1 – 2 换档阀上的低倒档换档阀推下,以便进入制动器 B3 的顺序阀,使低滑行调压阀调节出的油压先后进入制动器 B3 的内外活塞,改善换档质量,减少冲击。

低滑行调压阀的构造如图 1-2-5 所示。

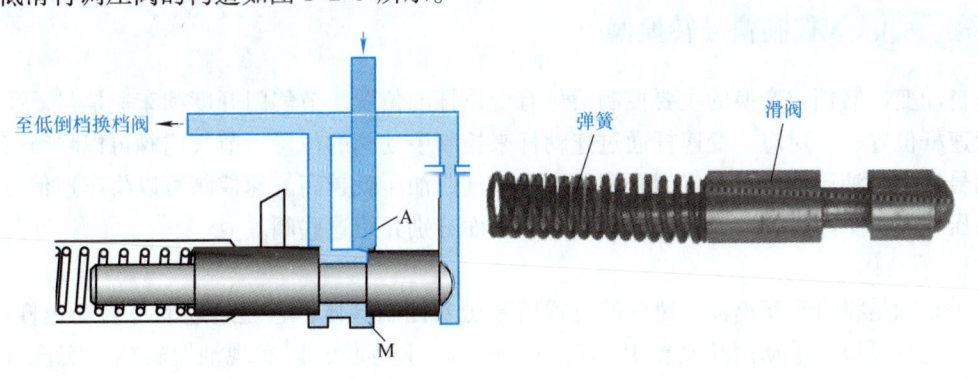

图 1-2-5 低滑行调压阀

从图 1-2-5 可知,该阀一侧有一弹簧,始终有一张力使阀左行,当变速器手动阀置入 L

位，从手动阀来的主油压进入 M 腔，从 M 腔一方面流入 1-2 换档阀上方的低倒档换档阀，另一方面通过节流孔进入阀的右端，推动阀左移，并压缩弹簧，直至弹簧的张力与阀右端油压形成的推力平衡时，阀口的开度 A 便有一个相应的稳定值，于是便有一个相应的调节压力送入低倒档换档阀。当调节压力升高时，阀会被推动左移，一方面关小阀口，另一方面打开泄油口，以维持这个相应的稳定油压。

每当主油压变化时，低滑行调压阀便调节出一个相应的油压，这个油压随主油压的变化而变化，以满足换档质量和减少油泵损耗的要求。

6. 中间调压阀

中间调压阀是在 2 档范围时，把来自 2-3 档阀上边的中间换档阀放过的主油压调节降压后送 1-2 换档阀并进入制动器 B1，以减少 2 档冲击。图 1-2-6 所示为中间调压阀构造示意图。

从图 1-2-6 可知，来自中间换档阀的管道主油压经节流口 A 后通过阀进入 M 腔，降压后的油压一方面进入 1-2 换档阀，转送入 B1 制动器，另一方面作用于中间调压阀的右端，将阀向左推，M 腔的油压是靠弹簧的张力和阀右端的压力的平衡来稳定的，这种稳定是靠阀口 A 具有一个稳定的开度和泄油口也具有一定的开度维持两侧力的平衡来实现的。调节后的压力也随主油压的变化而产生相应的变化。

该阀的设置也是为了改善换档质量，减少 2 档时的冲击。

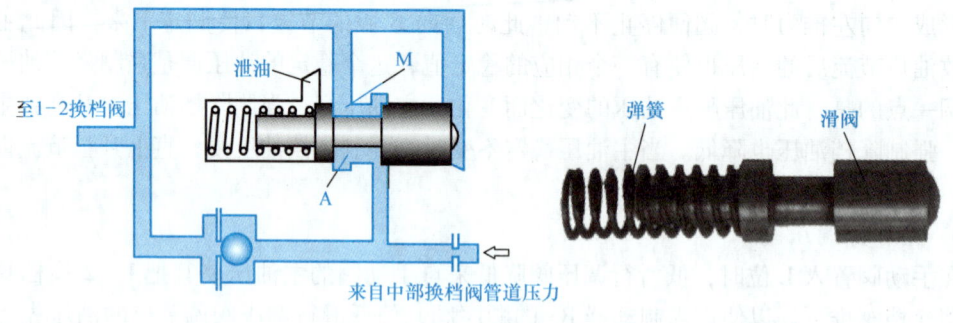

图 1-2-6 中间调压阀

活动二、认识控制信号转换阀

自动变速器档位变换的主要控制信号有变速杆的位置、节气门开度和车速信号。手动阀与变速杆位置一一对应，变速杆通过连动杆来控制手动阀的位置。节气门阀可以将节气门开度信号转换为油压信号，节气门开度越大，节气门油压就越高。速控阀可以将车速信号转换为油压信号，车速越快，速控油压就越大。下面分别介绍这些阀。

1. 手动阀

手动阀是将自动变速器变速杆的位置信号送入控制阀体，它通过连动杆与变速杆相连，操纵变速杆可以把手动阀拉动至 P、R、N、D、2、L 等位，以实现油路转换，实现自动变速器不同的驱动范围。手动阀因变速器型号及自动变速器档位数的不同而异，图 1-2-7 所示是丰田 43D 全液控自动变速器的手动阀。不同型号的变速器，手动阀的结构原理是一致的，只是油道的通路数量不同而已。图 1-2-8 所示为一个五油道的手控阀。

从图1-2-8可知，主油路的液压油从手动阀3油道进入控制阀，其余均为出油口，出油口经控制阀与各换档执行元件相通，各出油口的走向如下。

手动阀

图1-2-7 手动阀实物

P位（图1-2-8）：当手动阀置于P位，第4油道与第3油道相通，其余油口关闭。3口的油来自主油道，经过手动阀后，油液从4口流出，4口将油压送往B3制动器，1、2、5口均无油压供出。

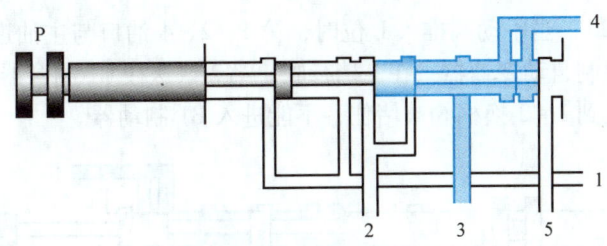

图1-2-8 手动阀P位

R位（图1-2-9）：当手动阀置于R位，第4油口与每5油口与主油道进油口3相通，此时主油压便经手动阀送入第4与第5油口，第4油口将主油压送往B3制动器，第5油道将油压送往C2离合器。

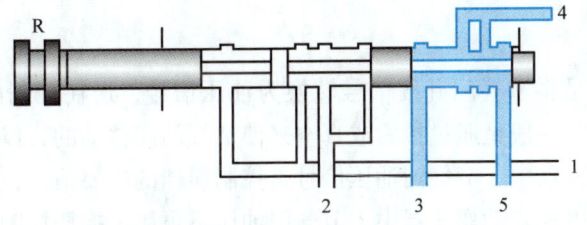

图1-2-9 手动阀R位

N位（图1-2-10）：阀推入N位，手动阀无主油压输出。

D位：当手动阀推入D位，第2油口与第3油口相通，来自主油道的主油压，经过第3油口进入手动阀，由第2油口将油压供出，2出口的油主要送往速控阀和前进离合器C1。

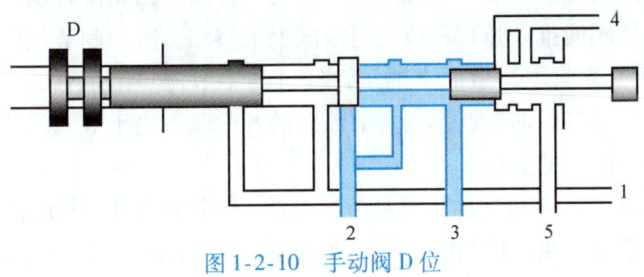

图1-2-10 手动阀D位

2位（图1-2-11）：当手动阀推入2位时，手动阀第1油口与第2油口和主油路进油口3相通，于是主油压便经过1口、2口分别送入B1和C1等与2位有关的控制阀和执行元件。

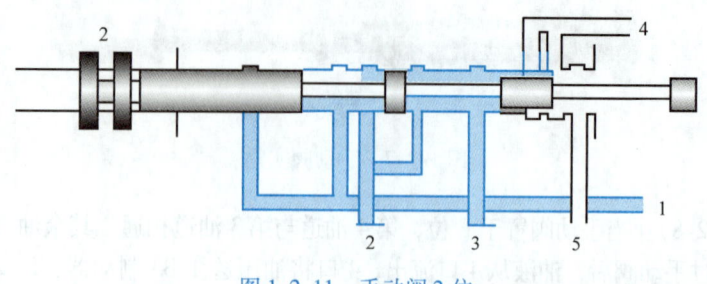

图1-2-11 手动阀2位

L位（图1-2-12）：当手动阀推入L位时，第1、2、4油口与主油道3油口相通，此时控制阀和执行元件限制自动变速器只在1档行驶。第2口送往C1离合器，第4口送往B3制动器，第1口的油压到1-2换档阀被堵住，不能进入B1制动器。

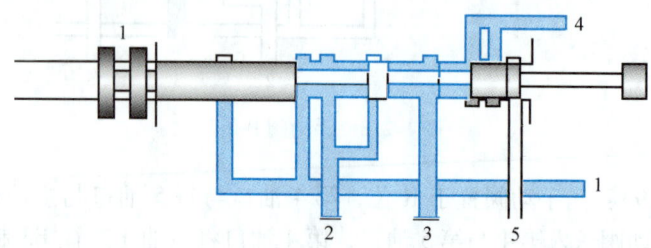

图1-2-12 手动阀L位

2. 节气门阀

节气门阀的作用是将节气门开度信号转换为油压信号，送往控制阀体。节气门开度越大，节气门油压越高。一般是通过拉索或真空来使节气门阀移动的，以反映节气门开度的变化。在全液控自动变速器中，节气门油压信号是控制换档的主要信号，同时也可以用来修正主油压的大小。而在电控自动变速器中，节气门油压不再用于换档控制，有的变速器已没有节气门阀。节气门阀的结构如图1-2-13所示。从图1-2-13可知，节气门阀体内有两个滑阀，上边一个是节气门阀，下边一个是强制降档阀，两阀之间有弹簧，使两阀受弹簧张力作用，阀内还有另一弹簧作用在节气门的上部，也给节气门阀一个向下的张力。

从图1-2-13可知，强制降档阀外露部分装有一个滚轮，滚轮与节气门的凸轮滚动接触，凸轮通过一个软轴内的拉索与节气门轴联动，节气门开闭，凸轮便转动，凸轮便顶着降档阀上下移动，于是降档阀便推动弹簧和节气门滑阀上下移动，以控制节气门油压。

图1-2-13中1是来自主油道的主油压，经过图中节流口节流后，就成为节气门油压。节流口的开度越大，节气门油压就越高。节流口的开度既取决于节气门开度，也受控于节气门阀上方作用的向下的力的大小。

图1-2-13中，2、3、4口的油压都是节气门油压，2油道将节气门油压送到各换档阀的上方，与速控油压抗衡，决定换档时刻。3油道将节气门油压送到次调压阀，修正变矩器油压的大小，节气门开度越大，变矩器油压也越大，以适应变矩器传递大的转矩。4油道将节

气门油压送到主调压阀下方,以修正主油压的大小,节气门开度越大,主油压也越大,以便压紧换档执行元件的钢片和摩擦片,传递更大的转矩。节气门油压作用于节气门阀上 B 处,由于阀柱面积的不同,此油压对滑阀产生向下的压力,与上方的弹簧一起与下方的弹簧抗衡,可以使节流口的开度线性变化,以使节气门油压能准确地反映节气门开度的变化。7 油道的油压来自反馈阀。此阀可以使汽车在高档快速行驶时,由于此时传递转矩较小,降低节气门油压,从而降低主油压,以便减小油泵负荷。此阀将在后面详细介绍。

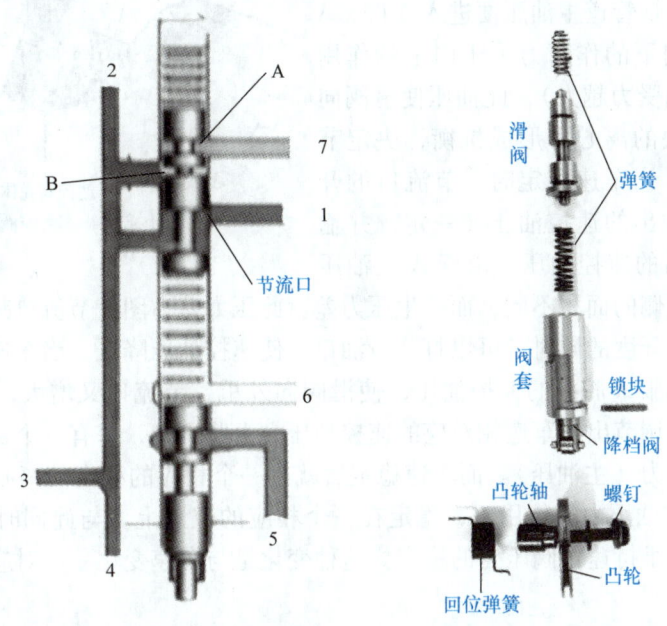

图 1-2-13 节气门阀的结构

在节气门阀下方,是强制降档阀。5 油道的油压来自强制降档调压阀,当节气门开度达到某一设定值时,强制降档阀向上移动接通 5 油道和 6 油道,将 5 油道的油压通过 6 油道送到各换档阀,使汽车强行降低档位,以便获得足够的转矩。

综上可知,节气门油压随节气门开度的变化而变化,节气门开度大,则节气门油压升高,以满足自动变速器对各种油压的要求及换档要求。

节气门油压不正常会影响自动变速器的正常工作。对全液控自动变速器,若节气门油压过高,会引起主油压也过高,换档冲击大,汽车升档时刻滞后,出现高速低档行驶;若节气门油压过低,会使主油压也过低,汽车行驶无力,执行元件打滑,提前升档,出现低速高档行驶。无论高速低档,还是低速高档,都是换档规律不正常,使汽车耗油量增大,加速变速器磨损,缩短变速器使用寿命。节气门拉索的松紧是引起节气门油压变化的主要原因,调整方法在自动变速器检查章节中学习。需注意:真空式节气门阀无法调整。

3. 速控阀

速控阀安装在变速器输出轴上,随轴一起转动。其作用是根据车速的变化,把主油压调节成随车速变化而变化的速控油压,车速越快速控油压越大。速控阀的构造如图 1-2-14 所示。

用固定卡簧将速控阀壳体固定在变速器输出轴上,使速控阀随输出轴一起转动。速控阀由滑阀、弹簧、速控阀轴、重块等组成。滑阀外侧与壳体进油孔形成控制速控油压大小的节流口。

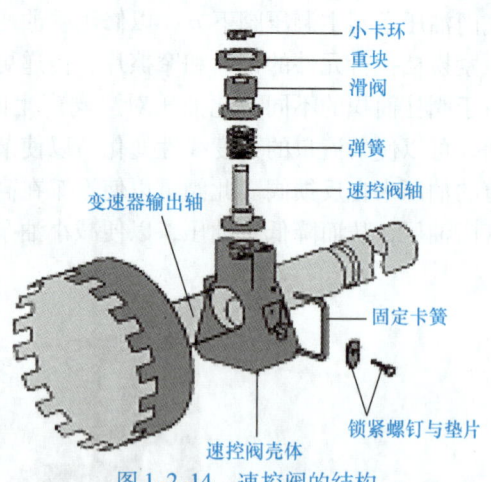

图 1-2-14 速控阀的结构

从图 1-2-15 可知，当变速器输出轴旋转时，图中重块便在离心力作用下向轴心之外甩，此时弹簧和阀一起如同一个整体向外甩，将节流口阀门打开，于是管道主油压便进入 A 腔，A 腔的液体对滑阀向下的作用力大于向上的作用力（面积越大的面受力越大），此油压使滑阀向轴心移动，与重块的离心力形成抗衡，决定节流口开度的大小。当车速一定时，节流口的开度一定，速控阀输出的速控油压便一定，并输出经节流口节流后的速控油压。由于 A 腔油压作用于滑阀上下两侧的面积不同，而产生压力差，此压力差力图使节流口减小，使滑阀向内移动，减小节流口开度的同时，可以打开泄油口，使速控油压降低。当车速加快时，重块的离心力又增大，克服 A 腔内的速控油压，使滑阀向外甩，节流口又增大，速控油压也随之增大，如此反复，调节出与车速相对应的速控油压。由此可知，每有一个稳定的车速，便有一个稳定的管道压力（主油压）。而车速稳定后就有一个相应的稳定的离心力，节流口开度便在离心力和 A 腔油压力的作用下，稳定在一个相应的位置上。与此同时也就有一个相应的泄油口开度，以维持速控阀压力的稳定。这种变化是与车速变化一一对应的。

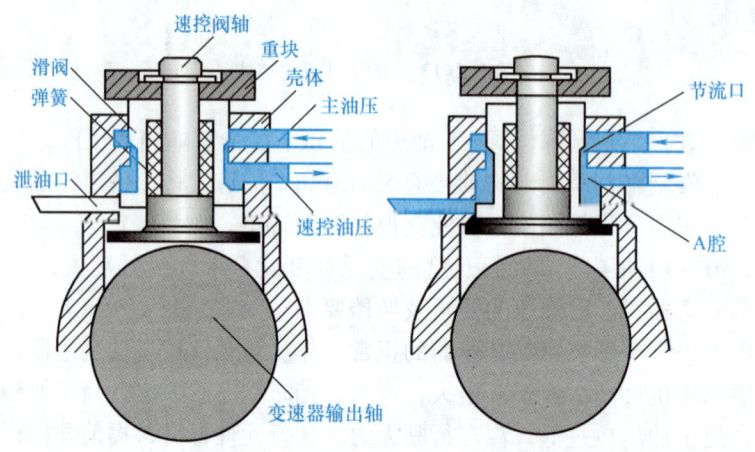

图 1-2-15 速控阀工作原理

当车速继续升高时，和重块连成一体的速控阀轴与速控阀壳体接触，如图 1-2-15 所示。从图 1-2-14 可知，此时重块的离心作用已被速控阀壳体挡住，速控油压取决于滑阀的离心力和弹簧张力与 A 腔油压力的抗衡，滑阀离心力和弹簧弹力使滑阀向外移动，力图使节流口开大；而 A 腔油压使滑阀向内移动，力图使节流口减小，二者抗衡，决定节流口的开度，从而决定速控油压的大小。此时，油压随车速的变化幅度减小，以满足汽车高速行驶的需要。

速控阀只用在全液控自动变速器中,电液控自动变速器已取消了速控阀,换档不再需要速控油压,而是改为车速传感器将车速信号转换为电信号,由电控单元控制换档时刻。

4. 反馈阀(车速信号反馈阀)

所谓反馈阀,就是将车速信号反馈给节气门阀,当汽车在高档高速行驶时,将节气门油压转变为反馈油压送入节气门阀,降低节气门油压,从而降低主油压,以便减小油泵的负荷。其构造与工作原理如图1-2-16所示。

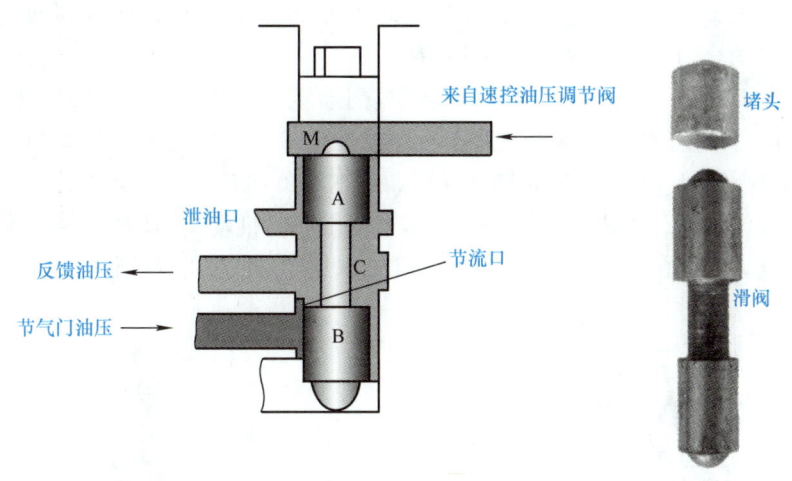

图1-2-16 反馈阀构造与工作原理

从图1-2-16可知,该阀是一个浮动阀,无弹簧作用,它的动作是靠来自速控油压调节阀调节后的车速油压,作用于反馈阀的上端M腔,将阀向下推,使图中的节流口开大,于是节气门油压便进入C腔,使进入C腔的油压升高。由于C腔两侧柱塞A与B直径不等,A直径大于B直径,C腔的油压使阀向上运动,关小节流口。由此可见,M腔向下的作用力与C腔向上的作用力相等时,阀便停止不动,此时节流口的开度便一定,其节流作用也就一定。节气门油压被节流后,变为反馈油压,送入节气门阀上方,给节气门阀一个向下的推力,使节气门油压降低。但若节气门油压低,则C腔油压低到不能与M腔油压抗衡时,此阀便被全部压下,节流口全开,以至无节流作用,这时的反馈油压便与节气门油压相等。

将反馈油压引入节气门的上方,是为了使节气门油压随车速的增加而降低,由此也相应地使主油压随车速的升高而降低,以防止油泵负荷无意义的加重。由于汽车在高档高速行驶时,汽车传递的转矩不大,主油压也应相应降低,否则,系统油压会随车速以及发动机转速的上升而增大,此时油压的升高,增大了油泵的负荷,消耗了发动机的功率。

活动三、检修换档控制阀

1. 1-2档换档阀

1-2档换档阀的作用是控制1档和2档之间的转换。根据前面对档位的分析,在丰田A43D或A341E等系列自动变速器中,实质是控制2档制动器B2是否工作,当B2泄油不工作时为1档,B2接合工作时为2档。

1-2档换档阀是一个油路开关阀,是一个决定于节气门油压和速控油压大小的油路开关。

如图1-2-17所示,在1-2档换档阀的阀体内装有两个滑阀,中间有一螺旋弹簧将它们分开。装在阀体下方的滑阀是1-2档换档阀,装在阀体上部的滑阀是低倒档换档阀。1-2档换档阀的下部作用着由速控阀产生的速控油压,图中5油道,其作用力向上;而在阀的上部作用着由节气门阀产生的节气门油压,图中3油道,因该油压作用在滑阀的两个直径大小不等的柱塞上,因此节气门油压对滑阀形成一个向下的力,同时,滑阀上端的弹簧的弹力也对滑阀形成一个向下的力。因此,滑阀的位置取决于速控油压形成的向上的推力,和节气门油压与弹簧弹力的合力形成的向下的力的抗衡。

当汽车起步时,节气门开度较大,因而节气门油压大;车速较低,因而速控油压较小,1-2档换档阀在节气门油压和弹簧弹力作用下被推至最下方,将来自手动阀的主油压,图1-2-17中4油道,被1-2档换档阀堵在阀外,暂时与6油道不通。随着车速的加快,5油道的速控油压逐渐增大,当进入2档预设的车速范围时,推动1-2档换档阀上移,将4油道与6油道接通,6油道将油压送入2档制动器B2,汽车进入2档行驶。

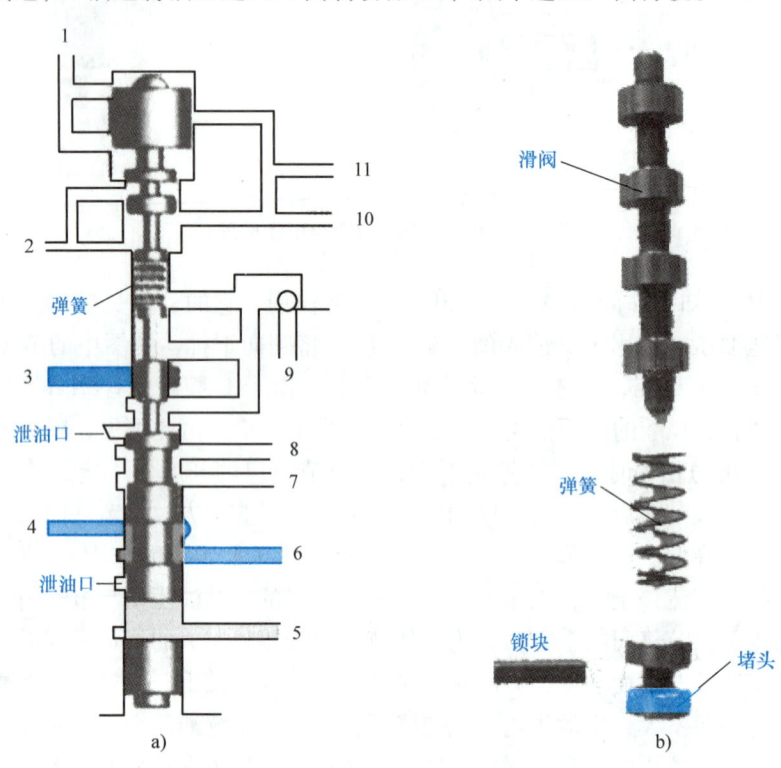

图1-2-17　1-2档换档阀
a) 1-2档换档阀　b) A341E1-2档换档阀

图中7油道的油压来自中间调压阀,当7油道与8油道接通时,8油道将油压送到2档强制制动器B1。此档位在汽车上下坡时使用。

图中9油道,接来自强制降档阀的油压,当节气门接近全开时,此油压接通,与节气门油压一同作用于换档阀上方,强行使换档阀下移,断开图中4油道与6油道,即断开2档制动器B2的油压,使汽车降为1档,以获得更大的转矩。

当变速杆置于 L 位时，由手动阀第四油道来的主油压经低滑行调节阀调压后送入 1-2 档换档阀的 1 油道，将低倒档换档阀压下，使 1-2 档换档阀 1 油道与 11 油道相通，如图 1-2-17 所示。此时由低档滑行调压阀调节的油压便由低倒档换档阀上方经 7 油道送入制动器 B3 的顺序阀，由顺序阀将液压油送入 B3 的内、外活塞，使变速器进入 L 位。

当变速杆置于 R 位时，由手动阀 5 油道来的主油压从 1-2 档换档阀的 2 油道进入，将低倒档换档阀上推，将油道 2 与 10、11 油道相通，主油压由油道 11、10 送入顺序阀，使主油压先后作用于制动器 B3 的内、外活塞，使变速器进入 R 位。

若变速杆置于 D 位，车速进入 D2 范围，则由于速控油压高于节气门油压与弹簧弹力之和，在速控油压的作用下，1-2 档换档阀上行，并通过弹簧将低倒档换档阀也推至最上方，如图 1-2-17 所示。从图又知，当变速器在档时，作用于 1-2 档换档阀上方，使其向下移动的力有弹簧弹力和节气门油压力，要想从 D1 档升入 D2 档，需要更大的车速油压，即需要更高的车速，才能升档；当升入 2 档后，节气门油压不再作用于换档阀上，使换档阀向下移动的力减小，只有在更低的车速时，才可以降为 1 档。以此来实现升档车速高于降档车速，防止频繁跳档。

综上可见，1-2 档换档阀既负责 1-2 档的切换，又负责 L 位及 R 位的切换。

2. 2-3 档换档阀

2-3 档换档阀的作用是，控制 2 档与 3 档之间的变换。根据前面对丰田 A43D 和 A341E 系列自动变速器档位的分析可知，2 档与 3 档的区别是，是否有倒、高档离合器 C2 工作，当 C2 泄油不工作时，是 2 档，当 C2 接合工作时为 3 档。2-3 档换档阀的工作原理如图 1-2-18 所示。

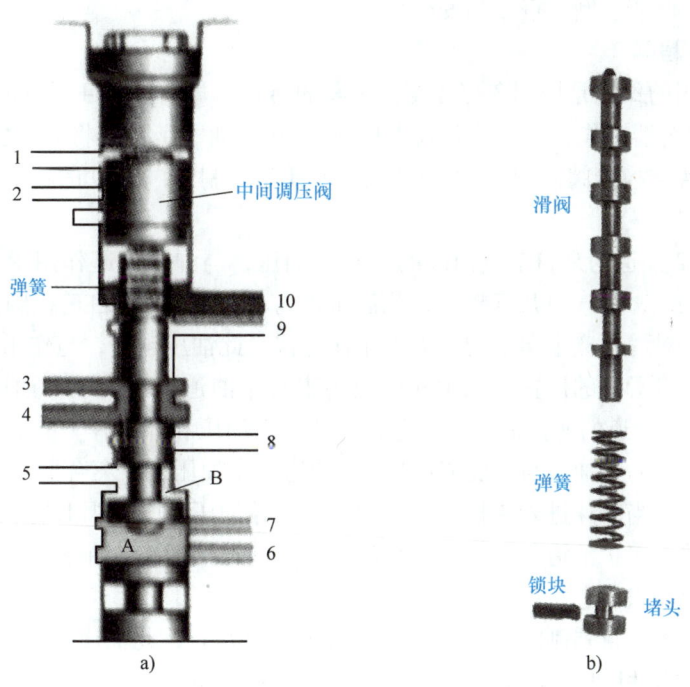

图 1-2-18　2-3 档换档阀工作原理
a) 2-3 档换档阀　b) A341E 2-3 档换档阀

图中10油道是来自节气门阀的节气门油压，与图中弹簧一起作用于换档阀上端，使滑阀向下移动。6、7油道是来自速控阀的速控油压，此油压使滑阀向上移动，与上方的节气门油压和弹簧弹力形成抗衡。3油道是来自1-2档换档阀的工作油压，当与4油道接通时，可将工作油压送往倒、高档离合器C2，使汽车进入3档。只有在2档以上3油道才有油压，2档时3油道与4油道不通，汽车以2档行驶，随着车速的加快，速控油压增大，克服上方弹簧和节气门油压力，而推动2-3档换档阀上移，将3油道与4油道接通，4油道将油压送往C2离合器。汽车进入3档行驶。

当汽车正好行驶在换档点车速时，为避免频繁换档，必须使升、降档车速不同，且升档车速高于降档车速。此任务也是由换档阀完成的。当汽车以2档行驶时，速控油压从7油道和6油道分别进入换档阀，7油道作用于换档阀向下的力，与6油道作用于换档阀向上的力相等，合力为0，而能使换档阀向上移动的力，只有B腔上方较小的面积所受到的较小的力。所以升档时需要更大的车速，才能将滑阀顶起来。一旦升为3档后，速控油压从6、7油道一起进入A腔作用于较大的受力面积上，只有车速降到很低的时候，才能使滑阀落下来而降为2档。以此使升档车速高于降档车速。这一点与1-2档换档阀不同。

图中1油道的油压来自降2档换档阀，此油压将中间调压阀压下，从2油道口流出送往2档强制制动器B1。此油压的作用是，汽车在2位2档行驶时，不准升入3档以上的档位。

图中5油道的油压来自强制降档阀的强制降档油压，当节气门开度接近全开时，此油压作用于2-3档换档阀上，使汽车强行由3档降为2档，以便获得更大的转矩。

图中油道8与油道9来自手动阀第5口的倒档油压。当驾驶人挂入倒档时，油道8与油道4接通，向C2离合器供油。此时，油道3已没有油压，且油道9与油道10的节气门油压一起将滑阀压下，保证了倒档行车的安全性。

3. 3-4档换档阀

3-4档换档阀的作用是控制3档和4档之间的转换。丰田A341E自动变速器中，在1、2、3档时是C0离合器工作，当3档升入4档时，C0泄油不工作，将C0的油压送入B0制动器。因此，3-4档换档阀控制3、4档转换的实质是控制C0和B0的转换。其工作原理如图1-2-19所示。

图1-2-19中2油道为来自节气门阀的节气门油压，与弹簧一起作用于滑阀的上端，对滑阀产生向下的压力，节气门开度越大，此油压越高；5油道为来自速控阀的速控油压，作用于滑阀的下端，对滑阀产生向上的压力，车速越快，此油压越高，与作用于滑阀上端的节气门油压抗衡，决定滑阀的位置。图中6油道为来自主油道的系统工作油压。当汽车在1、2、3、档行驶时，5油道的速控油压小于上端的节气门油压和弹簧弹力的合力，滑阀处于最下端，将来自6油道的主油压与7油道接通，7油道将主油压送往离合器C0。随着车速的加快，速控油压增大，当车速进入4档行驶范围时，速控油压克服滑阀上端节气门油压和弹簧弹力，使滑阀下移，将7油道断开，而将6油道与3油道接通，3油道将主油压送到制动器B0，汽车进入4档行驶。

图中4油道油压来自强制降档阀，当节气门接近全开时，此油压作用于3-4档换档阀上端，与节气门油压和弹簧弹力一起使滑阀下移，强行降低一个档位，以便获得更大的转矩。

汽车在3、4档变换时，为避免出现频繁换档现象，同样升档车速要高于降档车速，其

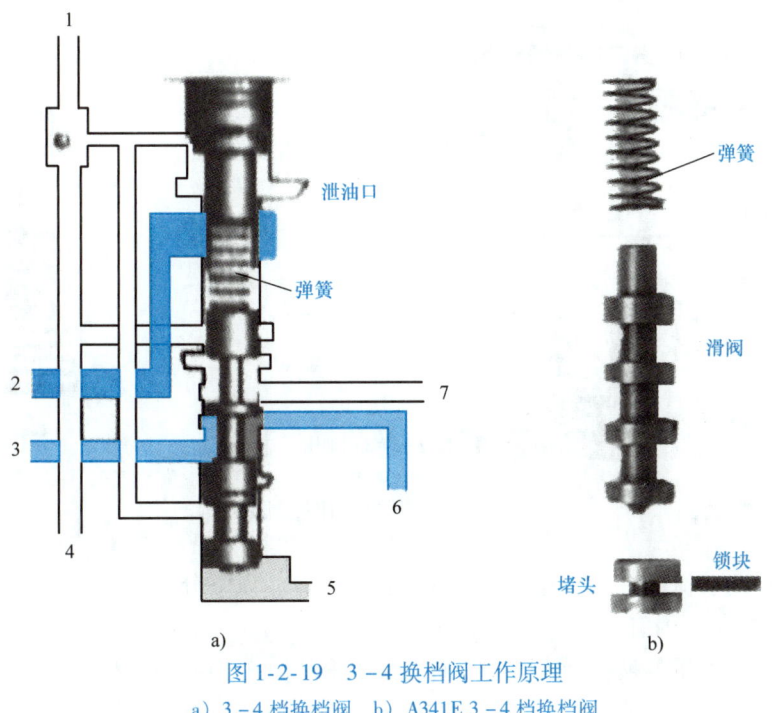

图 1-2-19 3-4 换档阀工作原理
a) 3-4 档换档阀 b) A341E 3-4 档换档阀

工作原理与 2-3 档换档阀相同,不再赘述。

4. 辅助控制阀

(1) 蓄压器背压控制阀(图 1-2-20) 蓄压器背压控制阀安装在蓄压器背压控制油路上,调节蓄压器背压的大小。老款车的蓄压器背压调节阀下端一般是节气门油压,使背压的大小受控于节气门的开度,而新款车一般由蓄压器背压控制电磁阀调节,受控于电控单元。电控单元根据各种传感器的信号,特别是检测换档时刻传感器的信号,在换档的瞬间,对背压控制电磁阀发出指令,使背压减小,使执行元件工作油压的一部分进入蓄压器。当换档结束时,电控单元控制电磁阀使背压增大,与蓄压器弹簧一起将工作油液压入执行元件,使执行元件更紧地接合,以防打滑。

(2) 散热器旁通阀 散热器旁通阀的作用是,当通往散热器的油被堵塞时,打开旁通阀,将油液放回到油底壳中,以防散热器管路油压过高,对系统造成破坏。

(3) D档换2档定时阀 在丰田 A43D 自动变速器液压控制系统中,当驾驶人选用2位2档行驶时,手动阀将主油压送到2档定时阀,起控制顺序降档的作用。比如,当汽车在 D4 档行驶降到2位2档时,要经过 D3 档、D2 档再降倒2位2档。这样可以减小降档冲击。详细原理参照本章第三节有关内容。

(4) 换档品质控制部分 换档品质是指换档过程的平顺性,换档过程冲击小,换档执行元件接合柔和,则换档品质就高,相反,换档品质就低。手动变速器换档品质的高低,决定于驾驶人的驾驶技术,关键是离合器踏板的控制技术。而自动变速器的换档冲击,来自于换档执行元件接合时产生的振动。理想的换档执行元件工作过程是,当开始接合时,油压较小,使运动元件与静止元件缓慢接合,振动小;当运动元件与静止元件连为一体时,油压要增大,使运动元件与静止元件不能打滑。为了达到这样的理想状态,自动变速器采取了一系

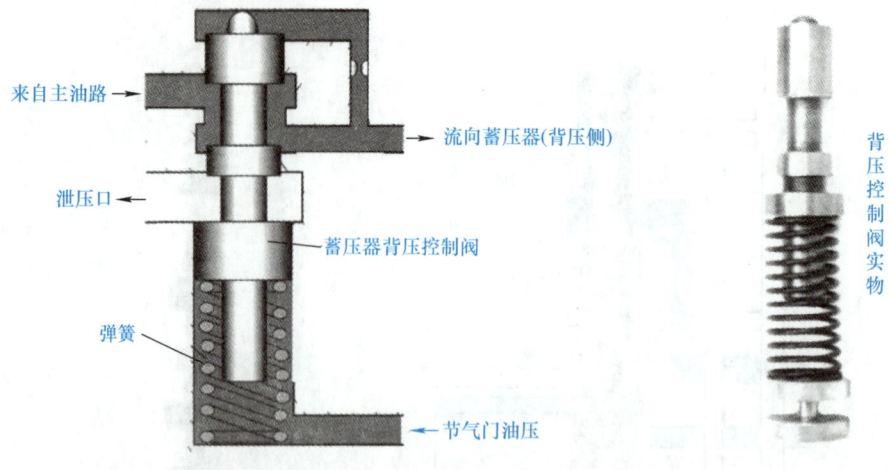

图 1-2-20　蓄压器背压控制阀

列的措施，如单向节流阀、蓄压器、双活塞执行元件等。以下分别介绍。

1）球阀。 控制阀内有两种球阀：一种是单向节流球阀，如果密封不良，或漏装会造成所负责的档位发生严重的换档冲击；另一种是倒档和手动 1 档或倒档和前进档工作油路转化球阀，如发生卡滞，会造成缺档。如卡滞在倒档一侧，就会没有前进档。

解体控制阀阀板，松开螺栓后，分解时双手应将中间铝合金隔板和上阀体一起拿起来，并将隔板面向上放在工作台上，以防止球阀离位或丢失。

单向节流阀布置在换档阀至换档执行元件之间，作用是对流向换档执行元件的液压油产生节流作用，在换档执行元件接合时，延缓油压的增大速率，以便减小换档冲击。在换档执行元件分离时单向节流阀对泄油不产生节流作用，以加快泄油作用，使换档执行元件迅速分离。

单向节流阀有两种形式：一种是弹簧节流阀式，如图 1-2-21a、b 所示，在充油时节流阀关闭，液压油只能从节流阀中的节流孔通过，从而产生节流效果。在回油时液压油将节流口推开，增大泄油量。另一种是球阀节流孔式，如图 1-2-21c、d 所示，在充油时球阀关闭，液压油只能从旁边的节流孔经过，减缓了充油过程；回油时，球阀开启，加快回油过程。

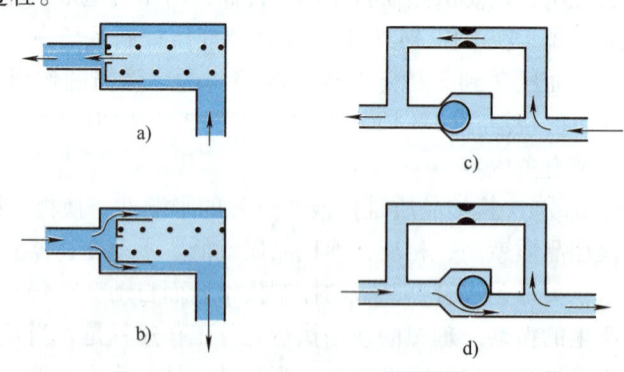

图 1-2-21　单向节流阀

2）**顺序阀**。顺序阀与双活塞的换档执行元件配合，可以控制双活塞中大、小活塞动作的先后顺序。如图 1-2-22 所示，a、b 为来自换档阀的油液，图中当 a 没有油压时，来自 b 油道的油不能送入大活塞中，即Ⓐ与Ⓑ不通，只有 a 先将油压送入小活塞后，同时将顺序阀打开，Ⓐ与Ⓑ才能相通，才能向大活塞供油。双活塞换档执行元件一般是小活塞先动作，将钢片与摩擦片的自由间隙消除后，大活塞再动作，将钢片和摩擦片压紧，使其不打滑。这样分两步动作，可以减小换档过程中的换档冲击。

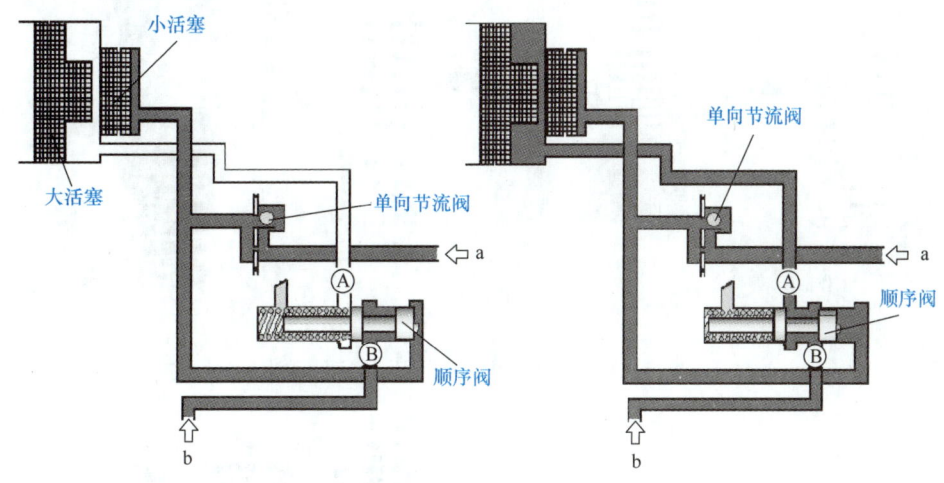

图 1-2-22　顺序阀

3）**蓄压器**。蓄压器又称储压器、储能器、减振器等，如图 1-2-23 所示。它是减小换档冲击最有效的部件，与相对应的换档执行元件并联，当换档时，来自换档阀的主油压在进入换档执行元件的同时，也进入蓄压器活塞中，在换档执行元件接合的初期，油压迅速增大，推动执行元件钢片与摩擦片接合，会产生较大的冲击，此时将一部分油液引入蓄压器活塞上方，克服蓄压器活塞下方的弹簧弹力，使蓄压器活塞下移，分流一部分油液进入蓄压器中，使换档执行元件开始接合时，油压减小，减缓了换档执行元件接合的冲击。蓄压器工作原理如图 1-2-24 所示。

当执行元件工作油压降低时，在蓄压器弹簧的作用下，将蓄压器活塞上方的油液压出，补充到主油路工作油压中，使执行元件活塞中的工作油压相对稳定。最理想的工作状态是，当执行元件开始工作时，蓄压器活塞下的弹簧能有较小的弹力，使最可能多的液压油进入蓄压器中，使执行元件接合缓慢，以消除掉自由间隙；当钢片与摩擦片接合后，能增大蓄压器弹簧的弹力，使蓄压器上方的油液被压入执行元件的工作油道内，使钢片与摩擦片压紧，不打滑。采用双弹簧或增加蓄压器背压，可以实现这样的控制。特别是采用背压控制，先进的电控技术，蓄压器背压由电控单元控制的背压控制电磁阀控制，更加精确、灵活，使换档冲击明显减小。A341E 自动变速器蓄压器与弹簧如图 1-2-25 所示。

4）**发动机转速控制**。在变速器换档的瞬间，使发动机转速下降，以便减小换档冲击，在换档过程结束后，发动机再重新恢复正常运转。这项技术最早应用于雷克萨斯 LS400 车上，后来得到推广。辛普森式自动变速器一般通过检测公共太阳轮的转速，可以获得换档信号。拉维娜式自动变速器一般通过检测大太阳轮的转速获得换档信号。辛普森的公共太阳轮与拉维娜的大太阳轮具有共同的运动规律：1档与输入轴转向相反，2档被固定不动，3档与输入轴转向相同。通过一个速度传感器即可检测此信号。电控单元接受换档信号后，一般采用推迟点火或减少喷油的方式使发动机转速下降。换档结束后，发动机恢复正常运转。

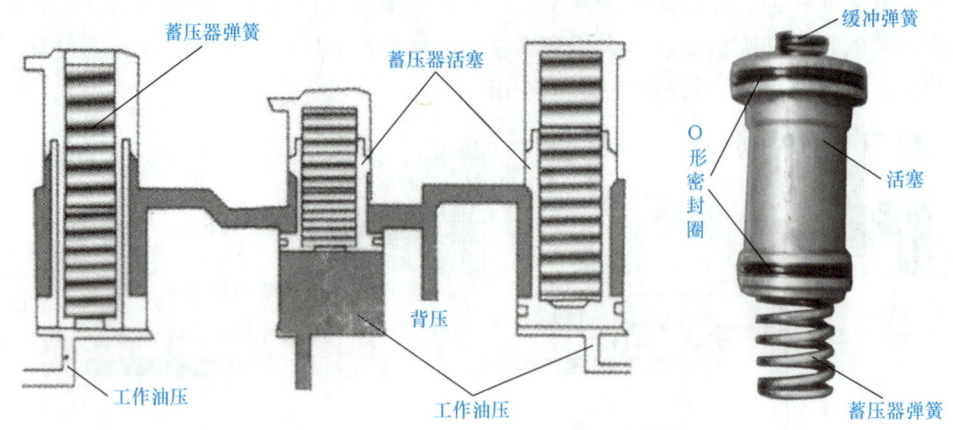

图1-2-23　蓄压器油路与实物

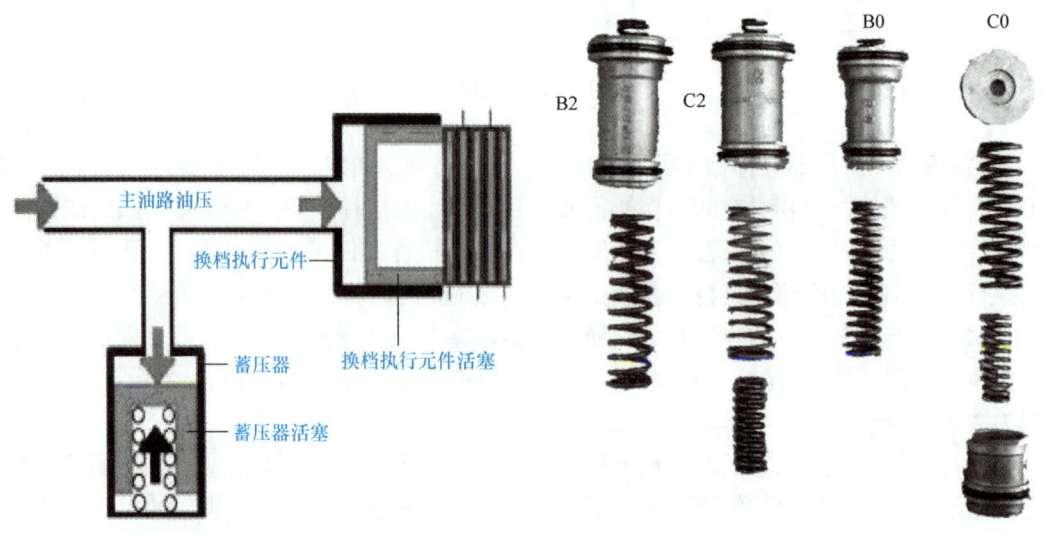

图1-2-24　蓄压器工作原理　　　　图1-2-25　A341E自动变速器蓄压器与弹簧

活动四、检修阀体

自动变速器内电控系统、液压系统、换档执行元件以及齿轮变速机构等，各部分的工作是相互影响、紧密联系的。特别是液压控制系统中的油路控制阀体非常精密，像印制电路板一样迷宫般的油道，大小不一的柱塞，长短粗细不一样的弹簧、钢珠、塑料球、滤网座圈、限位片、蓄压器等称谓可说是五花八门，零件方向、位置、大小可谓眼花缭乱。对阀体进行修理一定要有详尽的资料，充分地了解和审视后才能动手。对于自动变速器而言，只有当摩擦片严重烧损、行星齿轮装置磨损、ATF严重脏污才会考虑对阀体进行解体清洗检修。

零件正常磨损的磨屑导致油液脏污，使阀体柱塞卡滞或拉伤；弹簧疲劳受损，导致弹簧长度变化、弹力不足；隔板内单向球与阀座密封不严；由于使用环境条件差，没及时维护，使滤网、液压管路堵塞；螺栓力矩不均，螺栓孔损坏、阀体变形，油路泄漏；油道内腐蚀变形；维修中拉伤，配件质量问题等都是常见的损坏形式。

阀体故障会导致升降档打滑、换档冲击、频繁换档或不升档、缺档、出现时有时无的间歇性故障，甚至无驱动能力造成变速器严重损坏。

有些故障可以在车上直接拆下阀体进行维修更换，有的必须拆下变速器才能拆下阀体，只有 AT 换档规律失常、摩擦片严重烧毁、阀板内沾有大量粉末，才有必要检修阀板。解体清洗阀体是大修自动变速器不可缺少的一个重要环节。

1. 检修阀体的方法与步骤

1）将阀体从变速器底部拆卸前，应先拆卸外部电磁阀导线，此时要格外小心。由于导线插接器插头为塑料制品，长期浸没在高温的 ATF 中，易老化变脆，应用自制的专用工具，完全插入电磁阀插头下边，并按这个方向拔下插头及线束。注意导线插接器的对应关系，记住原来位置，将阀体放入煤油中浸泡多时，然后取出，用压缩空气吹干净（图1-2-26）。

图1-2-26 拆下阀体

2）将阀体放置于干净的工作台上，拆下阀体上的附件，如电磁阀、手动阀、滤清器（图1-2-27）。

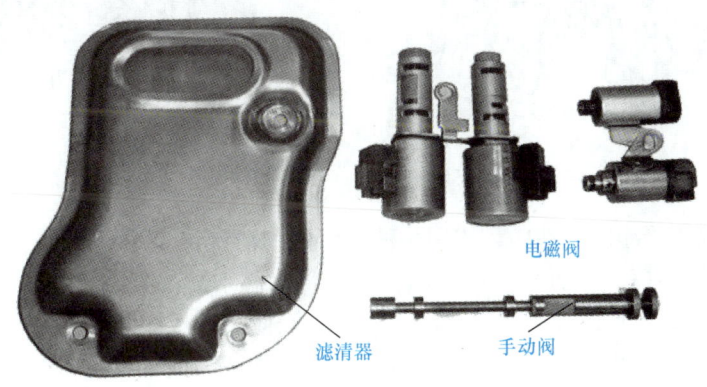

图1-2-27 阀体上的附件

3）拆掉上下阀体间的连接螺栓，要从外向里，对角操作，分两三次松开，以防阀板变形。注意螺栓的位置与规格（图1-2-28）。

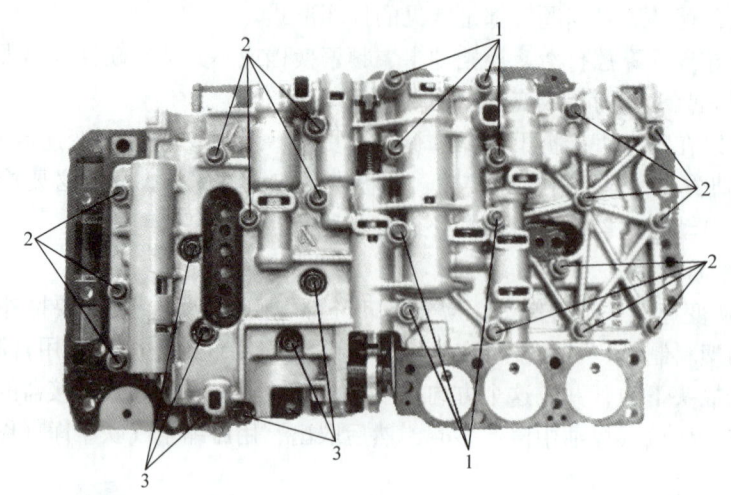

图1-2-28　A341E自动变速器阀体螺栓

1—长螺栓45mm（7条）　2—中螺栓35mm（15条）　3—短螺栓20mm（6条）

4）将阀体上部和中间的隔板一同握紧拿稳，同时一起翻过来使中间隔板向上（此举可使单向钢球不会掉落），然后拿起隔板进行下一步作业。拆下隔板后，在控制阀体的柱塞拆卸前，应利用油路隔板上的残油，用一张稍厚的白纸板复印下油路隔板图，并将油路隔板中所有零件逐一地在图上标明，或用数码照相机拍照，以便装复时参考（图1-2-29）。

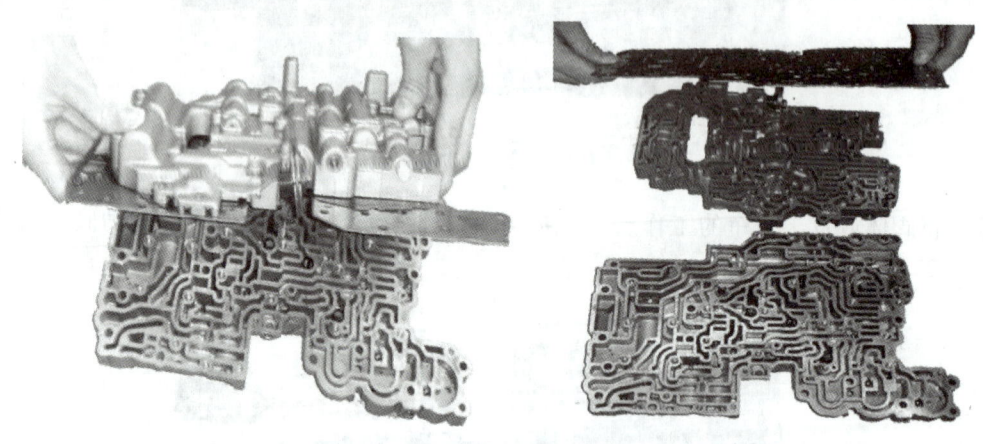

图1-2-29　分开上下阀体与隔板

5）将阀体放入干净的煤油中，或用化油器清洗剂清洗，可用小毛刷清理沉积在油道中的油污，不准用棉布擦，以防布丝进入阀孔内，将滑阀卡死。目测阀体上不应有裂纹和变形，各柱塞用小螺钉旋具拨动应运转灵活，活塞表面应无裂纹。将空干的阀体平放在桌上，往各油孔和油道内注入少许的自动变速器油，同时从隔板上取下各小零件，取一件清洗一件，擦干后装入阀体中，同时检查各部件应完整良好（图1-2-30）。

图 1-2-30 清洗

6）检查柱塞是否卡滞。在控制阀体中除手动阀柱塞没有限位装置可直接拿出外，其余所有柱塞的外端都有限位装置，限位装置有圆柱、卡片和锁销三种。圆柱形限位装置只需向内轻推柱塞，限位销便可脱落，卡片或锁销则需用工具进行拆卸，在拆卸过程中需用手指或螺钉旋具抵住柱塞，以防限位装置拆出的瞬间，柱塞在里面弹簧的作用下弹出（图1-2-31）。

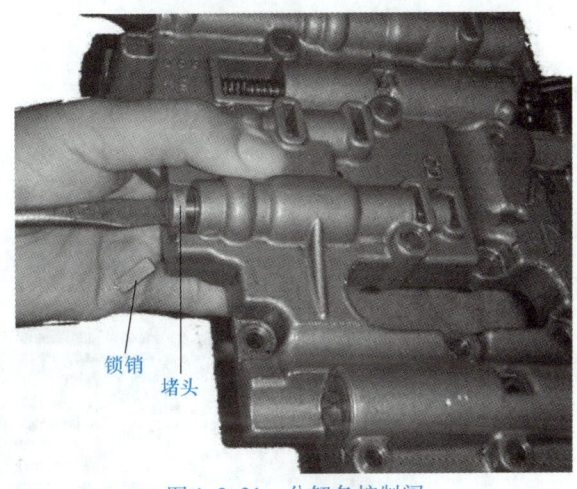

图 1-2-31 分解各控制阀

7）若柱塞在阀孔中有卡滞不能自由落出，可用木锤或橡胶锤轻轻敲击阀体将其取出（图 1-2-32）。卡滞的柱塞可用 1200 号砂纸沾上 ATF 沿圆弧方向打磨，也可用牙膏研磨，只能打磨柱塞，不能打磨阀孔。柱塞在干净的前提下，仅依靠自身质量便可缓慢滑到另一侧位置。拆卸柱塞过程中，最好是检修完一组，重新装配后再拆另一组，以免彼此间装错位置。

8）检查弹簧的自由长度和直径。逐一对照维修手册上的资料，检查阀体内所有弹簧的自由长度和直径是否符合标准。新换弹簧也需要做这方面的检查，漏装单向球阀会造成相关档位出现严重的换档冲击，同时节气门阀减振块装错位置也会造成换档冲击（阀体中部位置，样子像卡片）。一定要注意所有部件的前、后、左、右相邻位置，任何一点小小的失误都会导致阀体无法正常工作（图 1-2-33）图 1-2-34 所示为取出滑阀。

9）更换控制阀体上的密封圈，换档执行元件的工作油路是否密封主要取决于以下几方面。

① 换档执行元件工作活塞上的密封圈。
② 蓄压器上活塞密封圈。

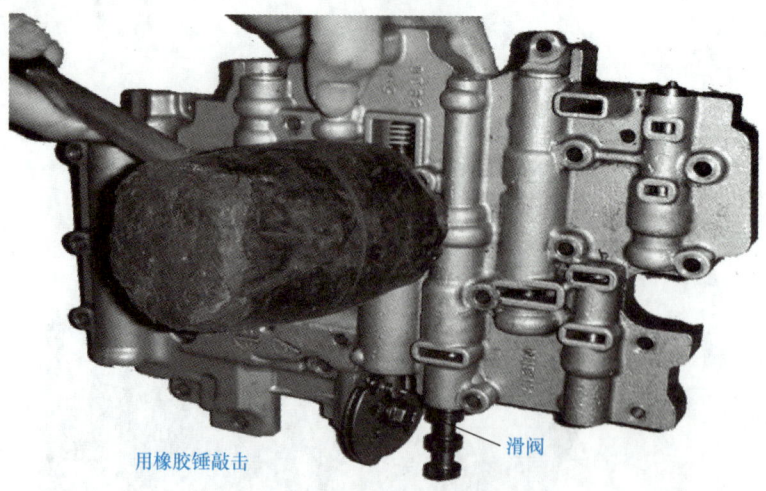

用橡胶锤敲击　　　滑阀

图 1-2-32　振出滑阀

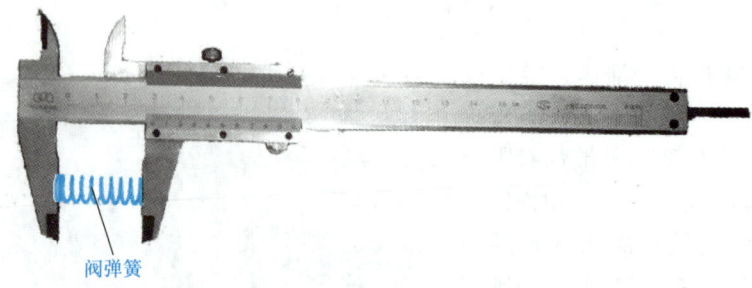

阀弹簧

图 1-2-33　测量弹簧

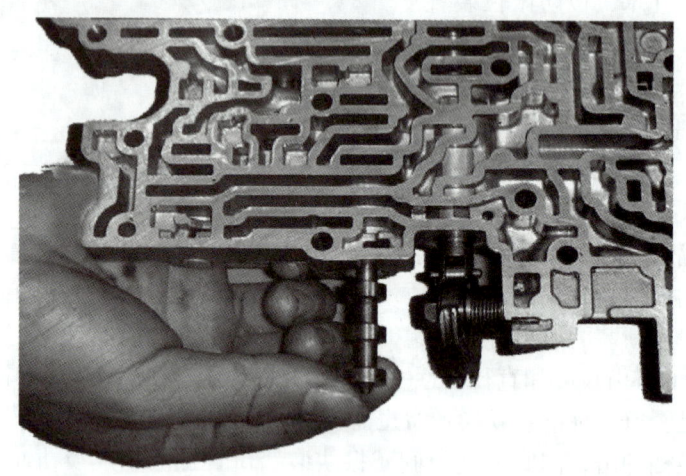

图 1-2-34　取出滑阀

③ 控制阀上的密封圈。
④ 离合器支承进油口两侧密封环的密封状况。

大修时这四个方面的密封圈都必须彻底更换，蓄压器活塞是否有裂纹、活塞环是否磨损一定要认真检查，否则大修后自动变速器极易烧摩擦片。通常行驶 3000km 左右换档执行元件又会重新烧蚀，与以上四个方面均有直接关系。

10）将隔板洗净擦干，同时检查隔板不应有较大的变形。仔细观察各油孔处，应圆滑不漏光（将单向球阀放置隔板相应孔中，用灯光照射，反面看有无漏光）。

11）注意阀体新旧密封垫和隔板必须紧贴在一起，检查纸垫上所有的孔径和油量走向是否与阀体上一致（此项很重要）。同时用ATF浸泡要装的密封垫几分钟后，再按拆开时的步骤，将阀体平放，将部件逐一推入，不要将阀体垂直竖立。

12）将上下阀体、中间隔板扣在一起，均匀地拧上连接螺栓（注意螺栓有长短，不要装错位置），紧固力矩一般为5~10N·m（图1-2-35）。例如，大众变速器控制阀体螺栓紧固力矩为5N·m。不可过大或过小，力矩的大小直接影响油压。至此阀体装配完毕。

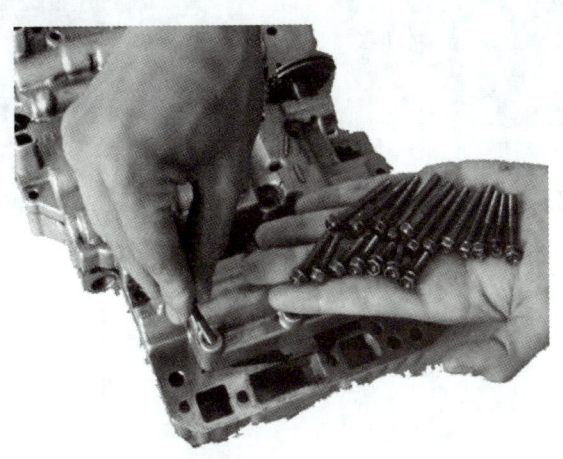

图1-2-35　安装阀板螺栓

2. 检修阀板注意事项

阀板的加工精度、配合精度很高，一定要正确作业。

1）拆检阀板时，阀芯等重要零件不得掉落，不得用铁丝或螺钉旋具伸入孔中（图1-2-36）。

2）阀板分解后，清洗所有零件，用压缩空气吹干，不得用棉布擦干（图1-2-37）。

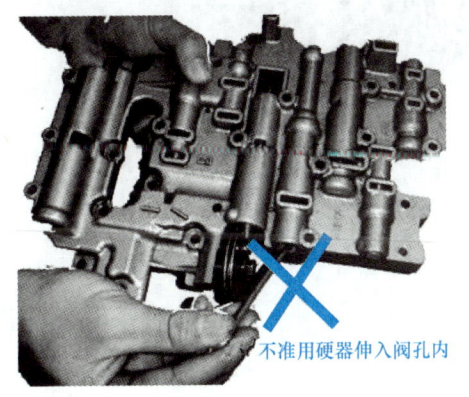

图1-2-36　错误操作（一）

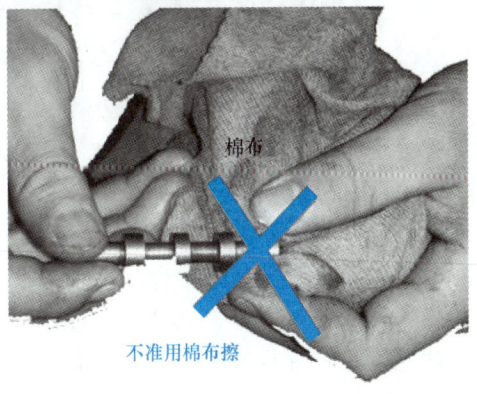

图1-2-37　错误操作（二）

3）检查阀芯能否活动自如。

4）不要在阀板垫、阀芯等处使用密封胶，粘结剂（图1-2-38）。

5）为防止单向球被磁化，不要用带磁性的工具拆卸它们（图1-2-39）。

图1-2-38　错误操作（三）

图1-2-39　错误操作（四）

球阀的位置如图1-2-40所示。

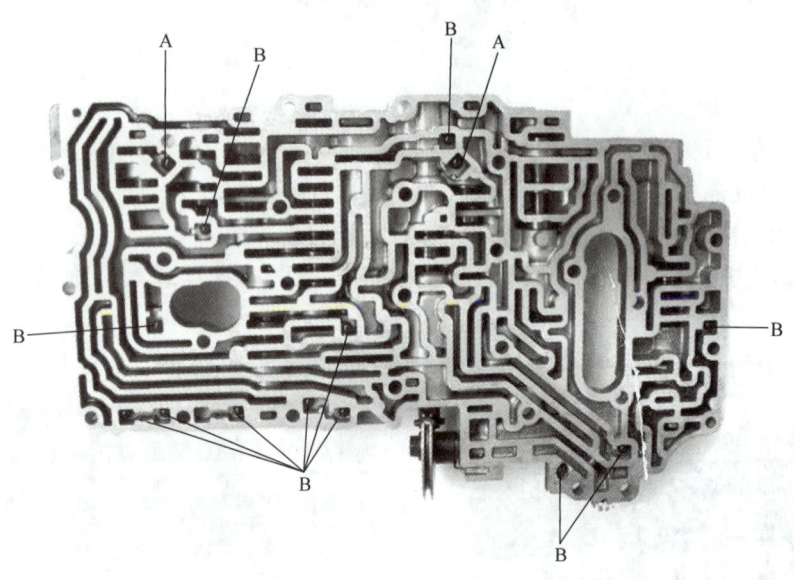

图1-2-40　球阀的位置

3. 各控制阀的名称实物对照

拆下的滑阀一般放在W形槽中（图1-2-41）。

阀体的分解如图1-2-42、图1-2-43所示。

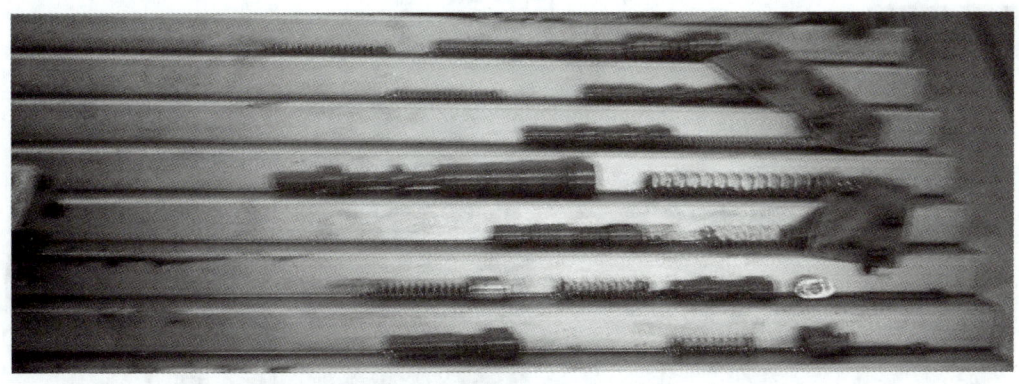

图 1-2-41 滑阀的摆放

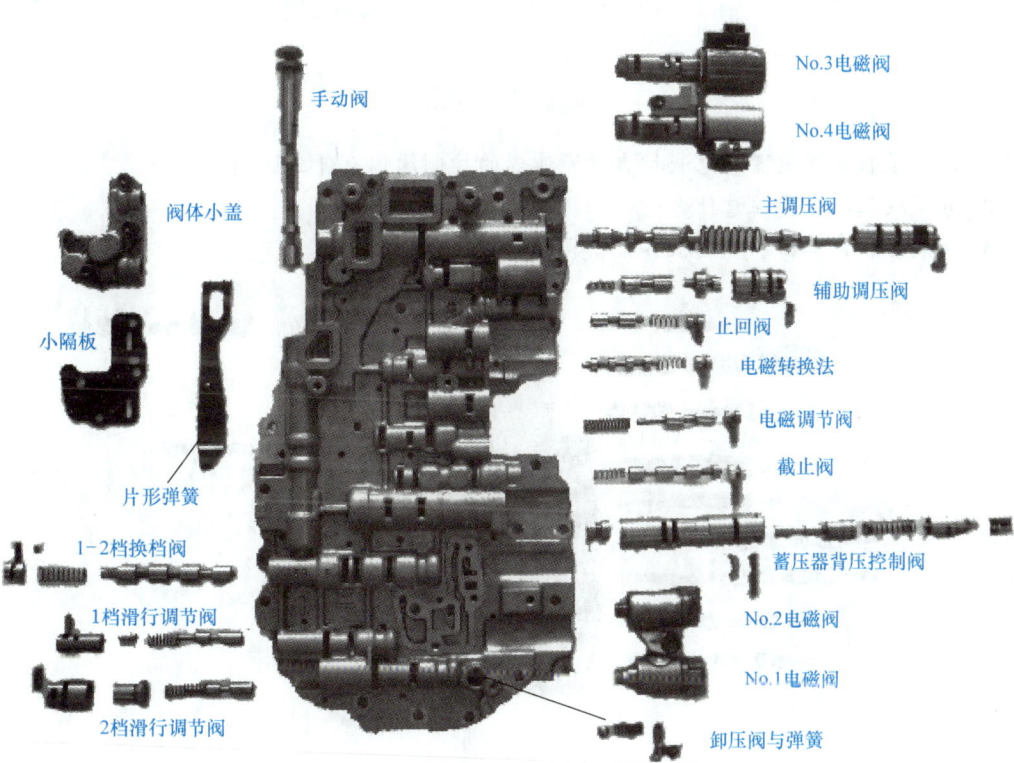

图 1-2-42 A341E 自动变速器下阀体分解图

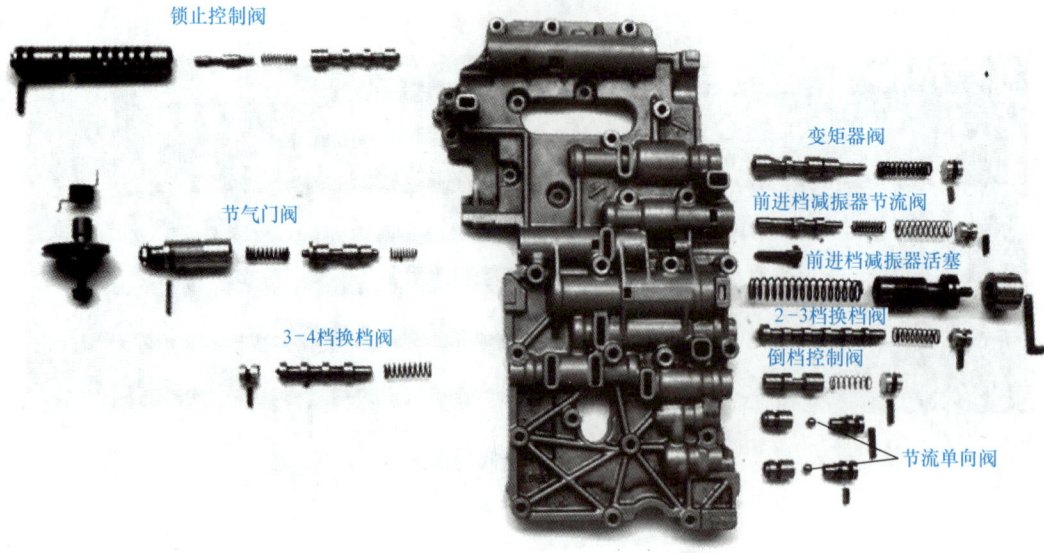

图 1-2-43　A341E 自动变速器上阀体分解图

回顾与思考

1. 全液控自动变速器与电液控自动变速器的控制阀体有什么区别？
2. 分解液压阀板要注意什么？
3. 查阅资料，标出以下阀板各控制阀的名称。

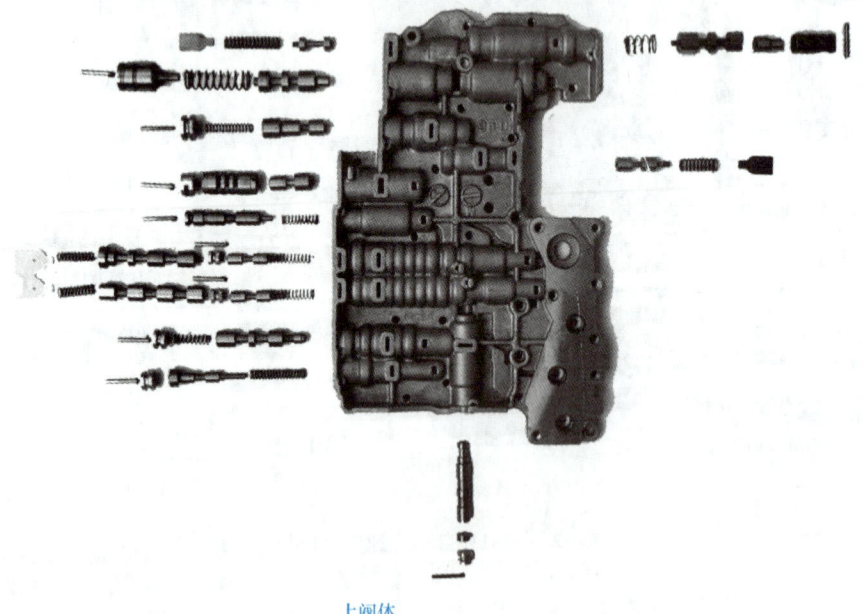

上阀体

项目一 检修自动变速器控制系统

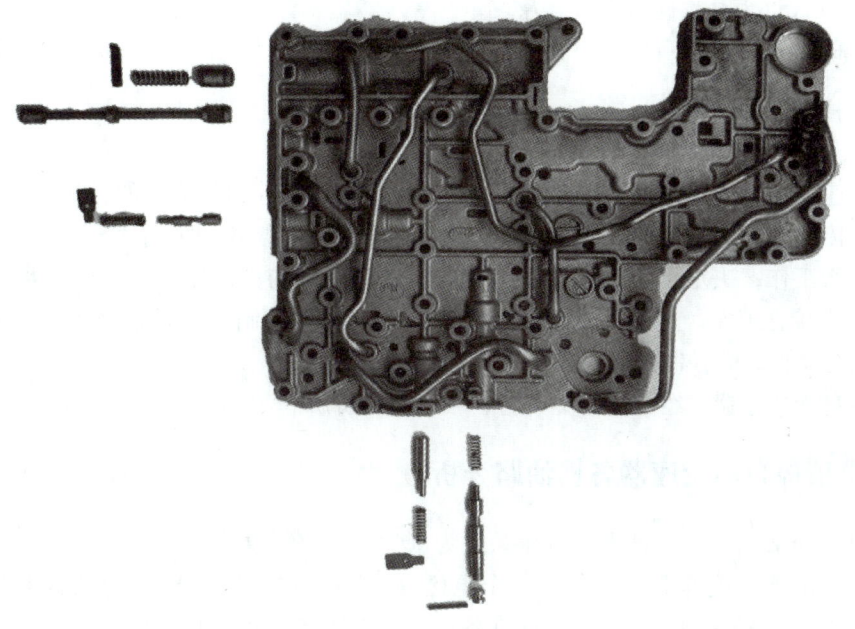

下阀体

学习任务三 液控原理与油路分析

> **任务描述**
>
> 一辆丰田雷克萨斯ES300轿车，装用A340E型自动变速器，配用3.0L发动机。在D位前进时，1档升2档时有较大的冲击现象。
>
> 首先怀疑防止换档冲击的零件有故障，拆解变速器，重点检查蓄压器、节流阀等部件。3个蓄压器活塞移动灵活，密封件良好，弹簧也完好，缸筒内光滑、无拉伤。检查油道内的节流球阀。拆开阀体与资料对照，发现缺少一个钢珠。驾驶人反映前不久在另一家修理厂维修过变速器，后来出现此现象。重新配上一个小钢珠，装复后路试，故障排除。解体阀板时，单向节流小球阀是很容易漏装或错装的，要多加注意。
>
> 请你根据以上描述，制订一份尽可能详细的维修计划方案，并说明其理由。

知识目标

1. 能够分析丰田A340E型自动变速器的各档位油路走向。
2. 能总结自动变速器液压控制系统的一般控制规律。
3. 能判断液压控制系统的一般故障。

能力目标

1. 熟练拆装常见自动变速器的阀板。

2. 进一步认识主要控制阀的工作原理。

企业典型工作任务

检修换档冲击大故障。

自动变速器动力传递与档位变换，是靠行星轮等齿轮变速机构完成的，而齿轮变速机构是否接合或传力，由换档执行元件控制，即离合器 C、制动器 B 和单向离合器 F。其中单向离合器 F 是否工作，决定于其所连接的机件的运动状态，与液压系统无关。而离合器 C 与制动器 B 是否接合工作，直接受控于液压控制系统。液压控制系统是根据各档位所需要工作的换档执行元件，来控制油路走向的。

全液控自动变速器已经退出历史舞台，本书不再讲解。

活动、电液控自动变速器各档油路分析

以丰田 A340E 自动变速器电控液压系统为例学习其控制原理。

丰田 A340E 自动变速器阀体共有三个电磁阀，No.1 电磁阀、No.2 电磁阀是换档电磁阀，No.3 电磁阀是锁止电磁阀。电磁阀在各档位的工作状态见表 1-3-1。

表 1-3-1　电磁阀在各档位的工作状态

电磁阀 档位	No.1 电磁阀 （常闭式）	No.2 电磁阀 （常闭式）	No.3 电磁阀 （常开式）
D1 档	ON	OFF	OFF
D2 档	ON	ON	ON/OFF
D3 档	OFF	ON	ON/OFF
D4 档	OFF	OFF	ON/OFF

1. D1 档

电控单元接收到档位开关信号、节气门位置信号、车速传感器信号等，根据电控单元内预先存入的换档程序，控制 No.1 电磁阀通电、No.2 电磁阀断电、No.3 电磁阀断电，离合器 C0、C1 工作，变速器进入 1 档。D1 档油路如图 1-3-1 所示。

No.1 电磁阀通电，泄油口打开，2-3 档换档阀上方油压泄掉，使 2-3 档换档阀把主油压送入 3-4 档换档阀下端。通过 3-4 档换档阀将主油压送入离合器 C0。

No.2 电磁阀断电，泄油口关闭，将 1-2 档换档阀压下，切断通往 B2 的油路。

No.3 电磁阀断电，泄油口打开，锁止继动器阀上方油压泄掉，锁止离合器不工作。即使 No.3 电磁阀通电，也没有电磁阀油压，因此，1 档是不能锁止的。

D1 档油路走向：

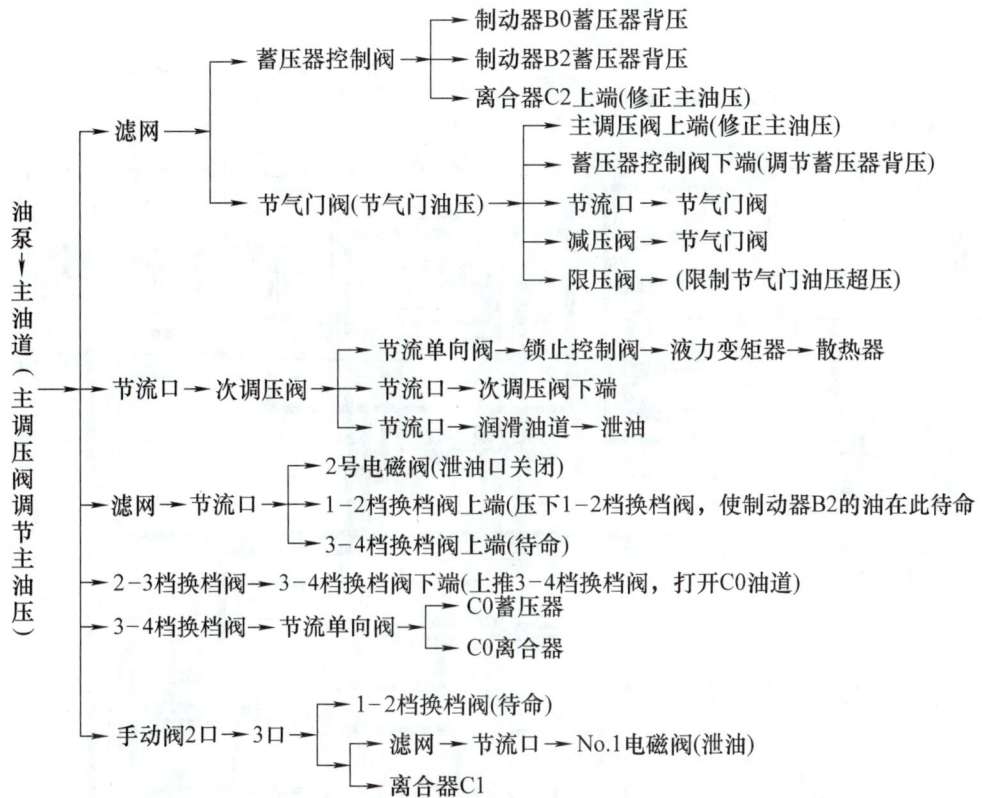

D1 档时关注以下油路：

1) 油泵→主油压→滤清器→蓄压器控制阀到B0、B2、C2蓄压器背压。

2) 油泵→主油压→滤清器→节气门阀→主调压阀上端(调主油压)。
蓄压器调压阀下端(调整蓄压器背压)。
节气门减压阀→节气门阀(修正节气门油压)。

3) 主油压→节流孔→锁止继动器→锁止离合器→冷却器。

4) 主油压→No.2电磁阀关闭→1-2档换档阀上端(使去B2的油压在此待命)。

5) 主油压→2-3档换档阀→3-4档换档阀下端(上推3-4档换档阀打开C0油路)。

6) 主油压→3-4档换档阀→C0离合器和蓄压器。

7) 手动阀2油道→3油道→1-2档换档阀待命。
离合器C1。

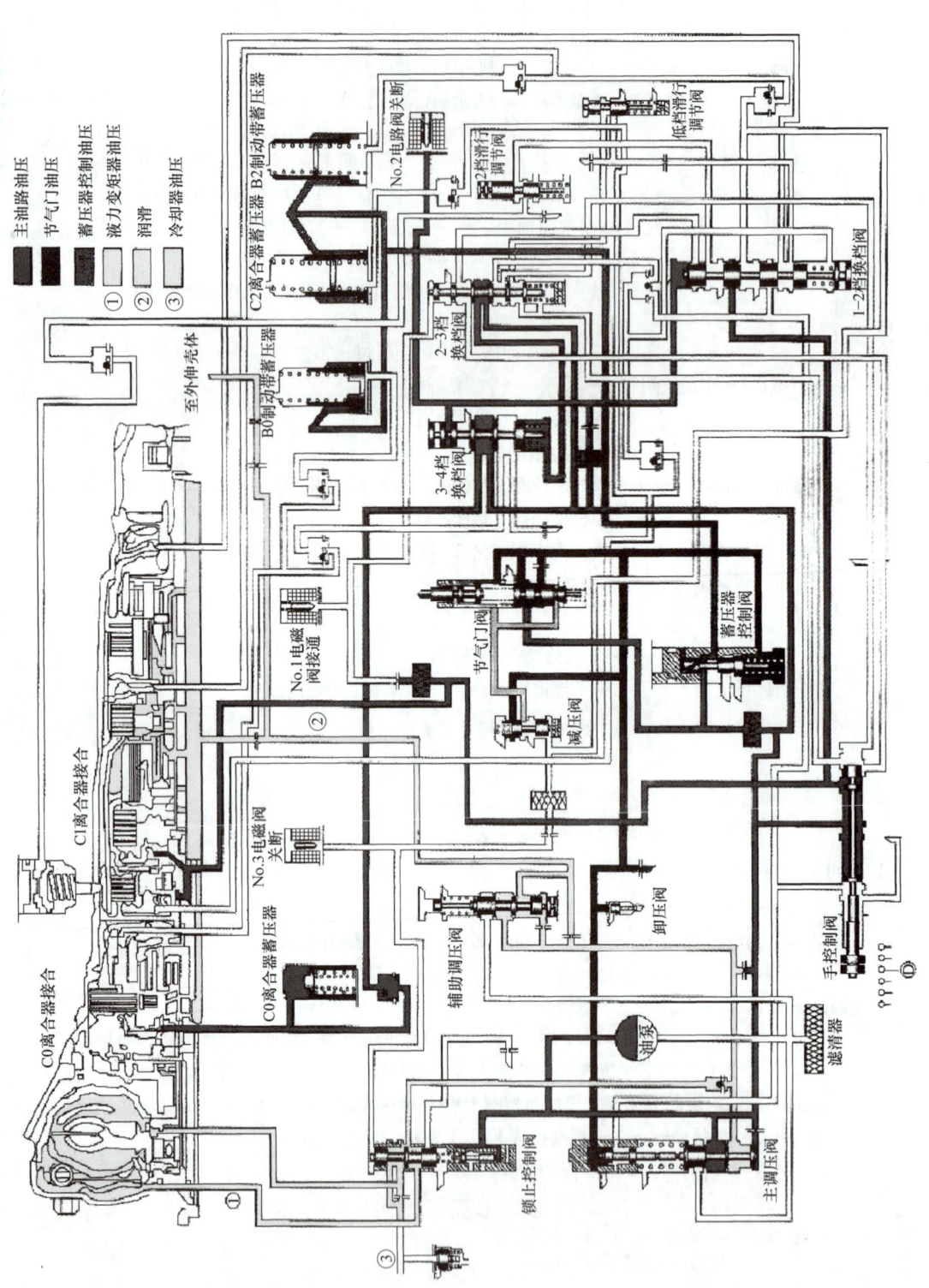

图 1-3-1 A340E D1 档油路

2. D2 档

D 位时，车速上升到 D2 档范围时，电控单元根据档位开关信号、节气门位置信号、车速传感器信号等，控制 No.1 电磁阀通电、No.2 电磁阀通电，而 No.3 电磁阀断电，使 C0、C1、B2 工作，汽车进入 2 档行驶。D2 档油路如图 1-3-2 所示。

No.1、No.2 电磁阀全打开（通电），No.1 电磁阀泄油，主油压送到 3-4 档换档阀下端，使离合器 C0 油道接通。No.2 电磁阀通电，泄油口打开，1-2 档换档阀上方泄油，1-2 档换档阀将 B2 油路接通，No.3 电磁阀断电，解除锁止离合器。

D2 档油路走向：

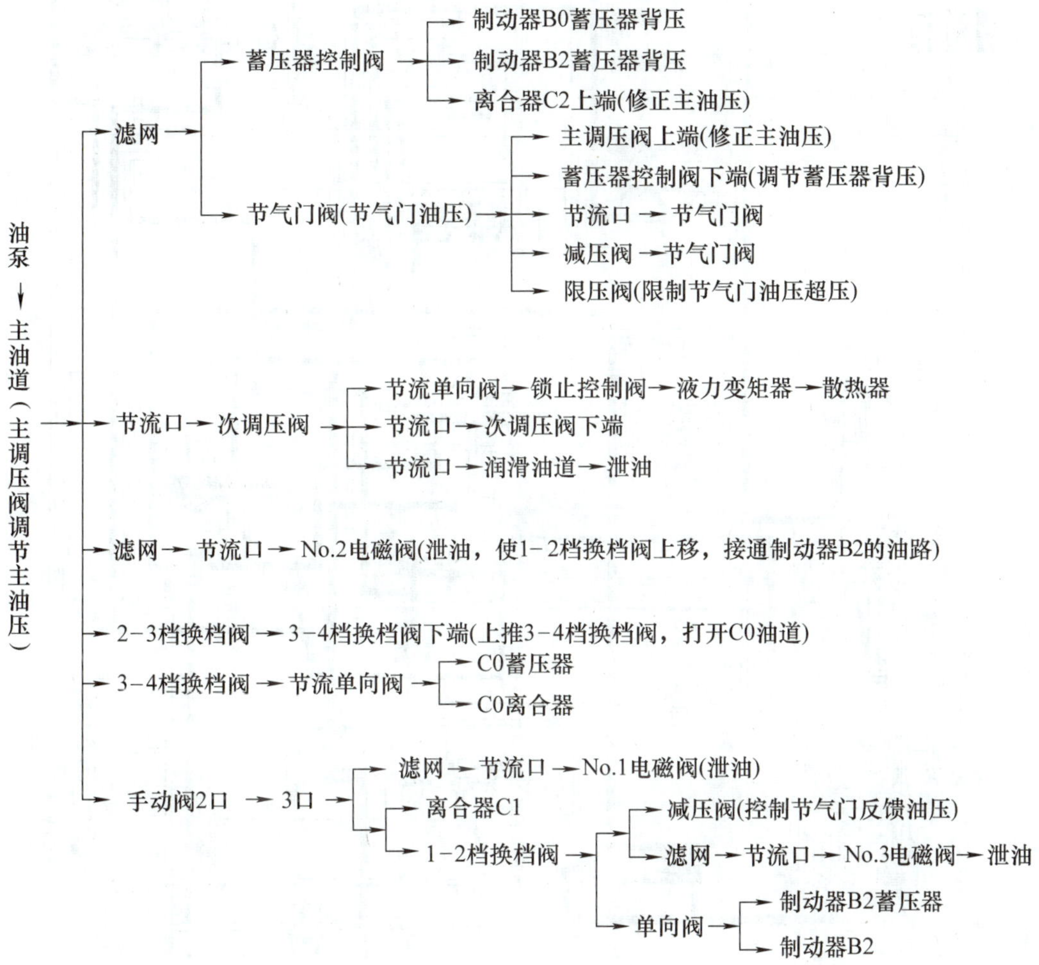

油泵→主油道（主调压阀调节主油压）
- 滤网
  - 蓄压器控制阀
    - 制动器B0蓄压器背压
    - 制动器B2蓄压器背压
    - 离合器C2上端(修正主油压)
  - 节气门阀(节气门油压)
    - 主调压阀上端(修正主油压)
    - 蓄压器控制阀下端(调节蓄压器背压)
    - 节流口→节气门阀
    - 减压阀→节气门阀
    - 限压阀(限制节气门油压超压)
- 节流口→次调压阀
  - 节流单向阀→锁止控制阀→液力变矩器→散热器
  - 节流口→次调压阀下端
  - 节流口→润滑油道→泄油
- 滤网→节流口→No.2电磁阀(泄油，使1-2档换档阀上移，接通制动器B2的油路)
- 2-3档换档阀→3-4档换档阀下端(上推3-4档换档阀，打开C0油道)
- 3-4档换档阀→节流单向阀
  - C0蓄压器
  - C0离合器
- 手动阀2口→3口
  - 滤网→节流口→No.1电磁阀(泄油)
  - 离合器C1
  - 1-2档换档阀
    - 减压阀(控制节气门反馈油压)
    - 滤网→节流口→No.3电磁阀→泄油
    - 单向阀
      - 制动器B2蓄压器
      - 制动器B2

D2 档时关注以下油路：
1) No.2电磁阀泄油，使1-2档换档阀上行，打开B2油路。
2) 主油压→手动阀2油道→3油道→1-2档换档阀→B2制动器。
3) 主油压→2-3档换档阀→3-4档换档阀下端，上推3-4档换档阀，打开C0油路。
4) 手动阀2口→3口→1-2档换档阀→减压阀(调节气门反馈油压)。

减压阀把节气门油压调节成反馈给节气门的修正油压，以便根据车速与负荷修正节气门油压，以便修正主油压，受上方弹簧弹力和下方主油压的调节。低档倒档时，反馈油压下降，节气门油压上升，主油压上升。

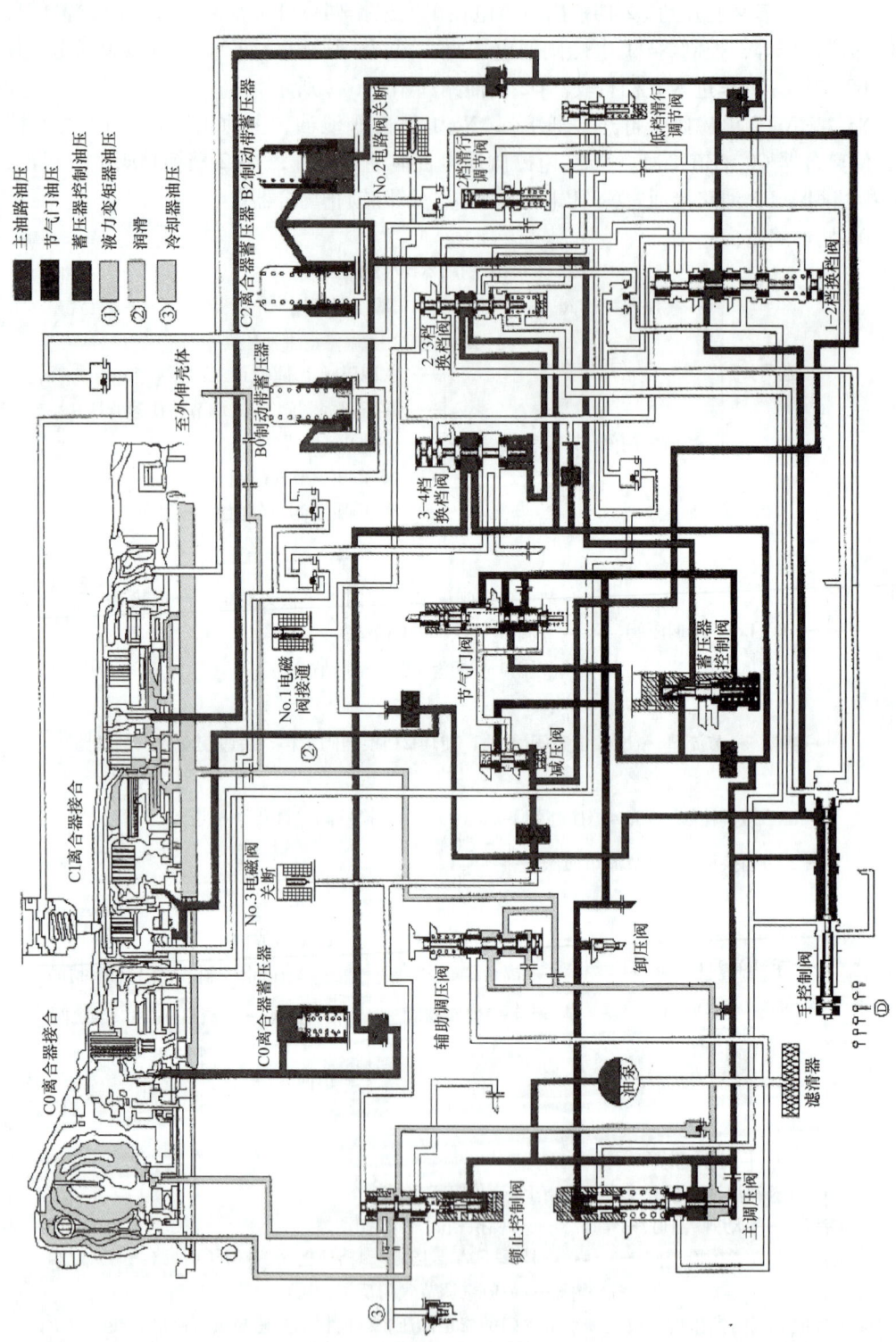

图 1-3-2 A340E D2 档油路

5) 油泵→主油压→滤清器→蓄压器控制阀到B0、B2、C2蓄压器背压。

6) 油泵→主油压→滤清器→节气门阀
   ├→主调压阀上端(调主油压)
   ├→蓄压器调压阀下端(调整蓄压背压)
   └→节气门减压阀→节气门阀(修正节气门油压)

7) 主油压→节流孔→锁止继动器→锁止离合器→冷却器。

3. D3 档

汽车在 D 位 2 档行驶，随着车速的加快，当电控单元检测到进入 3 档车速范围时，电控单元发出指令，控制 No.1 电磁阀断电、No.2 电磁阀通电、3 号电磁阀断电。换档执行元件 C0、C1、C2、B2、工作，汽车进入 3 档行驶。D3 档油路如图 1-3-3 所示。

No.1 电磁阀断电，泄油口关闭，主油压送入 2-3 档换档阀上方，将 2-3 档换档阀压下，打开去 C2 的通道。油路走向如下：

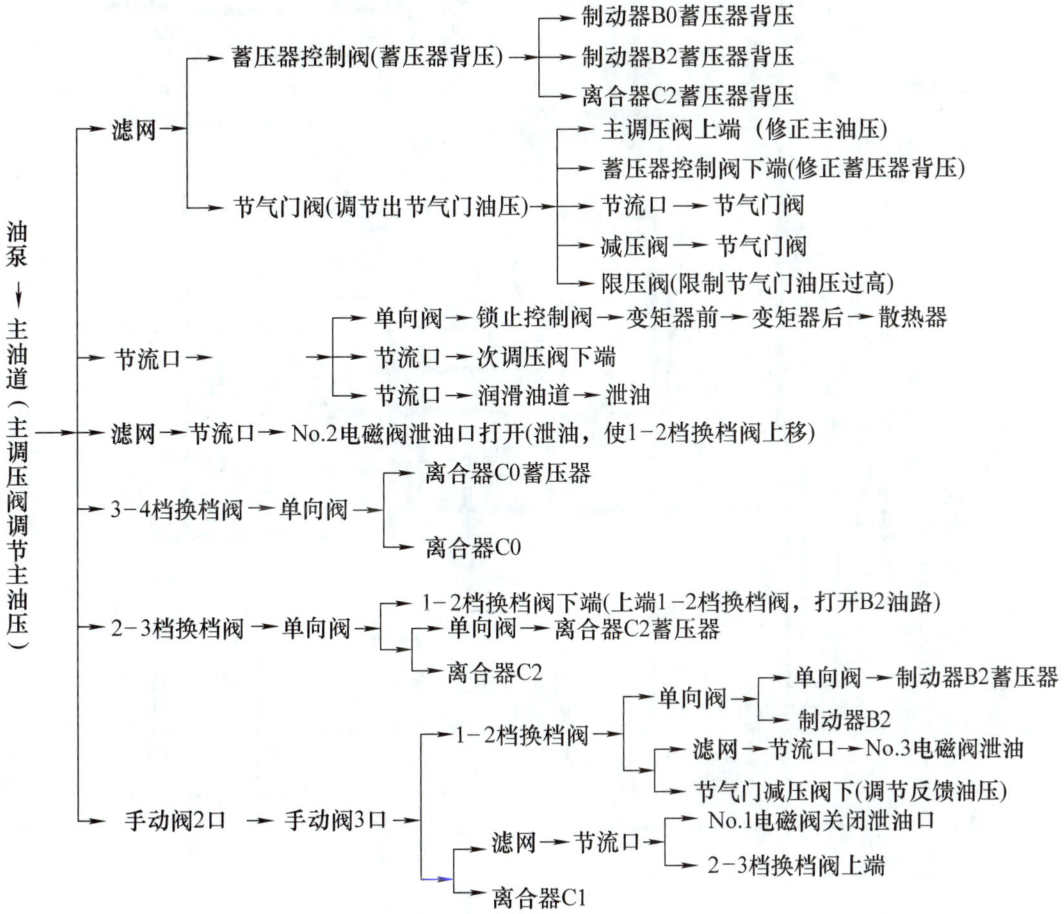

油泵→主油道（主调压阀调节主油压）
├─滤网
│ ├─蓄压器控制阀(蓄压器背压)
│ │   ├→制动器B0蓄压器背压
│ │   ├→制动器B2蓄压器背压
│ │   └→离合器C2蓄压器背压
│ └─节气门阀(调节出节气门油压)
│   ├→主调压阀上端（修正主油压）
│   ├→蓄压器控制阀下端(修正蓄压器背压)
│   ├→节流口→节气门阀
│   ├→减压阀→节气门阀
│   └→限压阀(限制节气门油压过高)
├─节流口
│ ├→单向阀→锁止控制阀→变矩器前→变矩器后→散热器
│ ├→节流口→次调压阀下端
│ └→节流口→润滑油道→泄油
├─滤网→节流口→No.2电磁阀泄油口打开(泄油,使1-2档换档阀上移)
├─3-4档换档阀→单向阀
│ ├→离合器C0蓄压器
│ └→离合器C0
├─2-3档换档阀→单向阀
│ ├→1-2档换档阀下端(上端1-2档换档阀,打开B2油路)
│ ├→单向阀→离合器C2蓄压器
│ └→离合器C2
│   └─1-2档换档阀
│   ├→单向阀→单向阀→制动器B2蓄压器
│   │   └→制动器B2
│   ├→滤网→节流口→No.3电磁阀泄油
│   └→节气门减压阀下(调节反馈油压)
└─手动阀2口→手动阀3口
   └─滤网→节流口
       ├→No.1电磁阀关闭泄油口
       └→2-3档换档阀上端
   └─离合器C1

D3 档时，重点关注以下油路：

1) 主油压→2-3档换档阀→节流单向阀
   ├→C2离合器。
   ├→C2蓄压器。
   └→1-2档换档阀下端。

2) 主油压→手动阀2口→3口→1-2档换档阀→单向阀
   ├→B2制动器。
   ├→B2蓄压器。
   └→减压阀下腔→No.3电磁阀泄油。

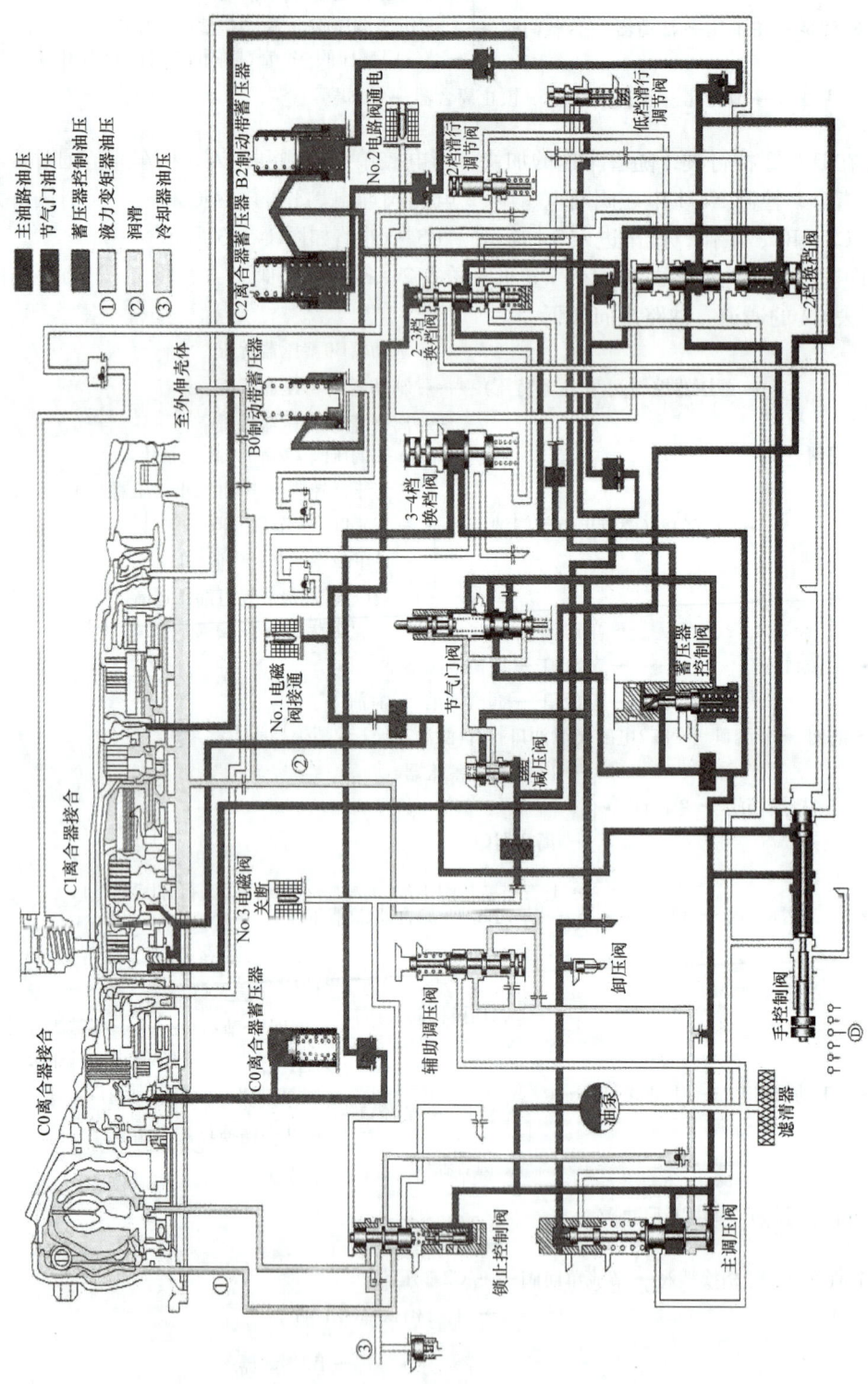

图 1-3-3 A340E D3 档油路

4. D4 档油路工作原理

D 位 4 档,即超速档。当手动阀在 D 位,车速升到 D4 档范围时,电控单元根据车速信号、节气门位置信号以及档位开关信号等,控制 No.1 电磁阀断电、No.2 电磁阀断电、No.3 电磁阀通电。No.2 电磁阀断电,泄油口关闭,主油压压到 3-4 档换档阀上方,将 B0 油道打开,C0 油道关闭。D4 档油路如图 1-3-4 所示。

D4 档油路走向如下:

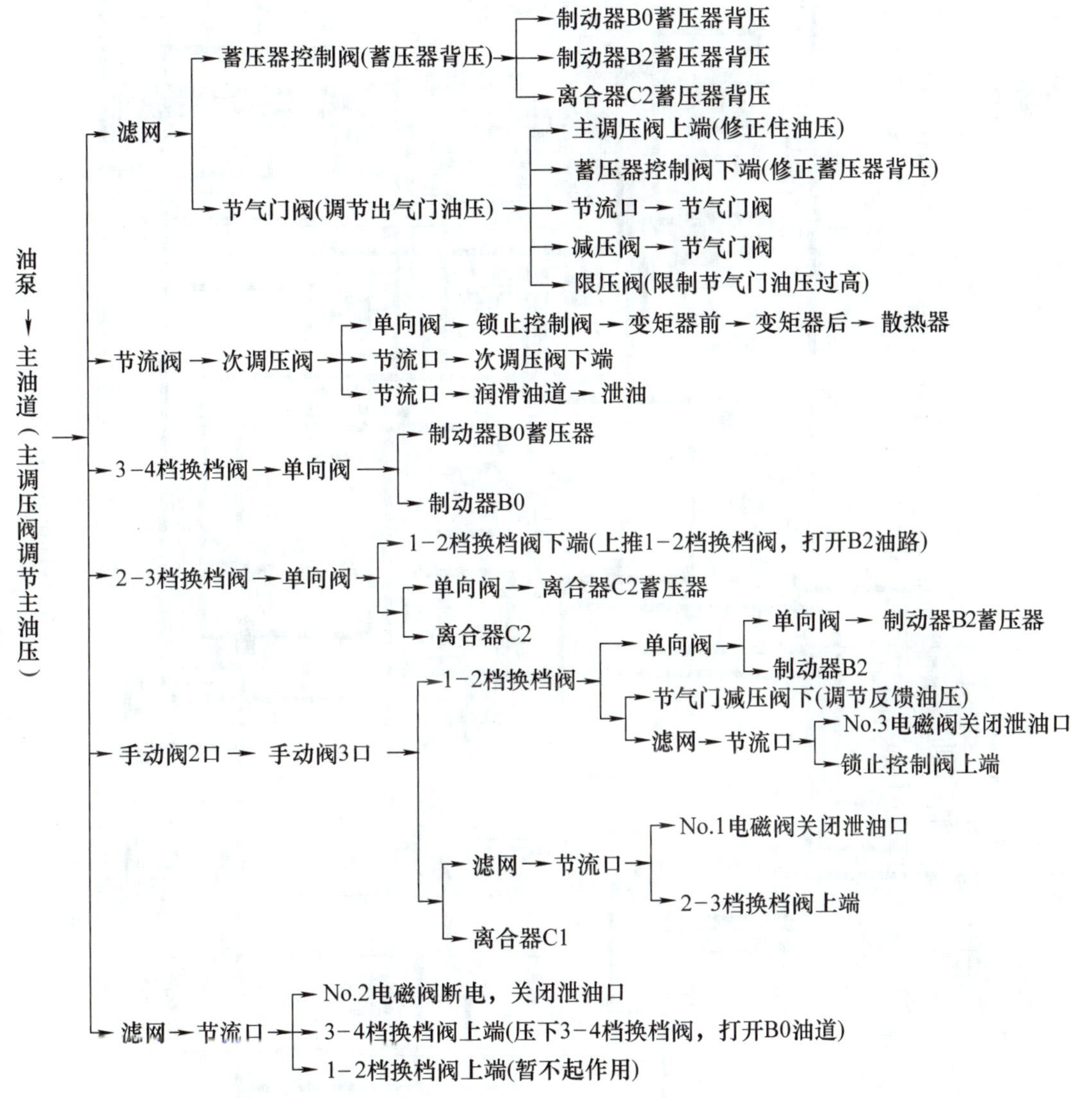

```
油泵
 ↓
主油道（主调压阀调节主油压）
 ├─ 滤网 ─┬─ 蓄压器控制阀(蓄压器背压) ─┬─ 制动器B0蓄压器背压
 │       │                          ├─ 制动器B2蓄压器背压
 │       │                          └─ 离合器C2蓄压器背压
 │       └─ 节气门阀(调节出气门油压) ─┬─ 主调压阀上端(修正住油压)
 │                                 ├─ 蓄压器控制阀下端(修正蓄压器背压)
 │                                 ├─ 节流口 → 节气门阀
 │                                 ├─ 减压阀 → 节气门阀
 │                                 └─ 限压阀(限制节气门油压过高)
 ├─ 节流阀 → 次调压阀 ─┬─ 单向阀 → 锁止控制阀 → 变矩器前 → 变矩器后 → 散热器
 │                   ├─ 节流口 → 次调压阀下端
 │                   └─ 节流口 → 润滑油道 → 泄油
 ├─ 3-4档换档阀 → 单向阀 ─┬─ 制动器B0蓄压器
 │                      └─ 制动器B0
 ├─ 2-3档换档阀 → 单向阀 ─┬─ 1-2档换档阀下端(上推1-2档换档阀,打开B2油路)
 │                      ├─ 单向阀 → 离合器C2蓄压器
 │                      └─ 离合器C2
 ├─ 手动阀2口 → 手动阀3口 → 1-2档换档阀 ─┬─ 单向阀 ─┬─ 制动器B2蓄压器
 │                                    │         └─ 制动器B2
 │                                    ├─ 节气门减压阀下(调节反馈油压)
 │                                    ├─ 滤网 → 节流口 ─┬─ No.3电磁阀关闭泄油口
 │                                    │              └─ 锁止控制阀上端
 │                                    └─ 滤网 → 节流口 ─┬─ No.1电磁阀关闭泄油口
 │                                                   └─ 2-3档换档阀上端
 │                                    └─ 离合器C1
 └─ 滤网 → 节流口 ─┬─ No.2电磁阀断电,关闭泄油口
                 ├─ 3-4档换档阀上端(压下3-4档换档阀,打开B0油道)
                 └─ 1-2档换档阀上端(暂不起作用)
```

D4 档重点关注以下油道:

1)油泵→主油道→3-4 档换档阀→B0 制动器。此油路同时断开 C0 离合器油路。
2)C1 离合器、C2 离合器仍然工作,根据齿轮变速原理分析,汽车以 4 档行驶。
3)此时,B2 制动器仍然接合,但不传力,与 3 档时相同。为降 2 档做好准备。
4)No.3 电磁阀在 2 档以上通电时,即可控制锁止离合器锁止。
5)锁止控制油路由 No.3 电磁阀控制,锁止油路由锁止控制阀控制。

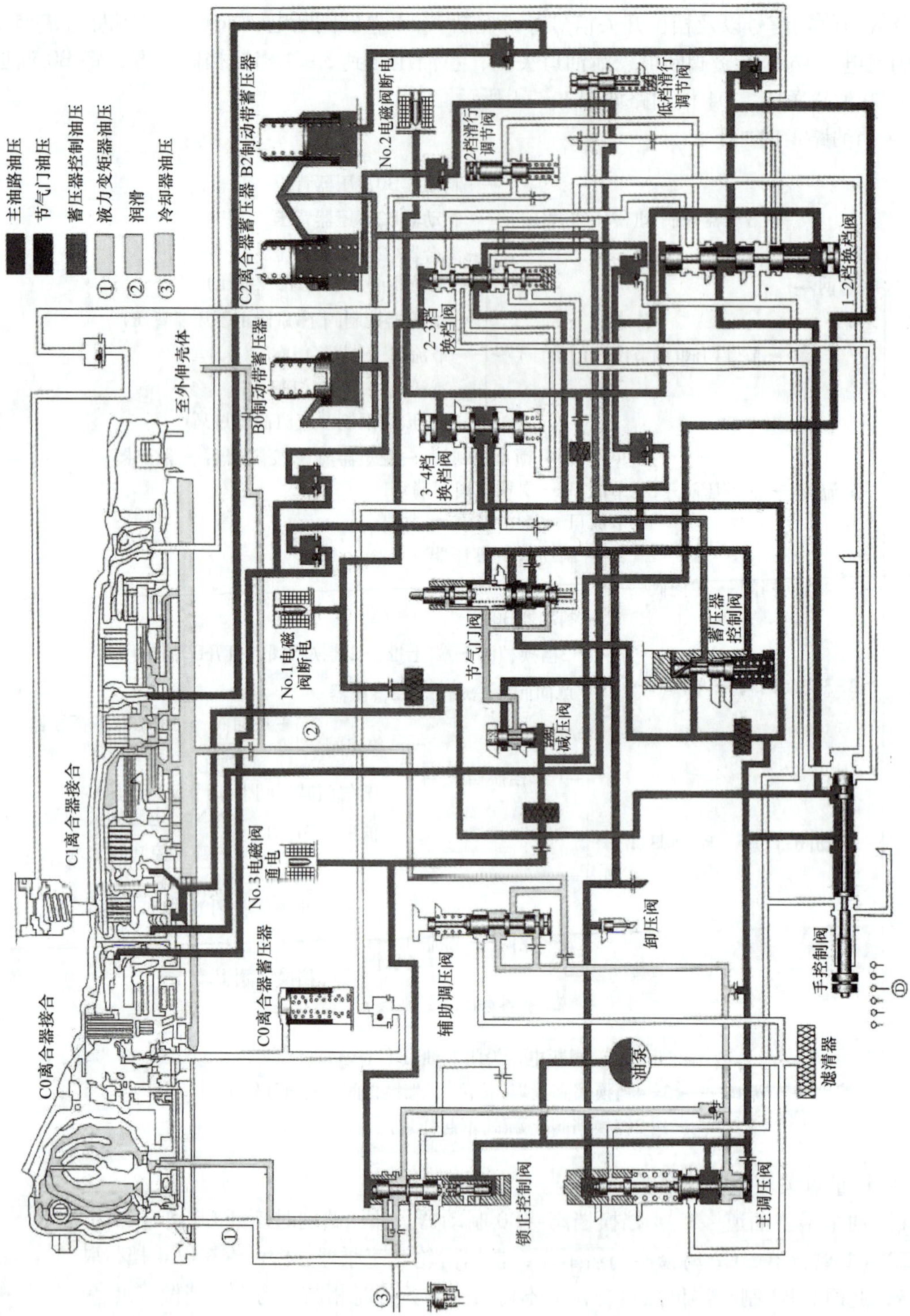

图 1-3-4 A340E D4 档油路

5. L位油路工作原理

手动阀在 L 位 1 档，车速在 1 档范围内时，电控单元根据档位开关信号、节气门位置传感器信号以及车速信号等，控制 No.1 电磁阀通电打开电磁阀泄油口，No.2 电磁阀断电关闭泄油口，No.3 电磁阀断电，泄油口打开泄油。L 位 1 档油路如图 1-3-5 所示。

No.1 电磁阀通电，打开泄油口泄掉 2-3 档换档阀上端油压，使 2-3 档换档阀上行，以便打开去 3-4 档换档阀下端油压，使 3-4 档换档阀上升，打开去 C0 的油道，主油压进入 C0 离合器。

No.2 电磁阀断电，泄油口关闭，主油压作用于 1-2 档换档阀上端，压下 1-2 档换档阀，经低滑行调压阀到制动器 B3。

No.3 电磁阀断电泄油，解除锁止。

油路分析如下：

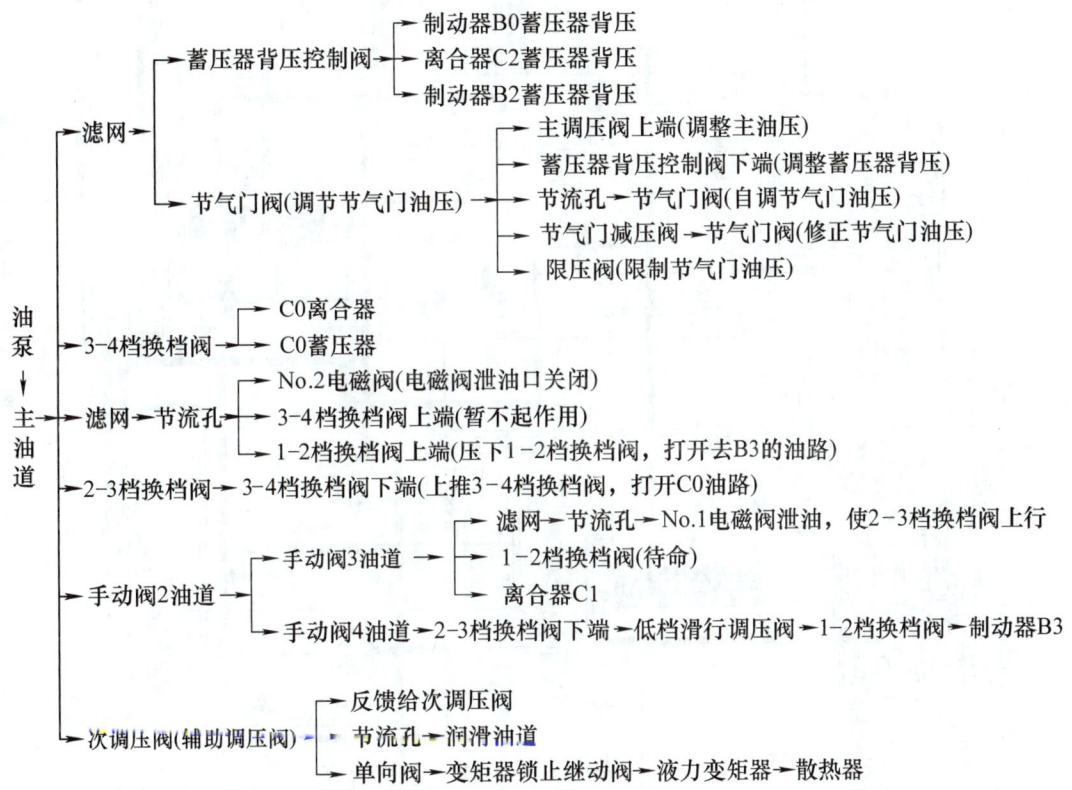

6. S 位（2 位）2 档油路

2 位 2 档油路分析：当驾驶人选用 2 位，汽车以 2 档行驶时，电控单元根据档位开关信号、节气门位置传感器信号及车速信号，控制 No.1 电磁阀通电、No.2 电磁阀通电、No.3 电磁阀断电。

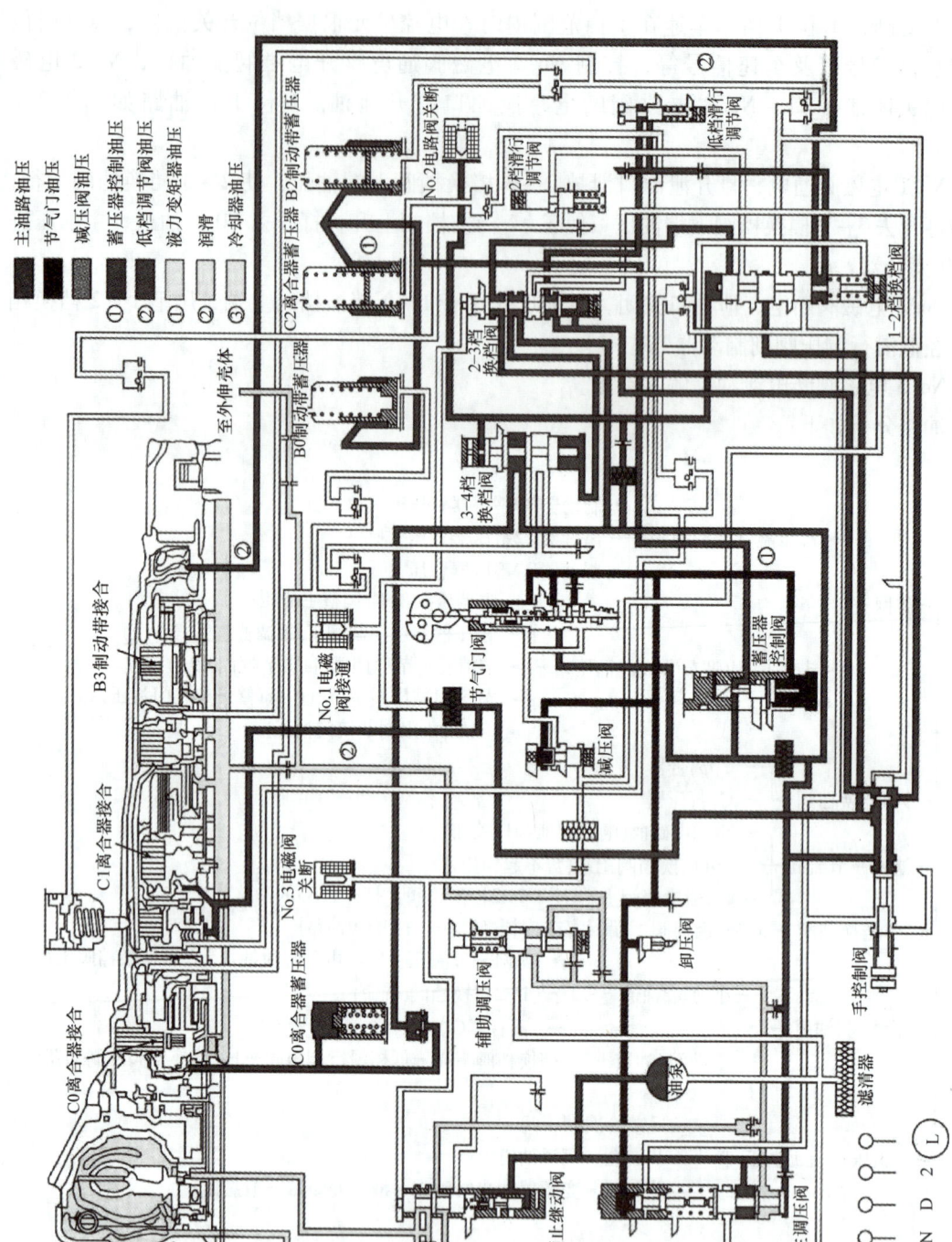

图1-3-5 A340E L位1档油路

当 No.2 电磁阀通电,泄油口打开时,使 1-2 档换档阀上方油压卸掉,一方面通过 1-2 档换档阀打开通往制动器 B2 的油路,另一方面打开通往节气门减压阀的油路,并将主油压送到减压阀下端,以调整节气门反馈油压。

当 No.1 电磁阀通电,泄油口打开时,电磁阀将 2-3 档换档阀上端的油压卸掉,使 2-3 档换档阀上行,将主油压通过 2-3 档换档阀送到 3-4 档换档阀下端,将 3-4 档换档阀推向上方,以使 3-4 档换档阀打通 C0 油路。

2 位 2 档油路如图 1-3-6 所示。

当 No.3 电磁阀打开泄油口时,锁止继动阀上端的油压从 No.3 电磁阀泄油口卸掉,锁止继动阀上行,锁止离合器不锁止。具体油路走向如下:

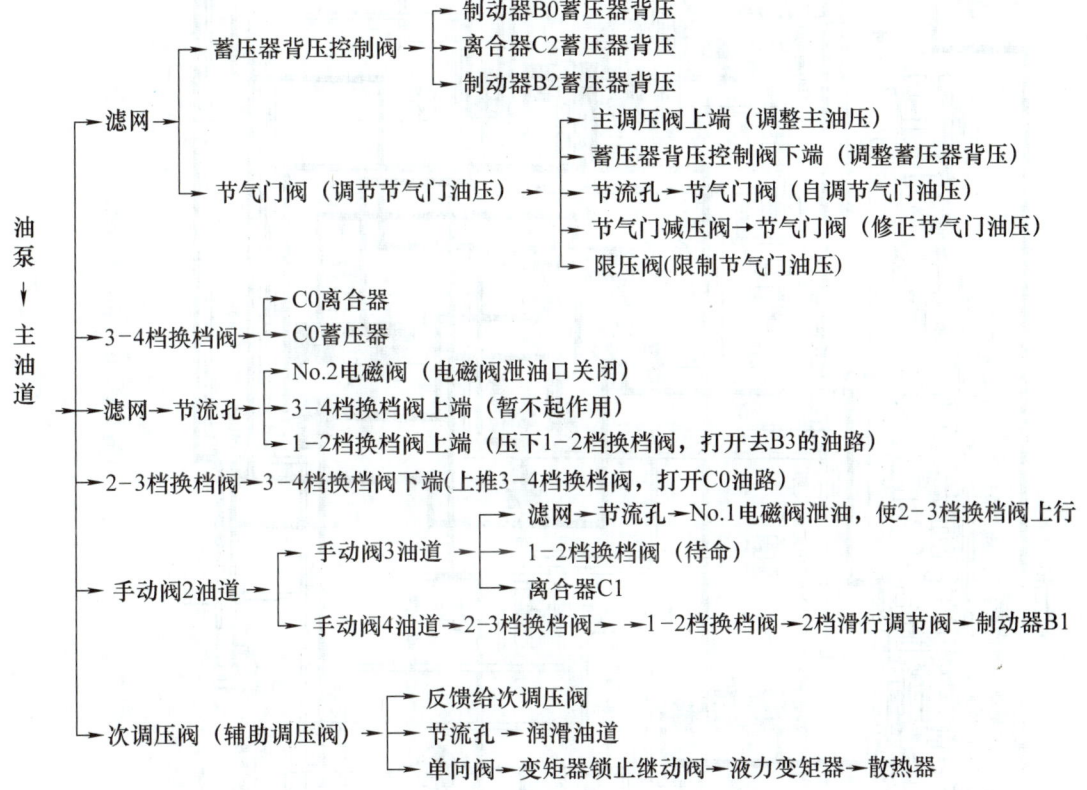

7. S 位(2 位)3 档油路

油路工作原理:当变速杆置于 2 位,汽车进入 3 档范围时,电控单元根据档位开关信号、节气门位置传感器信号及车速信号,控制 No.1 电磁阀断电,关闭泄油口,No.2 电磁阀通电,泄油口打开,No.3 电磁阀断电,打开泄油口。2 位 3 档油路如图 1-3-7 所示。

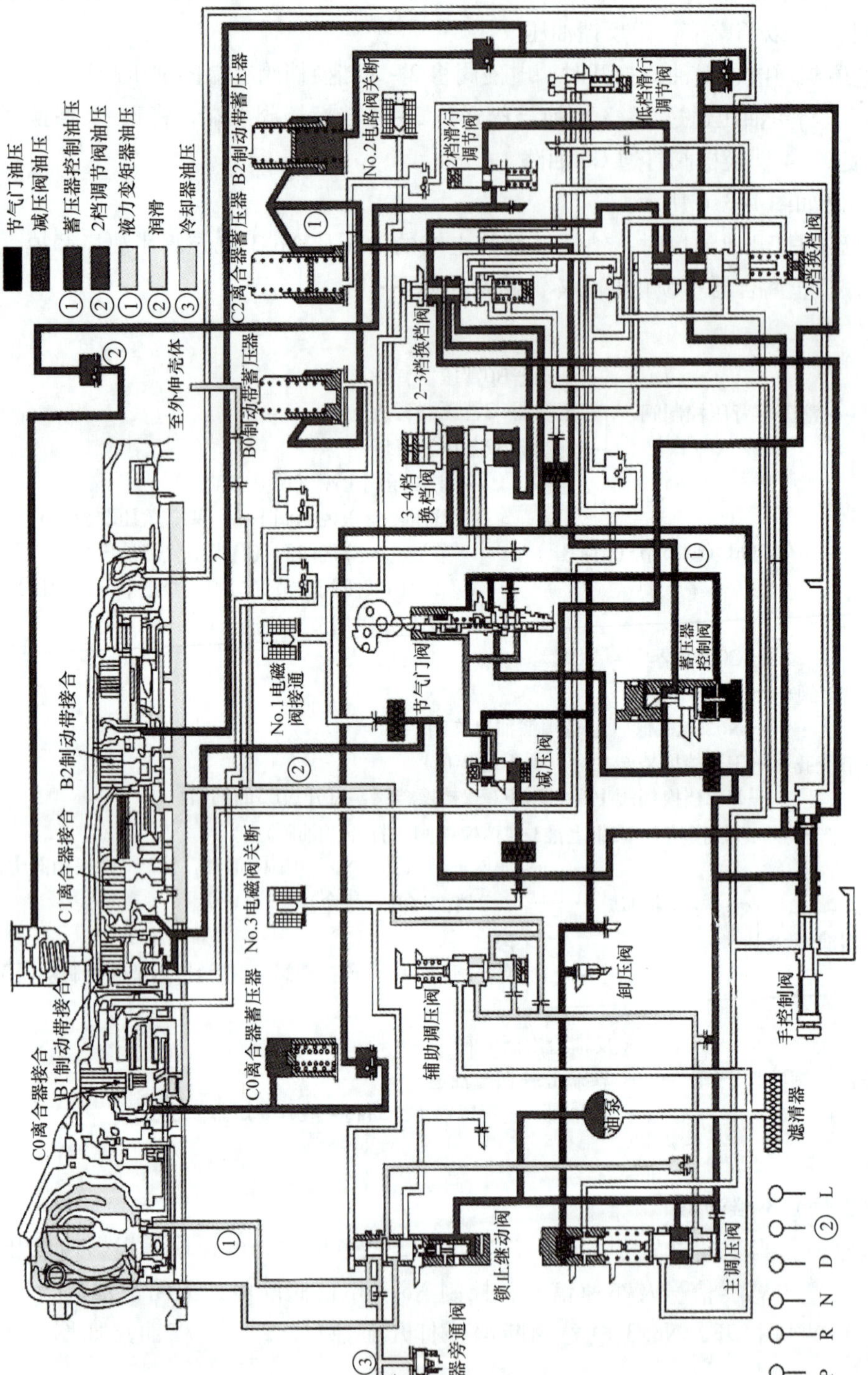

图 1-3-6 A340E 2 位 2 档油路

项目一 检修自动变速器控制系统

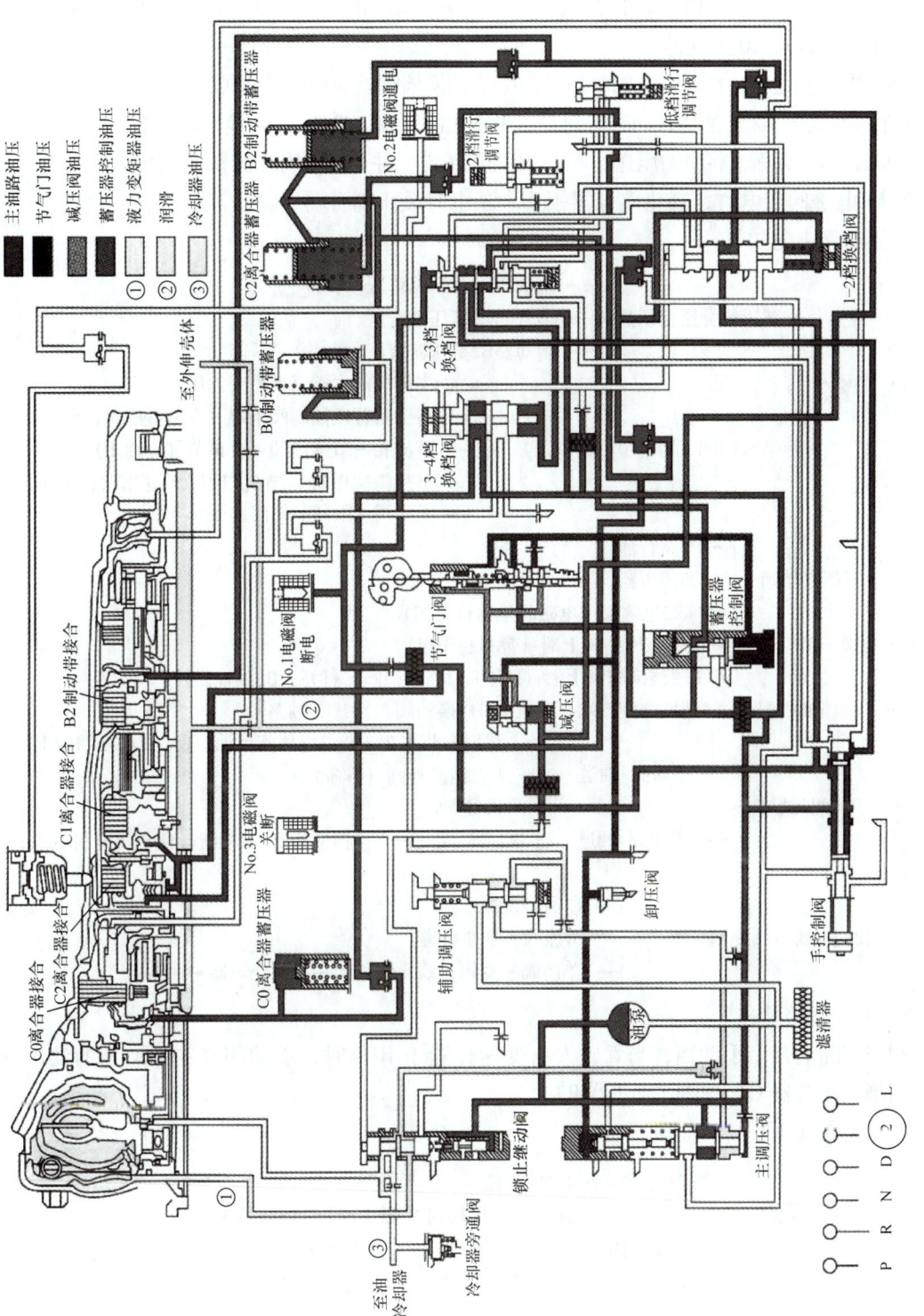

图 1-3-7 A340E 2 应 3 档油路

从图 1-3-7 可知，No.1 电磁阀断电，使电磁阀泄油口关闭，2-3 档换档阀上端有主油压作用，压下 2-3 档换档阀，打开去 3-4 档换档阀的油路，将 3-4 档换档阀推向上方，即打开通往离合器 C0 的油路。

No.2 电磁阀通电，打开电磁阀泄油口，1-2 档换档阀上端油压被卸掉，并使来自 2-3 档换档阀的通往离合器 C2 的油路，同时送到 1-2 档换档阀下端，将 1-2 档换档阀上推，接通制动器 B2 的油路，另一方面，将主油压送到 No.3 电磁阀下端，并至减压阀修正节气门油压。

No.3 电磁阀通电时，锁止离合器锁止，断电时锁止离合器不锁止。

具体油路走向如下：

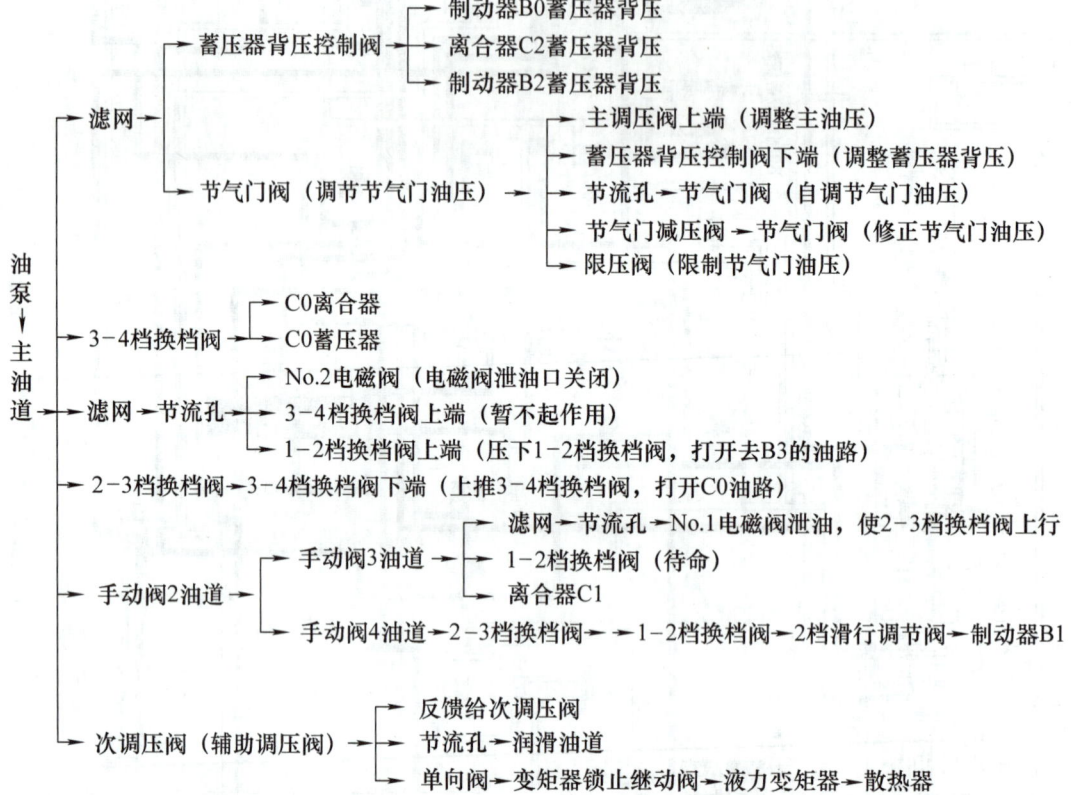

8. R 位倒档油路

倒档实际上是个手动档，当驾驶人将变速杆置于 R 位时，手动阀将主油道来的油压分别送到倒档离合器 C2 和倒档制动器 B3。

油路走向如下：

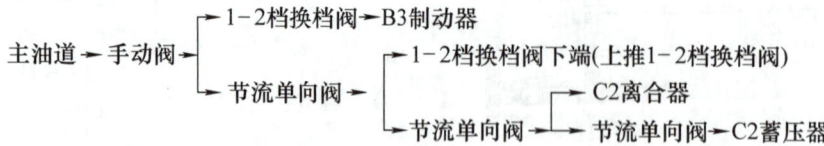

阀体实物对照如图 1-3-8、图 1-3-9 所示。

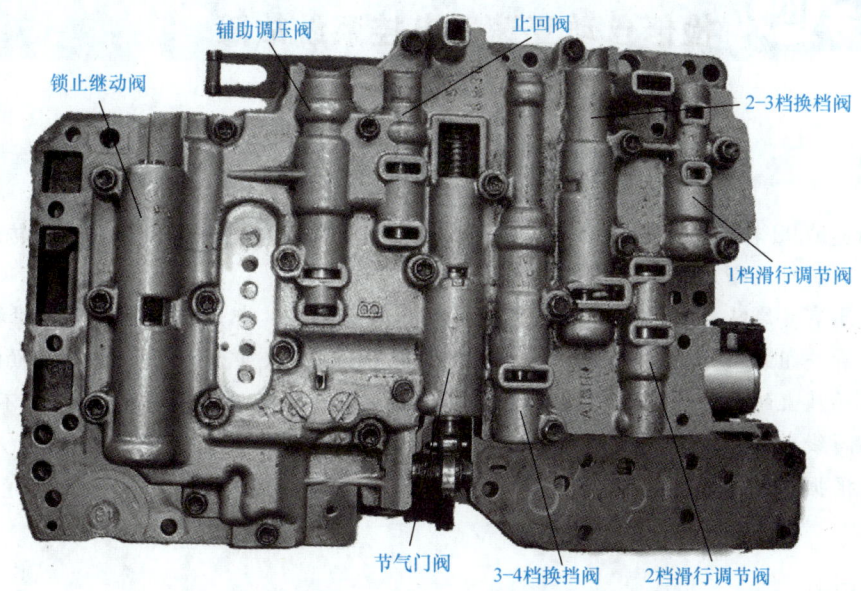

图 1-3-8　A340E 上阀体

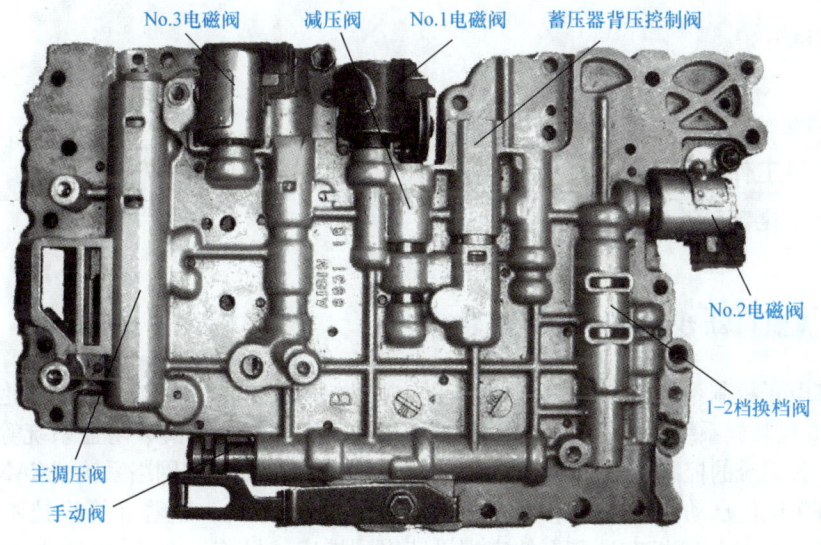

图 1-3-9　A340E 下阀体

回顾与思考

1. 想一想，换档时蓄压器背压是如何控制的？
2. 总结档位分析的规律，说出档位与电磁阀工作状态的关系。
3. 某车装用 A340E 型自动变速器，D 位只有 1 档，不能升 2 档，分析控制系统可能的故障点。

学习任务四 检修自动变速器电控系统故障

任务描述

一辆奥迪90轿车，装用大众097自动变速器，挂前进档时打滑，即发动机转速升高时，车速不能对应增加。

检查油有焦糊味，油色变黑，解体后发现大部分摩擦片都烧坏，于是更换摩擦片和密封件，清洗组装后，试车倒档正常，前进档只有3档，又重新解体检查。按照电路图对照线束插座上的接脚检查各电磁线圈的动作情况，发现有的电磁线圈通电时不动作，说明电磁阀线束有故障。将线束更换后试车一切正常，故障排除。

请你根据以上描述，制订一份尽可能详细的维修计划方案，并说明其理由。

知识目标

1. 认识自动变速器电控系统的控制原理。
2. 识别各种传感器、执行器的安装位置，并能检测其故障。

能力目标

1. 能用示波器、解码器检测电路。
2. 能查阅维修手册，根据电路图检修电路故障。

企业典型工作任务

检修自动变速器打滑故障。

活动一、认识自动变速器电控系统特点

现代汽车电子控制系统越来越多，从传统的电喷发动机、电控自动变速器、防抱死制动系统（ABS）、电控悬架系统，到目前的自动空调、巡航系统、安全气囊、防盗系统等。车载电脑越来越多，各系统的控制电脑用光纤或高速电缆相互连接形成车载网络系统（CAN-BUS）。

20世纪80年代自动变速器开始使用电控技术，到90年代，随着计算机技术的飞速发展，微处理器、单片计算机在汽车上的应用迅速得到推广。目前，电子控制液压换档系统已广泛用于汽车自动变速器，而且越来越多地取代了全液压控制系统。它是在全液控自动变速器的基础上，增加了若干传感器、控制单元和电磁阀等执行元件，以电控单元（ECU或PCM）为控制核心，通过节气门位置传感器、车速传感器等，将车辆的运行状态参数，转变为电信号，输送到电控单元中，由电控单元根据预先储存的程序，对电磁阀等执行元件发出指令，来控制液压阀体中油路的走向。但是，系统中的换档执行机构仍然是液压的，故称为电控液压换档系统，简称电液控系统。

1. 电液控系统的主要优点

1）驾驶人根据需要可以选择不同的驾驶模式。由于计算机能够存储与处理多种换档规

律,所以它可以按车辆的行驶需要对相应规律进行选择,可以实现更合理、更复杂的控制,突破液压阀结构的局限,获得更理想的燃油经济性和动力性。

2)可使液压控制系统大大地简化,从而使结构紧凑、质量更轻。

3)控制精度高、反应快,而且动作准确。

4)与整车的其他电控系统,如发动机控制、巡航控制、牵引力控制、制动控制等兼容性好。可采用 CAN – BUS,与多个电控单元通信。

5)自动变速系统变更换档规律或参数时,只需改变控制程序和某些电子元件的型号规格就能达到要求,而无须对变速器结构零件做任何变动,所以适应性强、开发周期短,在系列产品中更能显示其优越性。

6)增加了自诊断和失效保护功能。电控系统有故障时,电控单元以故障码形式储存到电控单元中,给维修带来很大的方便。如果传感器损坏,电控单元检测不到车辆的运行状态,就以固定的模式运行,此时,车辆可能出现冲击、抖动等不良的运行状态。

显然,自动变速器增加电控系统,大幅度改善了车辆的性能。它不仅简化了自动变速器的液压系统,而且使自动变速器更完善,进一步提高了车辆的动力性和燃油经济性。电控液压换档系统由电控单元控制系统和液压控制系统两部分组成。各种车型的电控自动变速器,其电控系统的控制范围有所不同,故对应的液压控制系统与全液控系统的区别表现在以下几方面。

电液控自动变速器控制流程如图 1-4-1 所示。

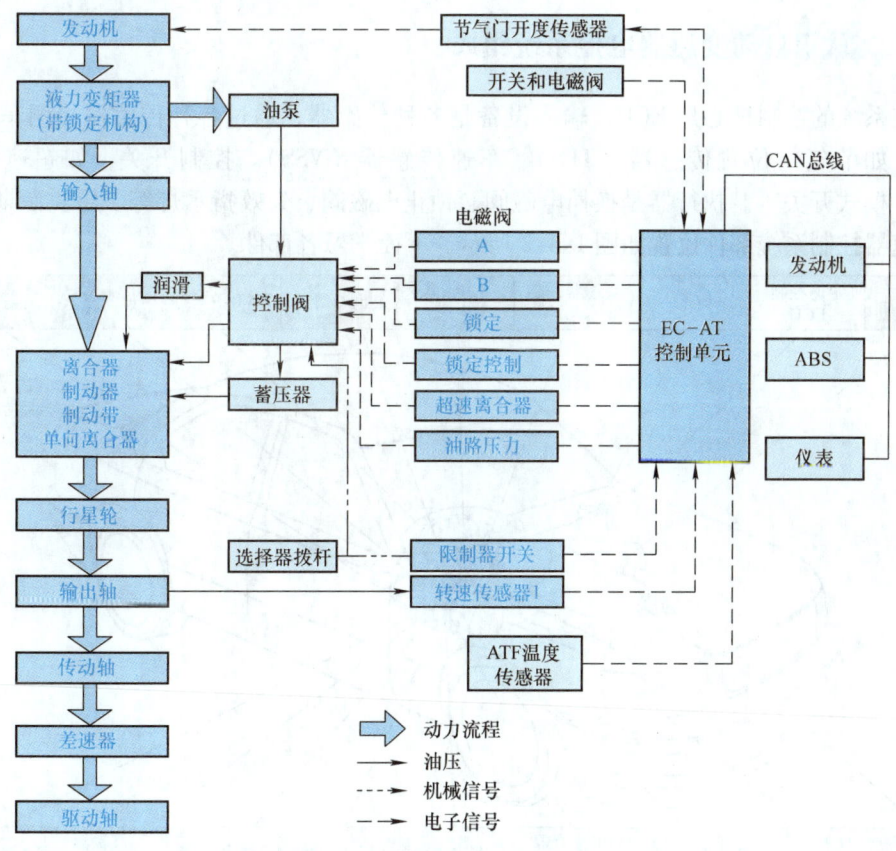

图 1-4-1　电液控自动变速器控制流程

2. 电液控与全液控的区别

1）在由油泵、阀体和若干控制阀组成的液压控制系统上增加了若干电磁阀。电控单元控制这些电磁阀，再由电磁阀的通断来改变油路，参与液压系统的控制。各种车型的电控自动变速器，电磁阀的个数不同，从而使电控单元对自动变速器控制的内容、范围也不同。通常电磁阀的个数有 3~9 个不等。3 个电磁阀是最基本的类型，其中两个是控制换档电磁阀，另一个是控制液力变矩器的锁止离合器。其他还有油压控制电磁阀、换档平顺控制电磁阀、强制降档电磁阀、正时电磁阀等。

2）表征节气门开度的信号是电信号，利用节气门开度传感器把节气门开度信号传给电控单元。但对于液压控制系统的油压不是由电磁阀控制的车型，也设有节气门阀，以便根据发动机负荷的变化相应地调节系统油压和液力变矩器补偿油压。

3）表征车速高低的信号是车速传感器输出的电脉冲信号，取消了速控阀，没有了表征车速的速控油压信号。因此，换档阀的动作不再取决于表征节气门开度和车速的液压信号，而是取决于由电控单元控制的换档电磁阀，再由电磁阀改变油路来控制换档阀的动作，实现换档。

4）换档范围除由变速杆控制的手动阀外，还增设了档位指示器，由电控单元和手动阀油路共同控制换档范围。

活动二、认识自动变速器电控系统组成

电控系统的控制核心是 ECU，输入设备是各种传感器，通过各种传感器检测车辆的运行状态，如节气门位置传感器（TPS）、车速传感器（VSS）。控制开关，如超速档开关（O/D）、模式开关等。执行器是换档电磁阀、锁止电磁阀、失效指示灯等。雷克萨斯 LS400 自动变速器控制系统部件位置如图 1-4-2 所示。下面学习各部件。

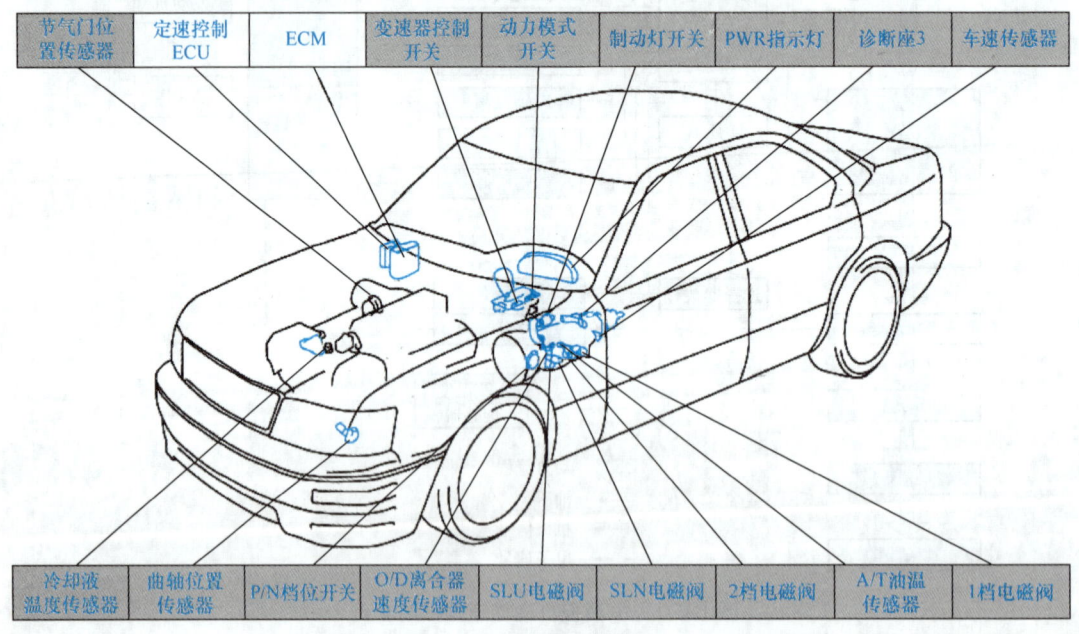

图 1-4-2　雷克萨斯 LS400 自动变速器控制系统部件位置

1. 常见的传感器

（1）节气门位置传感器 节气门位置传感器安装在发动机节气门体上，用于检测节气门的开度，并将其转换为电信号传送给 ECU，是自动变速器换档正时和锁止正时控制的主要信号。节气门位置传感器如图 1-4-3 所示，节气门位置传感器电路图与触点如图 1-4-4 所示，其中活动触点臂与节气门轴联动。只有线性输出型的节气门位置传感器才能用于自动变速器的换档控制。开关型的节气门位置传感器，由于只有在怠速和大负荷时才有信号输出，不能反映节气门的其他位置，不能用于换档控制。典型的丰田系列节气门位置传感器中，VC 是 5V 工作电压的输入端子，V_{TA} 是信号输出端子，IDL 是怠速信号输出端子，E 是地线。当节气门位置发生变化时，V_{TA} 的输出电压就会发生相应的变化，输出特性如图 1-4-5 所示。但在车辆行驶时，并非节气门开度的每一个微小变化都会引起换档的需要，因此，发动机与变速器的 ECU 之间，并不是将节气门开度信号进行简单的传递，而是根据节气门开度将其转变为 L_1、L_2、L_3 三个电压信号，变速器的 ECU 由 L_1、L_2、L_3 的不同组合确定节气门开度，控制档位的变化。L_1、L_2、L_3 的关系如图 1-4-5 所示。图中的阴影部分表示的是大约 0V 的低电压，其余空白处表示的是 5V 左右的高电压。如果 L_1、L_2、L_3 均为 5V 的高电压，ECU 可知节气门的开度在怠速至 7% 之间，当 L_1、L_2 为低电压，L_3 为高电压时，节气门开度为 35% ~ 50%。

图 1-4-3 节气门位置传感器

节气门处于怠速位置时，传感器的怠速触点闭合，IDL 端子搭铁，电压为 0V。节气门开度超出怠速范围后，IDL 触点断开，IDL 端子的电压为 12V 左右。综上所述，ECU 通过 L_1、L_2、L_3 和 IDL 端子的电压判断节气门的开度，进而控制换档和锁止。

如果节气门位置传感器输出的 L_1、L_2、L_3 信号不正常，与此相关的换档就会发生换档时机早或晚的问题。如果输出的怠速信号不正常，液力变矩器中锁止离合器的锁止就会出现问题。

（2）车速传感器 1 号车速传感器负责电子里程表，2 号车速传感器和节气门位置传感

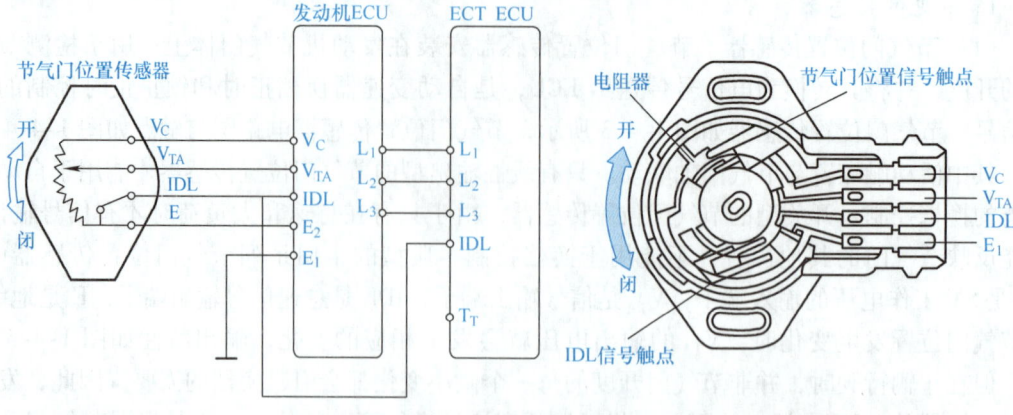

图 1-4-4 节气门位置传感器电路图与触点

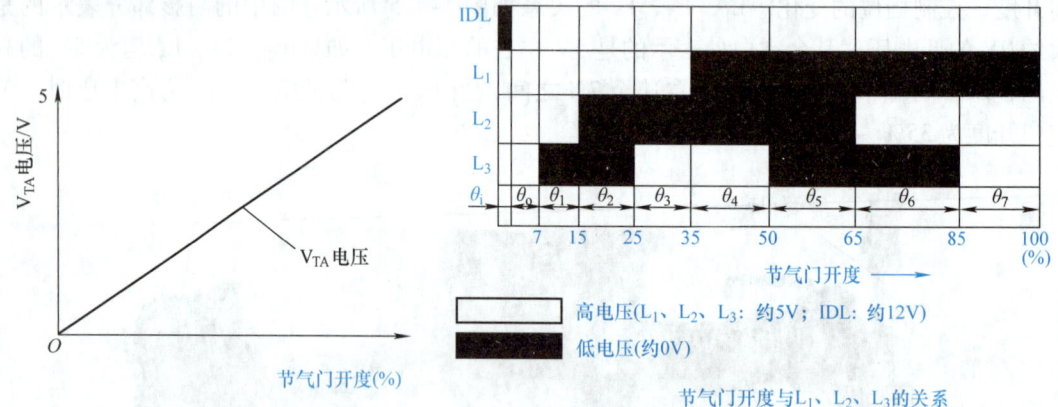

图 1-4-5 输出特性曲线

器共同负责换档点。2 号车速传感器产生的车速信号相当于全液压控制自动变速器中的速控阀油压，ECT 的 ECU 用它来控制换档点和锁止离合器正常行驶条件下进入和退出锁止工况的时机。车速传感器（输出轴转速传感器）还和输入轴转速传感器或发动机转速传感器一起检测各档的传动比是否正确（离合器或制动器是否打滑）。

ECT ECU 获得的正确车速信息是由两个车速传感器输入的，为了进一步确保信息的精确性，ECT ECU 会不断对这两个信号进行比较，看它们是否相同。两个车速传感器与 ECU 的连接如图 1-4-6 所示。

1）2 号车速传感器（主传感器）如图 1-4-7、图 1-4-8 所示。2 号车速传感器装在变速器延伸壳体上，用来检测变速器输出轴的旋转速度。该传感器是由永久磁铁、绕组和磁轭组成的。具有 4 个齿的转子装在变速器输出轴上，并随轴一同旋转。当变速器输出轴旋转时，磁轭（前端）和转子之间间隙的增加或减少是因为齿速引起的。因而，穿过磁轭的磁力线数目也会随之增加或减少，于是在绕组中就会产生感应交流电压。交流电压的频率正比于转子的转速。2 号车速传感器工作原理如图 1-4-8 所示。

2）1 号车速传感器（备用传感器）。1 号车速传感器装在变速器的延伸壳体上，并由输出轴的从动齿轮驱动。

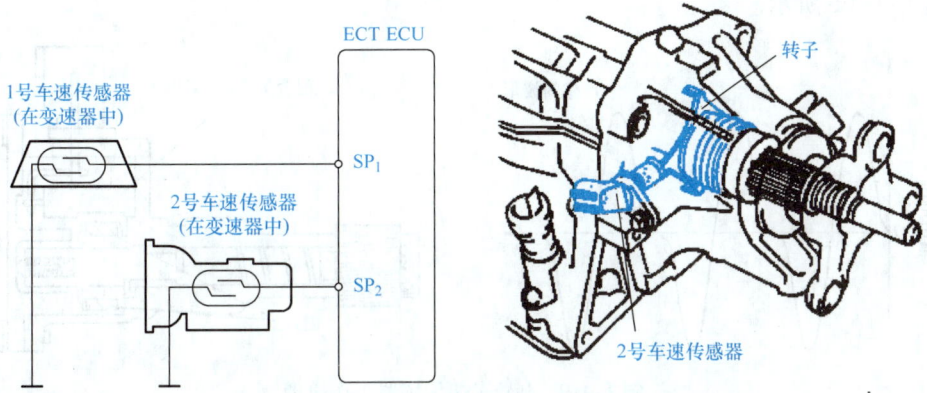

图 1-4-6 两个车速传感器与 ECU 的连接

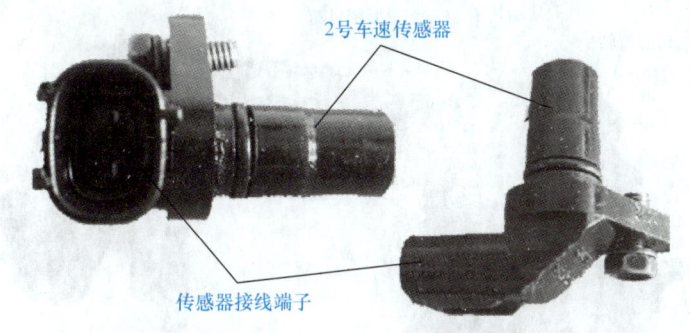

图 1-4-7 2 号车速传感器实物

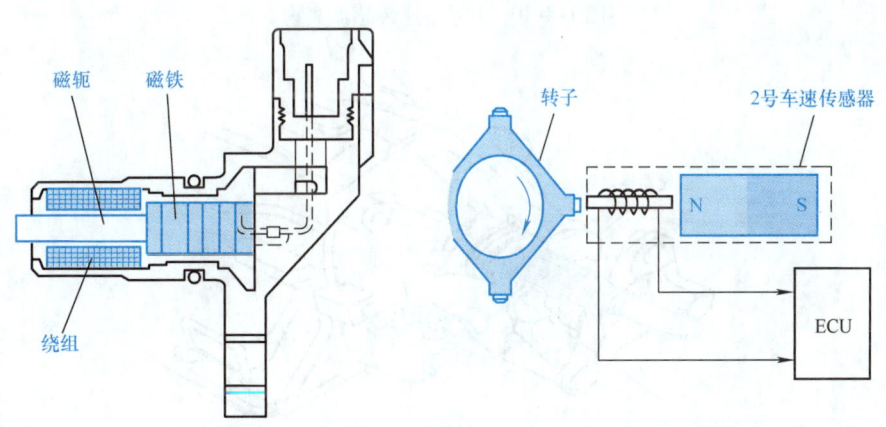

图 1-4-8 2 号车速传感器工作原理

该传感器是当 2 号车速传感器有故障的情况下才使用的备用传感器。1 号车速传感器的工作原理如图 1-4-9 所示。车速传感器内有混合集成电路（HIC），它装在磁阻元件（NRE）内，该磁阻元件为环形，称为磁环。当通过磁阻元件（MRE）的电流方向平行于磁力线的方向时，电阻最大，而电流方向垂直于磁力线方向时，电阻最小。1 号车速传感器工作原理如图 1-4-9 所示。1 号车速传感器实物如图 1-4-10 所示，安装位置如图 1-4-11 所示。

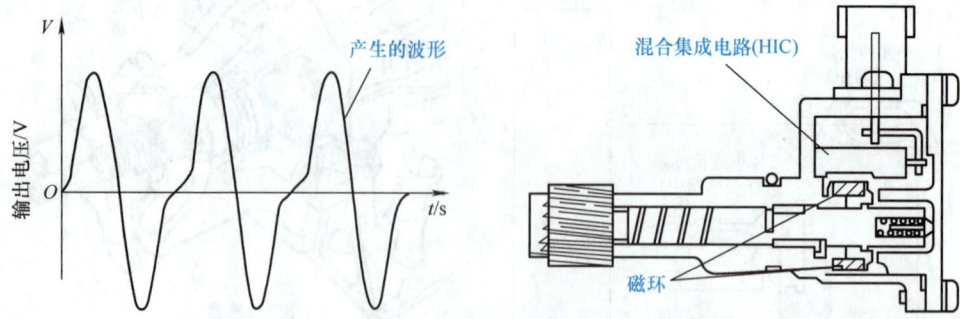

图 1-4-9　1 号车速传感器工作原理

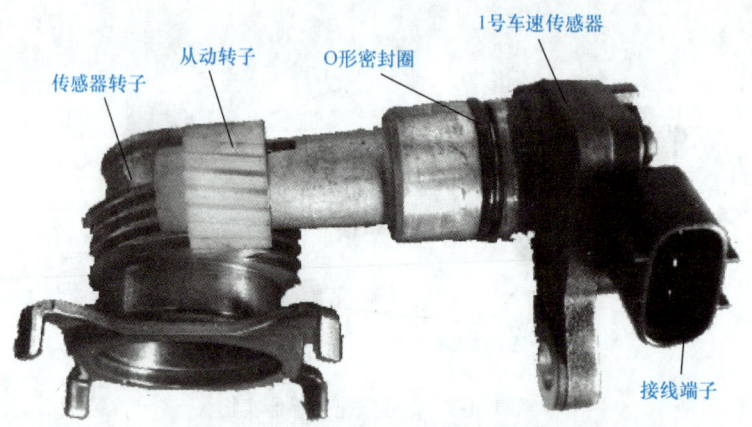

图 1-4-10　1 号车速传感器实物

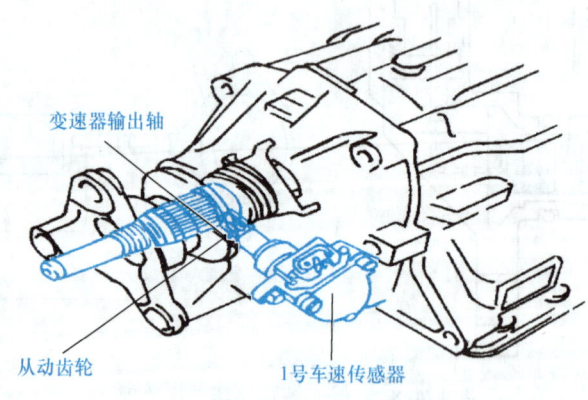

图 1-4-11　1 号车速传感器安装位置

应该指出的是，速度信号周期在组合仪表内部由 F/V 变换电路将信号频率变换成 4 个电压信号，分别用来控制悬架 ECU、发动机和变速器 ECU、恒速控制 ECU 和动力转向 ECU。

工作时，ECU 将同时接收来自两个车速传感器的信号，并对其进行比较，如果比较的结果是两个车速传感器显示的车速一致，ECU 将使用 2 号车速传感器的信号来控制换档和锁止正时。如果来自 2 号车速传感器的信号是错误的，那么 ECU 会立即改用 1 号车速传感器的信号控制换档和锁止。如果两个车速传感器的信号都是错误的，则 ECU 立即进入保护模式，这时自动变速器只能在 1 档低速行驶。

在车速传感器出现故障时，自动变速器会出现换档正时方面的问题，ECU 会在存储器中存储故障信息，并通过警告灯的闪烁提示驾驶人当前处于不正常的行驶状态。车速传感器与节气门位置传感器一样，是换档和锁止控制的主要信号来源。

除磁感应式和磁阻式外，还有簧片式等其他类型的车速传感器。车速传感器的检测与汽车上其他速度传感器的检测方法一样。

簧片式（蛇簧开关式）车速传感器目前已经很少使用。

(3) 空档起动开关　空档起动开关又称档位开关，大众车系称为多功能开关。其作用有以下三方面。

1) 控制自动变速器只有在 P 位或 N 位时，才能起动发动机。

2) 将变速杆的位置信号，送到档位指示灯 P、R、N、D、2、L 等位置，点亮相应的指示灯。

3) 将变速杆信号送到控制单元，是控制单元控制自动换档的前提条件。

空档起动开关一般安装在变速器外部的档位控制轴上。变速杆位置、空档起动开关位置、手动阀位置三者要保持一致。当点火开关处于起动位置，空档起动开关只有在 N 或 P 位时，起动机的控制线路才能接通，发动机才能起动，这可以避免变速杆在行车时误起动发动机可能造成的危险。在 R、2、L 位分别向 ECU 提供档位信号，如果 ECU 没有接到档位信号，ECU 便认为当前处于 D 位。

当变速杆在 D 位时，ECU 按照 D 位的程序控制电磁阀。变速杆在 2 位时，电控自动变速器的 2 位可以控制变速器升入 3 档，ECU 不发出升入 OD 档的指令。

当变速杆在 P 或 N 位不能起动发动机，或在除 P 或 N 位以外的其他档位也可以起动发动机时，要重新调整空档起动开关的位置。操作方法：将变速杆置于 N 位，松开空档起动开关上的调整螺钉，转动空档起动开关，使空档线与图 1-4-12 中的凹槽对正，空档起动开关内也指向 N 位。

图 1-4-13 中档位开关各端子的位置与图 1-4-12 中实物的端子一一对应，其中 1 号端子为空脚，共 9 根线。

(4) 超速档直接离合器速度传感器　该传感器装在变速器壳体上，检测超速行星排太阳轮的转速，当汽车在 1～3 档行驶时，直接离合器 C0 将太阳轮与行星架连为一体，此传感器可检测作为整体运转的超速行星排的转速。当汽车进入超速档时，太阳轮被固定，可检测出超速档的换档点，用于控制换档的平顺与档位控制油压。安装位置如图 1-4-14 所示。

(5) 模式选择开关　模式选择开关安装在变速杆附近或安装在仪表板中，用于驾驶人选择驾驶模式，一般车都有两个驾驶模式供选择，动力模式（PWR）和常规模式（NORM）。开关的两个输出端与各自的指示灯连接，但只有动力模式的端子与 ECU 连接，驾驶人通过两档按键开关控制两模式的选择。

选择动力模式时，ECU 的 PWR 端子有 12V 电压输入，而选择常规模式时，ECU 的 PWR 端子的电压为 0V。ECU 根据 PWR 端子是否有 12V 电压输入判定驾驶人对驾驶模式的

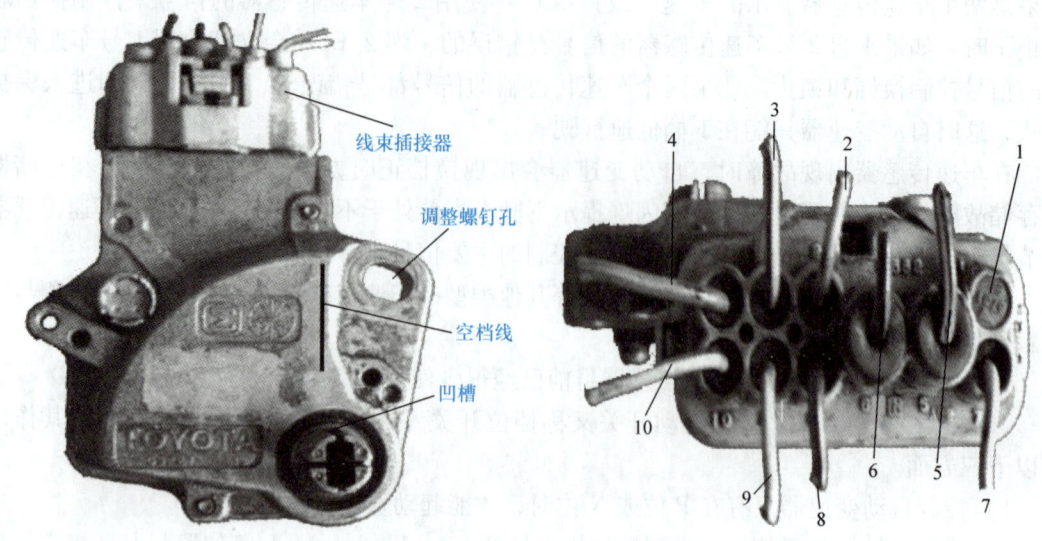

图 1-4-12 空档起动开关实物

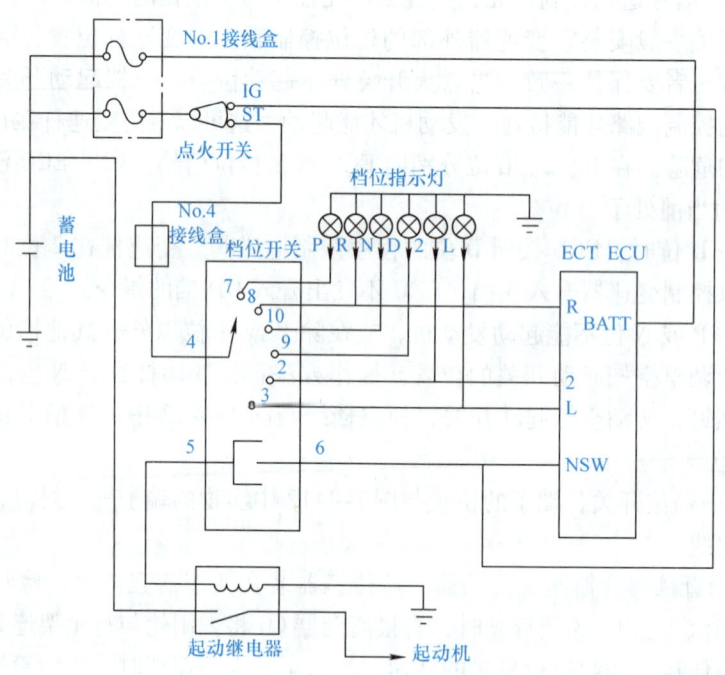

图 1-4-13 空档起动开关电路图

选择。开关在通知 ECU 行驶模式选择的同时,还使仪表板上的指示灯点亮,提示驾驶人已经对驾驶模式进行了选择。

(6) 冷却液温度传感器 冷却液温度传感器检测发动机冷却液的温度,用于控制发动机的喷油和点火,这似乎与自动变速器的控制无关。如果发动机冷却液温度低,则说明发动机的工作尚在不稳定的状态,如果此时变速器升入 OD 档或锁止离合器进入

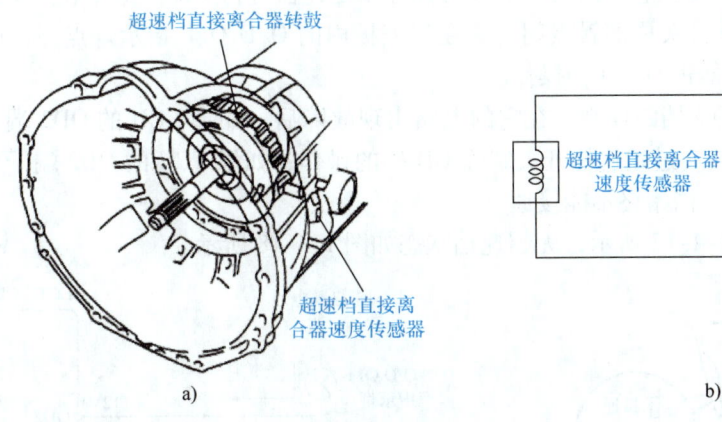

图 1-4-14 超速档直接离合器速度传感器
a) 安装位置　b) 电路图

锁止，都会加剧发动机的不稳定状态。因此，自动变速器的控制过程也需要发动机冷却液温度信号。发动机冷却液温度为 56~65℃ 时变矩器可以进入锁止工况，70℃ 时变速器可以进入超速档。

冷却液温度传感器的安装位置与电路如图 1-4-15 所示。

冷却液温度传感器是一个负温度系数的可变电阻，随温度的增加其阻值逐渐下降，发动机 ECU 接收的冷却液温度信号如果高于规定值（50~70℃，因车而异），那么 OD1 端子的输出信号就是 12V，变速器的 ECU 就会允许升入 OD 档和进行锁止控制。如果发动机 ECU 接收的冷却液温度信号低于规定值，那么 ECT 的 ECU 输入端子 OD1 的电压就是 0V，此时变速器不能升入 OD 档，锁止离合器也不能锁止。

如果冷却液温度传感器出现故障，ECU 将始终按照冷却液温度为 80℃ 时的冷却液温度信号进行操作，而不管实际冷却液温度是多少。

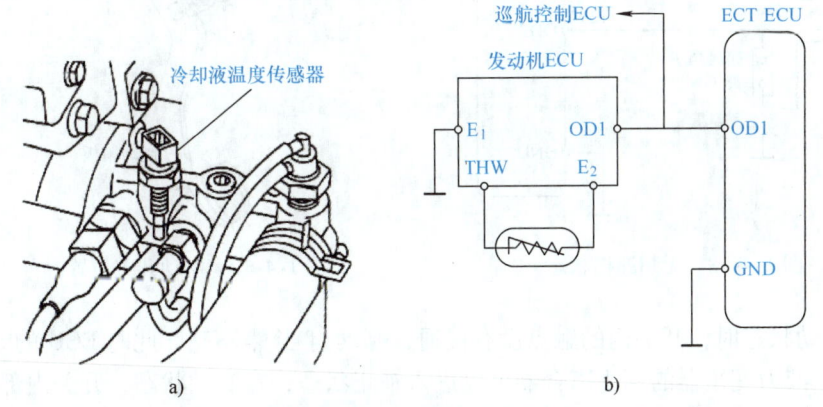

图 1-4-15 冷却液温度传感器安装位置与电路
a) 安装位置　b) 电路图

（7）超速档开关　超速档开关由驾驶人自主操作，选择在车辆行驶过程中是否可以升入 OD 档。超速档开关的安装位置如图 1-4-16 所示。

当超速档开关处于"OD"位置时开关内的触点是断开的，此时 O/D OFF 指示灯不亮，同时 ECU 的 OD2 端子有 12V 电压输入，ECU 可以控制变速器进行 OD 档操作。如果超速档开关处于"OFF"位置，开关内的触点闭合，在仪表板内的 O/D OFF 指示灯点亮，ECU 的 OD2 端子电压为 0V，不能进行 OD 档操作。

超速档开关只用于 OD 档的控制，在它的电路出现故障后，如果 ECU 的 OD2 端子始终有 12V 电压输入，则不能通过超速档开关解除 OD 档的操作；如果 ECU 的 OD2 端子始终是 0V 电压，则变速器的 OD 档始终不能接通。

有超速档状态如图 1-4-17 所示，无超速档状态如图 1-4-18 所示。

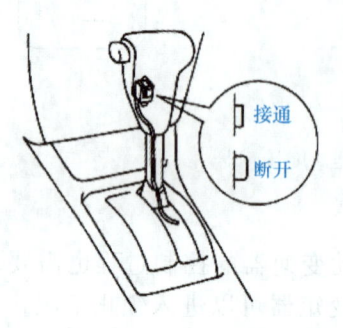

图 1-4-16　超速档开关的安装位置

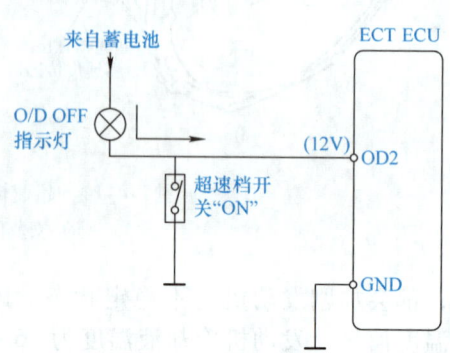

图 1-4-17　有超速档状态

（8）**制动灯开关**　在自动变速器控制中制动灯开关的主要工作是制动时临时解除液力变矩器锁止和解除 P 位锁止。当制动踏板被踩下 40% 时，锁止电磁阀不再提供锁止油压，取消液力变矩器锁止离合器工作；当制动踏板未被踩下时，取消暂时驻车控制。制动灯开关位置如图 1-4-19 所示，其电路连接如图 1-4-20 所示。

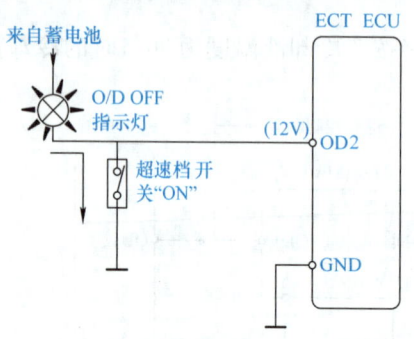

图 1-4-18　无超速档状态

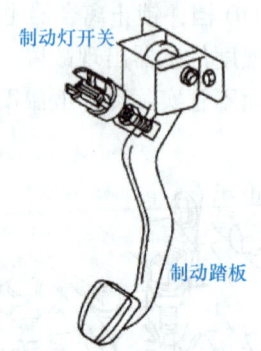

图 1-4-19　制动开关位置

在非制动状态时，开关内的触点没有接通，制动灯当然不亮，此时 ECU 的 STP 端子的电压为 0V，液力变矩器的锁止离合器可以进入锁止状态；在制动状态，开关内部触点闭合，制动灯控制电路接通。同时，ECU 的 TSP 端子的输入电压变为 12V。ECU 接到 12V 的输入信号后，将解除锁止离合器的锁止状态，避免制动时发动机熄火。

如果后轮被抱死，制动又正在进行时，为防止发动机失速，ECU 也会取消锁止离合器的工作。该信号也用于 D 位的暂时驻车控制。如果 STP 信号电路断路，ECU 不会取消锁止离合器的工作，踩下制动踏板，就有发动机熄火的故障。

在某些车型中，制动灯开关信号也从驻车制动器开关输入，用于对锁止离合器取消锁止的信号，如图 1-4-21 所示。

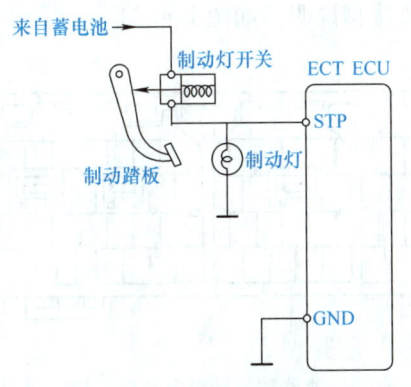
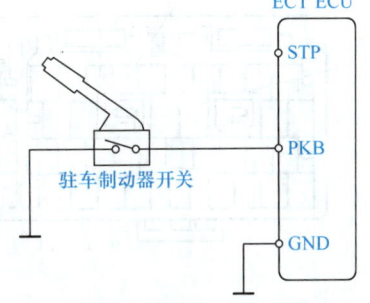

图 1-4-20　制动灯开关电路　　　　　图 1-4-21　驻车制动器开关

（9）巡航控制　有些车辆设有巡航控制系统，在交通情况比较好或高速路行驶的情况下，启动巡航控制系统可以减轻驾驶人的劳动强度。巡航控制系统如图 1-4-22 所示。

如果车辆在动力模式（PWR）下行驶，在巡航控制系统启动后，自动变速器 ECU 自动将行驶模式转变为常规模式（NORM）。在车辆行驶正常时，ECU 的 OD1 端子的电压为 12V。车辆上坡时车速下降，如果下降的幅度超过 10km/h，ECU 的 OD1 端子的电压会变为 0V，此时变速器 ECU 将进行两个操作：解除 OD 档和解除锁止。解除 OD 档是为了在 D3 档更好地加速，解除锁止是为了防止发动机熄火。

巡航即系统一般最低车速是 40km/h。

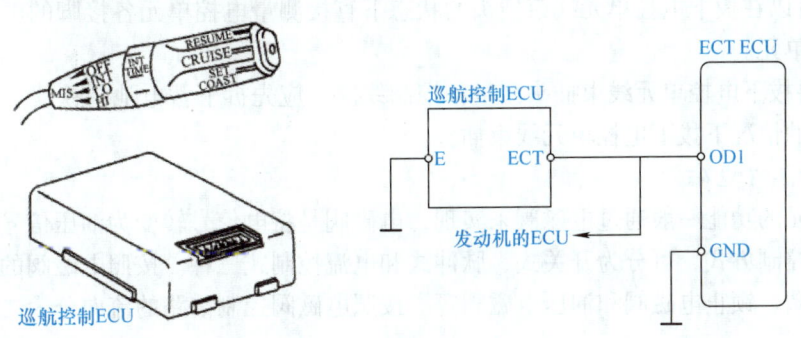

图 1-4-22　巡航控制系统

2. 电控单元

电控单元俗称电脑。其控制电路的故障可以通过专用的电脑检测仪或通用的各种车型的汽车电脑解码器来检测。解码器只能测出故障的大致范围，需要进一步确定故障部位，还可以检测电控单元及控制电路端子的数据，这必须以被测车辆详细的维修技术资料为依据。这些资料包括电控单元线束插头中各接脚与哪些传感器或执行器连接，各接脚在不同工况下的数据值。如果与执行器连接的接脚数据不正确，表明电控单元有故障；如果是传感器连接的接脚信号不正确，可能是传感器故障或电控单元故障。通过进一步检测即可找出故障部位。

必须指出，因为电控单元在工作中所接收或输出的信号有多种形式，如脉冲信号、模拟信号等，一般的万用表只能检测平均的电压值。因此各接脚的电压都正常也不能说明电控单元没有故障。在实际维修中，可以采用总成互换法来判断电控单元是否有故障。以下是雷克萨斯LS400的发动机与自动变速器电控单元总成接脚说明，如图1-4-23所示。

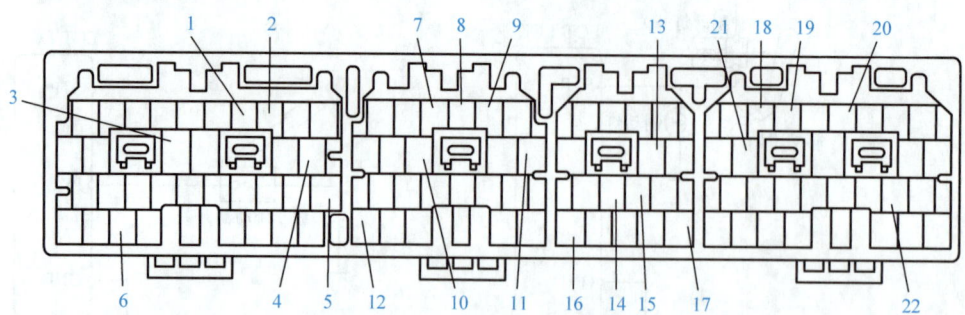

图1-4-23　雷克萨斯LS400 A341E和A342E自动变速器和发动机电控单元接脚说明

1—锁止电磁阀　2—油压电磁阀　3—点火开关　4—换档电磁阀A　5—换档电磁阀B
6、11—节气门位置传感器　7、10—车速传感器　8、9—输入轴转速传感器　12、16—搭铁
13、14、15—档位开关　17—ATF油温传感器　18—巡航控制电控单元　19—超速档及指示灯
20—模式开关及指示灯　21—车速表　22—强制降档开关

在检测电控单元时要注意以下几点。

1）在检测前，应先检查自动变速器控制系统及其他电气系统各熔丝及有关线束插头是否正常。打开点火开关，蓄电池电压应不低于11V。过低的电压会影响检测结果。

2）必须使用高阻抗的汽车检测专用万用表，低阻抗可能会损坏电控单元。

3）必须在电控单元与线束插头处于连接状态下测量电控单元各接脚电压。

4）不可以在拔下电控单元线束插头的状态下直接测量电控单元各接脚的电阻，否则可能损坏电控单元。

5）如要拔下电控单元线束插头测量各控制线路，应先拆下蓄电池搭铁线。不可在蓄电池连接完好的情况下拔下电控单元线束插头。

3. 执行器（电磁阀）

电控单元的功能一般通过电磁阀来实现，电磁阀是将电信号转变为油压信号的桥梁。按照电磁阀的控制方式，可分为开关式、脉冲式和电流控制式三种。按照电磁阀的功能，可分为换档电磁阀、锁止电磁阀和油压电磁阀等。按照电磁阀控制油路的流向分为二通式、三通式等。

（1）开关式电磁阀　电控单元通过通电或断电来控制电磁阀的工作状态，有两种不同的控制形式：常开式和常闭式。在断电情况下，电磁阀控制的泄油口打开，电磁阀油压为0；通电后电磁阀泄油口关闭，在电磁阀下端建立油压，这种电磁阀称为常开式电磁阀。相反，在断电的情况下，电磁阀控制的泄油口关闭，电磁阀下端建立油压，通电后泄油口打开，电磁阀油压为0，这种电磁阀称为常闭式电磁阀（图1-4-24）。

自动变速器中换档或蓄压器缓冲电磁阀是开关式的，主要用于档位的自动控制，即换档电磁阀，且换档电磁阀一般都是开关式电磁阀。在自动变速器故障检测中，可用万用表测量电磁线圈的电阻值，一般为10～30Ω（有例外，以相关资料为准）。若电磁阀线圈短路、断路、电阻值不符合标准，应更换新的电磁阀。可以将12V电源加在线圈上，此时应能听

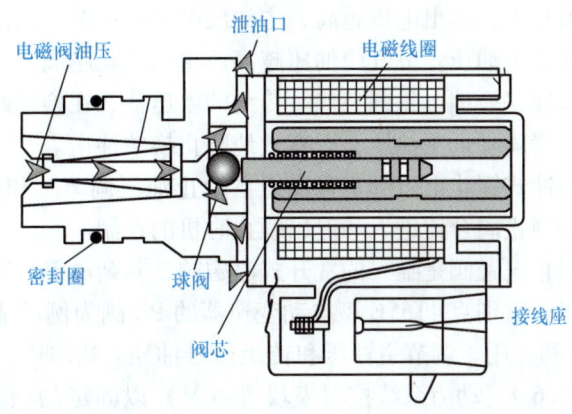

图 1-4-24 开关式电磁阀

到电磁阀线圈工作的"咔嗒"声,否则,说明阀芯卡住,应更换电磁阀。

(2) 脉冲式电磁阀 脉冲控制线性电磁阀通过占空比控制电磁阀的工作状态,又称频率控制电磁阀。主要用于常规主油压控制、换档瞬间主油压控制或锁止离合器的锁止油压渐进控制。自动变速器的油压是自动变速器控制系统的重要控制对象。早期自动变速器中节气门油压是用节气门拉索控制的,以便使节气门油压随节气门开度的变化而变化。这种随节气门开度变化而变化的油压,一方面送入主调压阀,以便使主调压阀调整的主油压受控于节气门油压,即节气门开度小时节气门油压也相应减小,节气门油压又把主油压也相应减小。当节气门开度大时,节气门油压升高,受控于节气门油压的主油压也升高,以使自动变速器适应各档位变化的要求。

目前,一些新型电控自动变速器则完全取消了由节气门拉索或真空控制的节气门油压,节气门油压用一个脉冲线性式电磁阀来控制,把这种电磁阀串联在节气门油压中,通过电控单元控制其开通与关闭的占空比来使节气门油压得到调节,另外,还有用线性电磁阀调整离合器等油压。脉冲线性电磁阀如图1-4-25所示。

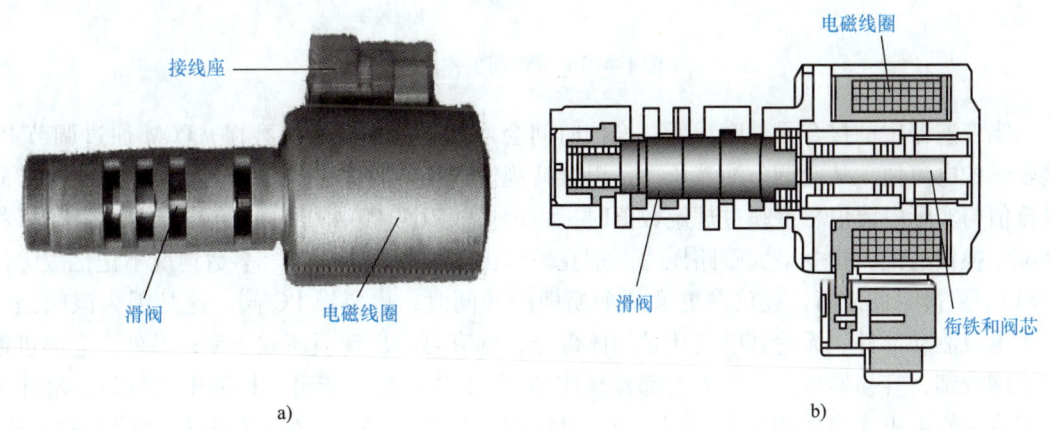

图 1-4-25 脉冲线性电磁阀
a) 实物 b) 构造

脉冲式主油压电磁阀根据节气门位置传感器电压信号控制节气门油压的高低。节气门开启角度越大，输出电压越高，主油压电磁阀调节出来的节气门油压就越高。由于节气门油压负责调节主油压，节气门油压越高，主油压就越高。

脉冲式换档电磁阀替代了传统的蓄压器，在换档瞬间通过保压、卸压，在离合器和制动器接合瞬间降低主油压，以有效地防止换档冲击。

脉冲式锁止电磁阀负责变矩器锁止油压调节。和它相对应的锁止继动阀（滑阀）负责变矩器锁止离合器进入和退出锁止时机的控制。

锁止电磁阀是唯一的常开式电磁阀，其余电磁阀都是常闭式电磁阀。

以下以别克 4T65E 型自动变速器的 PC 阀为例讲解。自动变速器油液压力调节电磁阀又称 PC 阀，用于调节主油压和转矩信号油压。PC 阀是一个渐进阀，在常温时其线圈阻值为 $3.5 \sim 4.6\Omega$。动力系统控制模块（PCM）以固定的频率（292.5Hz）的信号驱动 PC 阀，占空比为 5% ~ 40%。占空比越小，平均电流越小，主油路压力越大；占空比越大，平均电流越大，主油路压力越小。PC 阀的电流主要受发动机转矩的影响，发动机转矩主要受节气门开度的影响；另外，PC 阀电流还受油液温度、进气歧管绝对压力、换档状态等因素的影响。PC 阀工作原理如图 1-4-26 所示。

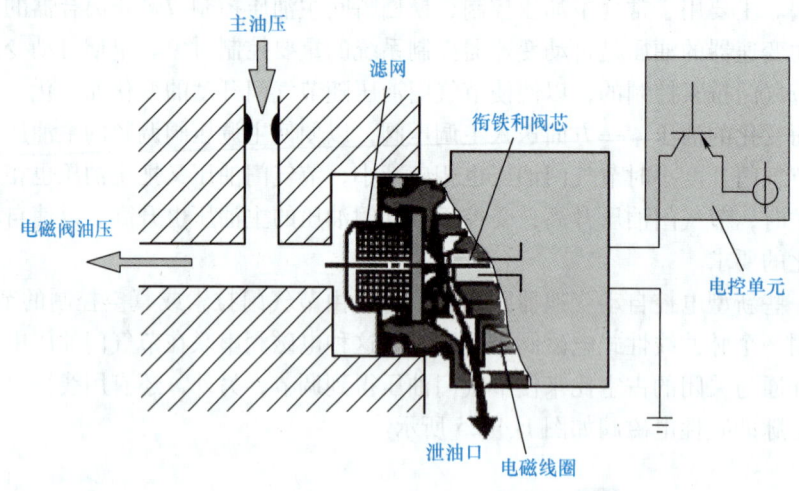

图 1-4-26　PC 阀工作原理

当变速器中的接合元件磨损后，换档时间会增加，为补偿这些磨损，PCM 通过调节 PC 电磁阀的电流值，从而调节油液压力，以维持规定的换档时间。当 PCM 检测到指令的 PC 阀电流值与实际电流值相差超过规定数值时，将记忆故障码 P0748，一旦有故障记忆，PCM 将会冻结换档适配，指令最大管路压力。别克轿车出现换档冲击故障，多数情况下记忆故障码 P1811。要排除此故障，建议在更换两个换档阀的同时，也要换 PC 阀。这是因为该阀是一个大电流驱动部件，无论其电气还是阀体部分，都有可能出现损坏或不良；另外，它的进油口滤网较细，容易堵塞，这些因素都容易使 PC 阀工作不良，产出换档冲击的故障。解体变速器或拆侧盖更换换档阀都很费时，加之 PC 阀价格并不昂贵。对于行驶里程较长的车辆，建议解体变速器检查，视情况更换修理包；如果行驶里程不是很长，或是对此变速器的结构不很熟悉，则不用解体变速器，就车拆开变速器侧盖，更换两个换档电磁阀和 PC 阀即可。

（3）**电流控制式电磁阀**　电流控制与占空比控制的脉冲线性电磁阀，没有本质的区别，脉冲控制是介于开关控制与电流控制之间的一种控制方式。电流控制是自动变速器电子技术发展的必然结果，它使电磁阀的动作更加精确，油压的控制更为理想，换档冲击更小，换档品质更高。

在自动变速器中，起主导地位的油压是主油路中的主油压及与节气门开度有关的节气门油压，而主油压又受控于节气门油压。

电流控制式电磁阀也是由电磁线圈、衔铁、阀芯或滑阀等组成的。电控单元根据节气门位置传感器信号测得节气门开度，并计算出控制电磁阀的电流大小，按照相应的电流值对应电磁阀相应的节流口开度，调整出相应的节气门油压。通常电控单元是通过控制电磁线圈的负极来控制通过线圈的电流的。

由此电磁阀控制的随节气门开度而变化的油压反馈给主调压阀，以控制主调压阀调整出的主油压与节气门开度有关。节气门油压是随发动机的负荷变化而变化的，因此将此油压反馈给主调压阀，使主调压阀调整出的主油压也随发动机的负荷变化而变化，以求驱动的油泵的动力损失减小到最佳值。此外，电控单元还可根据换档开关置入倒档的信号，改变电流的大小，从而改变泄油口大小，控制节气门油压，从而调整主油压，以满足倒档时对主油压的要求。

在一些特殊工况下，电控单元还可根据各有关传感器或变速杆位置，对主油路的压力通过控制电流电磁阀进行修正控制，使油路压力获得最佳值。例如，在变速杆推入低档，如L位或S、1、2位时，此时由于汽车驱动力增大，电控单元根据档位信号调整电磁阀电流，使主油路压力提高，以满足动力传递的要求。又如为减小换档冲击，电控单元还在自动变速器进行换档过程中，根据节气门开度大小，适当改变电流大小，以适当地减小主油路压力，改善换档质量。又如，电控单元可根据变速器油温度传感器信号，在油温没达到正常温度（60℃以上）时，将主油压调整为低于正常值，这样可防止液压油温过低，黏度过大而引起的换档冲击。当液压油温度低于 -30℃时，改变电流大小，以使油压升高至最大值，使离合器和制动器尽快接合，防止因油温过低，油液黏度过大而造成换档过于缓慢。又如，在海拔较高时，因发动机输出功率低，使主油压低于正常值以防止换档时的冲击。

4. 电磁阀的应用方式

电磁阀按其控制液压油路的流向分为二通型和三通型。二通型电磁阀可控制某一油路保压或排空。所谓常保压式二通型电磁阀，是指当该电磁阀断电时，将其所控制的油路与给压油路导通，使其压力升高；当该电磁阀通电时，将其所控制的油路与泄压油路导通，使其排空。所谓常排空式二通型电磁阀，是指当该电磁阀通电时，将其所控制的油路与给压油路导通，使其压力升高；当该电磁阀断电时，将其所控制的油路与泄压油路导通，使其排空。

三通型电磁阀可控制某一油路换向。当电磁阀通、断电时，阀芯打开一个油孔，同时关闭另一个油孔，使控制油路与打开的油孔相通。

丰田 A760E 自动变速器的9个电磁阀如图 1-4-27 所示。

自动变速器电磁阀的应用有两种方式：

一种方式是在微机程序控制下适时通断液压油路，使作用在液压阀一端的压力发生变化，推动滑阀移位，控制有关的液压油路转换。这种类型的电磁阀为开关型二通电磁阀。这种应用方式称为液压阀作用式，可以概括为自动变速器微机→电磁阀→液压阀→执行器油路→执行器。

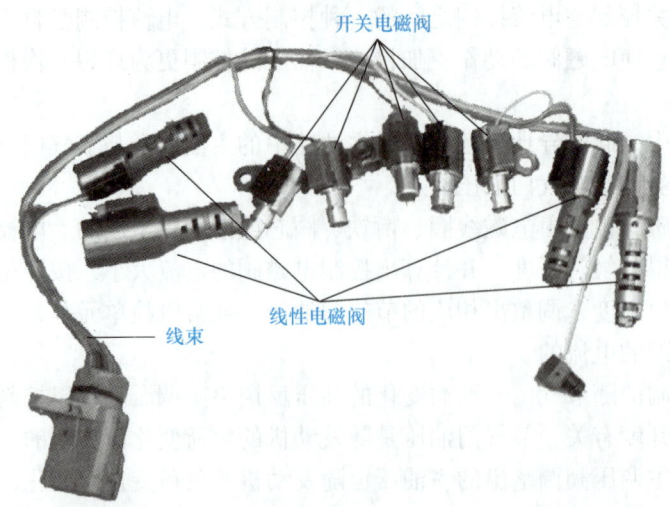

图 1-4-27　丰田 A760E 自动变速器的 9 个电磁阀

另一种方式是在微机程序控制下，适时调节液压油路转换和油液压力变化，控制有关的液压执行元件充油或排油。

这种类型的电磁阀一般为占空比型三通电磁阀。微机以合适的占空比信号控制传动比电磁阀调节油液压力变化，以实现液压执行元件的接合、分离动作。这种应用方式为执行器作用式，可以概括为自动变速器微机→电磁阀→执行器油路→执行器。

活动三、掌握控制原理

电控单元是电子控制系统的核心，由接收/放大装置、处理/运算器和输出装置三部分组成。接收/放大装置接收各种传感器的信号，并对其放大或进行 A/D 转换（即数模转换）；处理器将这些信号参照内存中的数据进行运算，根据运算结果做出是否换档、变矩器锁定等决定，再由输出装置将控制信号输送给电磁阀。

典型的变速器电控系统中电控单元与各种传感器、执行器的连接如图 1-4-28 所示：

1. 换档时刻控制

在控制程序存储器内存有几种换档模式，在驾驶时，根据驾驶模式选择开关位置自动设定换档模式。控制系统根据选定的换档模式、车速和节气门开度，向换档电磁阀输出控制信号，实现换档。

换档点的控制是变速器电控单元最重要的控制内容之一。汽车在每一特定行驶工况，都有一个与之对应的最佳换档点。变速器电控单元可以让自动变速器在任何行驶条件下都按最佳换档点进行换档，从而使汽车的动力性和相对经济性等指标综合起来达到最佳。

汽车在行驶时，变速器电控单元接收模式选择开关、档位开关、车速传感器、节气门位置传感器等信号，经运算电路处理，控制油压调整电磁阀和换档电磁阀，由电磁阀的动作决定压力油通往各操纵元件的流向，以实现档位的自动变换。

通常，变速器电控单元将汽车在不同使用要求下的最佳换档规律储存在存储器中，带有模式选择开关的电控式自动变速器在模式开关处于不同位置时，对汽车的使用要求不同，其

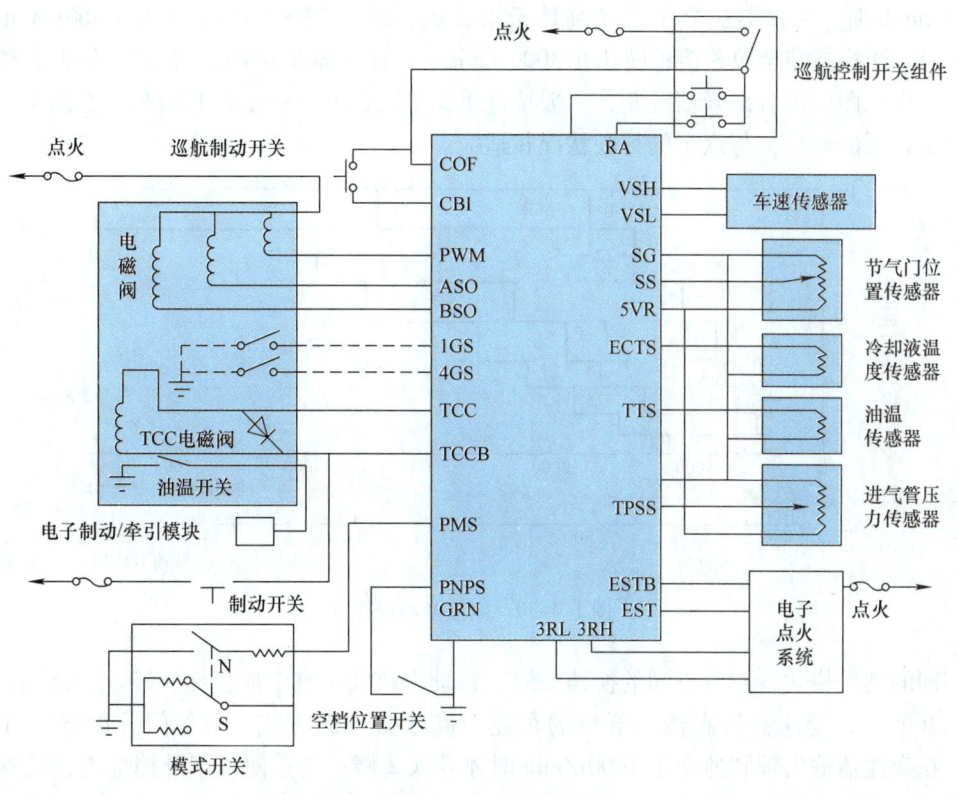

图 1-4-28　4T60E 电控系统

换档规律也不同，如图 1-4-29 和图 1-4-30 所示。图 1-4-29 为全液控自动变速器换档规律曲线，图 1-4-30 为电控自动变速器换档规律曲线，实线为升档曲线，虚线为降档曲线。换档曲线反映的是节气门开度、车速、换档时刻的关系，可作为换档时刻是否正确的判断标准，不同车型的变速器，换档点不同。通常全液控自动变速器换档曲线较平缓，是连续渐进变化的；而电控自动变速器的换档曲线是阶梯状的。

在图 1-4-29 中，节气门的开度固定在 50%，变速器输出轴转速在 1000r/min 左右，车

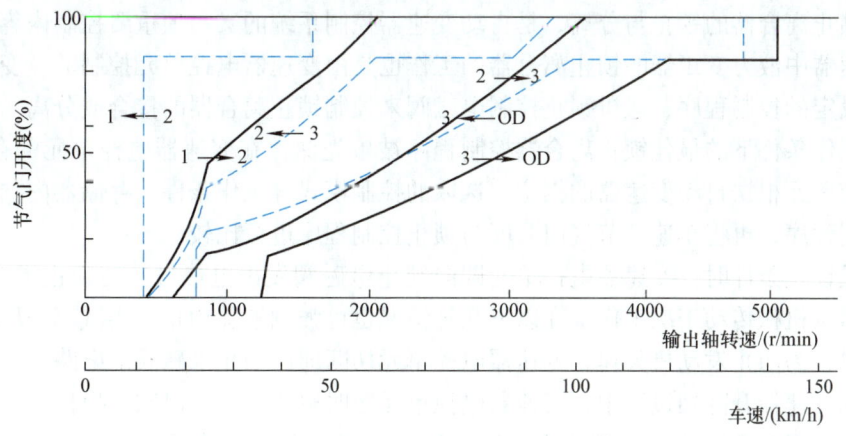

图 1-4-29　液控换档规律

速在 30km/h 时，变速器从第 1 档换高档至第 2 档；转速 2300r/min，车速在 60km/h 左右时，从第 2 档换高档至第 3 档；转速在 3000r/min，车速在 80km/h 时，从第 3 档换高档至超速档。同样从图中可看出降档时刻，一般情况下，节气门开度一定，升档车速都高于降档车速，这是普遍的规律，与汽车的行驶状况相适应。

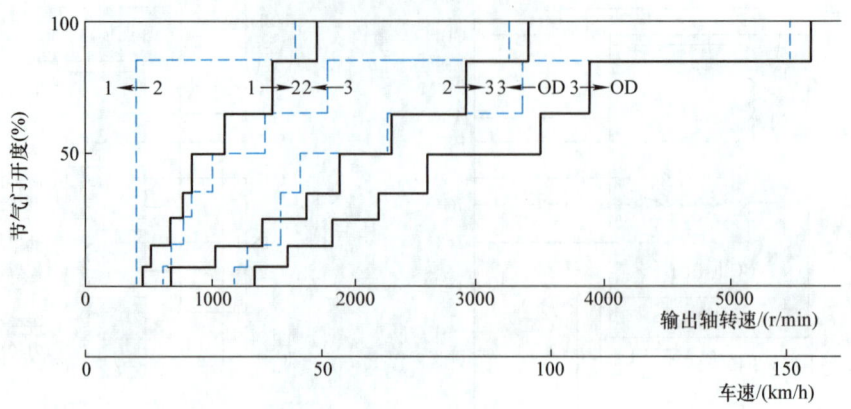

图 1-4-30　电控换档规律

不同的驾驶模式，对应不同的换档曲线，在动力模式中汽车加速性能好。因此，在同一节气门开度下，变速器换高档或低档的车速会高于常规的方式。节气门开度同样固定在 50%，在变速器输出轴转速高于 1000r/min 时才升入 2 档；这样使汽车升档推迟，其动力性更好。

2. 锁止时间和锁止压力的控制

变矩器内工作油路的切换由控制阀中的锁止继动阀负责。在没有进入锁止工况前，0.4MPa 的润滑油压由变速器输入轴中心孔进入变矩器锁止离合器和变矩器后盖之间；锁止继动阀进入锁止工况后，变速器输入轴中心孔成为回油孔，变矩器锁止离合器和变矩器后盖之间的油液经输入轴中心孔、控制阀回到油底壳。由锁止电磁阀提供的 0.638~0.741MPa 的锁止油压进入变矩器锁止离合器前端，变矩器进入锁止工况。

在制动时，电控单元给锁止电磁阀断电，锁止油压急剧降低，变矩器解除锁止工况。

控制锁止离合器的锁止与分离，是自动变速器控制系统的又一项重要控制内容。电子控制自动变速器中液力变矩器的锁止离合器的工作也是由变速器电控单元控制的。变速器电控单元按照设定的控制程序，通过锁止控制电磁阀来控制锁止离合器的接合或分离。自动变速器在各种工作条件下的最佳锁止离合器控制程序被事先储存在变速器电控单元的存储器内，变速器电控单元根据自动变速器的档位、选取的控制模式等工作条件从存储器内选择出相应的锁止控制程序，再将车速、节气门开度与锁止控制程序进行比较。

当满足锁止条件时，变速器电控单元即向锁止电磁阀发出电信号，使锁止离合器接合，液力变矩器按机械传动工况工作。在以下几种情况也可强制解除锁止：当汽车采取制动或节气门全闭时，为防止发动机失速，变速器电控单元切断通向锁止电磁阀的电路，强行解除锁止；在自动变速器升降档过程中，变速器电控单元暂时解除锁止，以减小换档冲击；如果发动机冷却液的温度低于 60℃，锁止离合器应处于分离状态，这样可以加速预热，提高总体驾驶性能。

早期锁止电磁阀采用开关式电磁阀，由于接合与分离都是在瞬间完成的，对传动系统造成较大冲击，影响汽车行驶平顺性，目前，多采用脉冲式电磁阀，线性改变控制油压，使锁止离合器的接合过程变得柔和。

3. 油压控制

电液控自动变速器中的主油路油压是由主油路调压电磁阀调节的。电控单元（ECU）根据节气门开度、变速杆位置、车速等信号，控制油压电磁阀的占空比或电流大小，从而控制系统油路压力。主油路油压应随发动机负荷增大而增大，以满足传递大功率时对离合器、制动器等执行元件液压缸工作压力的要求。

电液控式自动变速器的油压控制系统以一个油压电磁阀来产生节气门油压，油压电磁阀是电流控制式或脉冲线性式电磁阀，变速器电控单元根据节气门位置传感器测定的节气门开度，控制发往油压电磁阀的脉冲信号的占空比或电流的大小，使主油路油压随节气门开度而变化。节气门开度越大，脉冲电信号的占空比越小，油压电磁阀排油孔开度也越小，节气门油压也就越大。节气门油压被作为控制油压反馈到主油路调压阀，使主油路调压阀随节气门开度的变化调节主油路油压的高低，以获得不同发动机负荷下主油路压力的最佳值，并将驱动油泵的动力减小到最小。

由于倒档使用的时间较少，为减小自动变速器的体积，通常将全档执行机构的尺寸缩得较小，同时传递转矩较大，因此油压较其他档位时高。

除正常的主油路压力控制之外，变速器电控单元还可以根据各个传感器测得的自动变速器的工作条件，在一些特殊情况下，对主油路油压进行适当的修正，使油路压力控制获得最佳效果。例如，在变速杆位于前进低档位置时，汽车驱动力相应较大，变速器电控单元自动使主油路油压高于前进档（D 位）时的油压，以满足动力传递的需要。为减小换档冲击，变速器电控单元还在自动变速器换档过程中按照换档时节气门开度的大小，通过油压电磁阀适当减小主油路油压，以改善换档质量。变速器电控单元还可以根据液压油温度传感器的信号，在变速器油温度未达到工作温度时（一般是低于60℃），将主油路油压调至低于正常值，以防止因油温低黏度较大而产生换档冲击；当变速器油温过低时（低于 -30℃），变速器电控单元使主油路压力升至最大值，以加速离合器、制动器的接合，防止温度过低时因变速器油黏度过大而使换档过程过于平缓。

在海拔较高时，发动机输出功率降低，变速器电控单元将主油路油压调至低于正常值，以防止换档时出现冲击。

4. 发动机转矩控制

当电控单元接收到变速器转速传感器信号，判断需要换档时，ECU 会使点火时间暂时延迟少许，用以控制发动机输出转矩，以降低油泵油压，进而降低主油压，从而使换档的动作更加平稳。

5. 换档品质控制

当电控单元（ECU）判断需要换档时，在向换档电磁阀发出控制信号同时也向蓄压器背压电磁阀输出控制信号，用来调节蓄压器缓冲器活塞背压，使换档时离合器、制动器的接合更加柔和，从而使换档动作更加平稳。

脉冲式换档电磁阀替代了传统的蓄压器，在换档瞬间通过保压、卸压，在离合器和制动器接合瞬间降低主油压，以有效地防止换档冲击。

变速器转速传感器在换档瞬间通知发动机电控单元，电控单元推迟点火提前角，降低输出转矩，进而降低变速器油泵油压，以防止换档冲击。

为改善换档质量，提高汽车的乘坐舒适性，目前常见的特殊控制功能有以下几种。

（1）换档油压控制　在升档或降档的瞬间，变速器电控单元通过压力控制电磁阀适当降低主油路油压，以减小换档冲击，达到改善换档质量的目的。同时在换档时通过电磁阀减小蓄压器活塞的背压，以降低离合器或制动器液压缸内油压的增长速度，达到减小换档冲击的目的。

（2）减小转矩控制　在换档的瞬间，通过延迟发动机的点火时间或减少喷油量，暂时减少发动机的输出转矩，以减小换档冲击和汽车加速度出现的波动。

（3）N-D换档控制　在变速杆由停车档或空档（P或N）位置换至前进档或倒档（D或R）位置，或相反地进行换档时，变速器电控单元通过调整发动机的喷油量，将发动机的转速变化减至最小程度，以改善换档质量。

6. 诊断功能

电控单元（ECU）在工作的同时不断地检测各传感器、执行元件和自身。当检测到故障时，ECU自动做出判断，并点亮仪表板的故障指示灯，同时把故障的原因以代码形式记忆在存储器中，以便检修时读取。

7. 失效保护功能

失效保护功能的目的是在传感器或电磁阀出现故障时，仍可以使汽车继续行驶。例如，有些车型装用多个速度传感器，控制换档的主车速传感器有故障时，自动启用备用的信号，进入失效保护状态，或以一个固定的车速信号，保障汽车仍可以行驶。但进入失效保护状态的汽车，运行状况会出现不正常现象，如抖动、游车、尾气超标、D位只有1个档（所有换档电磁阀都不工作的档）等现象，同时点亮故障灯，提示驾驶人马上去检修。

8. 自动模式选择控制

变速器电控单元通过各个传感器测得汽车行驶状况和驾驶人的操作方式，经过运算分析，自动选择采用经济模式、动力模式或普通模式进行换档控制，以满足不同的行驶要求。

变速器电控单元在进行自动模式选择控制时，主要参考变速杆的位置及加速踏板被踩下的速率高低，以判断驾驶人的操作目的。自动选择控制模式。

1）当变速杆位于前进低档时，变速器电控单元只选择动力模式。

2）在前进档D位，当加速踏板被踩下的速率较低时，变速器电控单元选择经济模式；当加速踏板被踩下的速率超过控制程序中所设定的速率时，变速器电控单元由经济模式转变为动力模式。变速器电控单元将车速和节气门开度的组合分为一定数量的区域，每个区域有不同的节气门开启速率的程序设定值，车速越低或节气门开度越大时，其设定值越小，也就越容易选择动力模式。

3）在前进档D位，变速器电控单元选择动力模式时，一旦节气门开度低于1/8，换档规律即由动力模式转变为经济模式。

9. 发动机制动作用控制

变速器电控单元按照预先储存的控制程序，在变速杆位置、车速、节气门开度等满足一定条件时，向强制离合器电磁阀或强制制动器电磁阀发出电信号，打开强制离合器或强制制动器的控制油路，使接合或制动，让自动变速器具有反向传递动力的能力，从而在汽车滑行时可以实现发动机制动。

10. 使用转速传感器的控制

有些车型使用输入轴转速传感器检测输入与输出的传动比，这样可以检测到执行元件是否打滑，从而用油压做补偿。还有些变速器用转速传感器检测某一个换档元件的转速，从而获得换档信号，以更准确地控制换档点。变速器电控单元在进行换档油压控制、减小转矩控制、锁止离合器控制时，利用输入轴转速进行计算，使控制的时间更加准确，从而获得最佳的换档感觉和乘坐舒适性。

活动四、就车技能实训

查阅有关资料，就车检测以下电路。检测方法与步骤如下。
1）找到各部件传感器、执行器、开关、熔丝、电控单元等在车上的位置。
2）首先检测电源供电电路。
3）检测电控单元各接脚与各部件的连接与通断情况。
4）打开点火开关，检测各端子的电压及其变化情况。
5）用电脑解码器读取数据流，模拟控制电磁阀、继电器等动作。
6）记录检测结果，与资料对照，分析并解决故障。

回顾与思考

1. 采用双线控制的电磁阀与采用单线控制的电磁阀有何不同？
2. 查阅有关资料，学习采用 CAN – BUS 控制的自动变速器有什么特点？

学习任务五　认识锁止控制与散热系统

任务描述

一辆道奇捷龙多用途车，装配 4 前速电控自动变速器，车辆一起步，发动机就熄火。将加速踏板踩下，可使车起步，低速时有明显的窜动感。热车后车速的波动现象有很大的改善。

根据以往修车经验，认为故障原因是变矩器锁止离合器始终处于锁止状态。有经验的师傅要求更换液力变矩器，经过仔细分析后，否定了上述意见，造成这种现象的原因多为控制油路或锁止电磁阀故障。之后对变速器阀体进行分解，对照资料，发现手动阀动作不够灵活，锁止控制电磁阀正常，而锁止控制阀已卡死在变矩器锁止位置。清洗滑阀，重新按照资料要求装配好，试车，故障排除。

请你根据以上描述，制订一份尽可能详细的维修计划方案，并说明其理由。

知识目标

1. 能够判断锁止离合器常见的故障。

2. 理解锁止离合器控制的一般原理。
3. 能检修锁止离合器，判断冷却系统故障。

能力目标

1. 对照液力变矩器实物，分析锁止离合器的工作原理。
2. 描述锁止离合器摩擦片打滑与导轮单向离合器打滑的故障现象。

企业典型工作任务

检修车辆起步熄火故障。

锁止离合器的结构、工作原理在本书第二章已做了详细讲解，本节不再赘述。下面介绍锁止离合器的控制原理。

活动一、认识液控锁止离合器的控制原理

锁止离合器由锁止信号阀与锁止继动阀控制，图 1-5-1 所示是全液控自动变速器锁止离合器的控制原理图。从图可知，当车速升至液力变矩器进入耦合点时，速控油压增加，将锁止信号阀推向上方时，锁止信号阀便把主油道来的待命的油压打开，使主油道压力油送往锁止继动阀，锁止继动阀打开锁止油道，锁止离合器锁止。当速控油压下降时，锁止信号阀便在弹簧作用下回位，一方面关闭主油路压力油的油路，另一方面又打开泄油道，使油泄掉，以便使锁止离合器解除锁止。

图 1-5-1 与图 1-5-2 所示为锁止信号阀不工作和工作的示意图。其中图 1-5-1 中，当车速较低时，汽车以 D1 档或 D2 档行驶时，锁止信号阀上端的速控油压较低，在下端弹簧的作用下使滑阀处于上端位置，锁止继动阀下端的油压从泄油口泄掉，且由于汽车没有进入 D3、D4 档，C2 与 B0 油道没有油压，锁止继动阀下端没有油压。来自次调压阀的变矩器油压进入锁止离合器片与液力变矩器壳体间，使锁止离合器分离，液力变矩器回流的液体经过锁止继动阀到散热器散热，形成 ATF 的循环油路。随着车速的加快，速控油压增大，当汽车进入 D3 档或 D4 档时，C2 离合器 B0 制动器油路接通，在速控油压作用下推动锁止信号

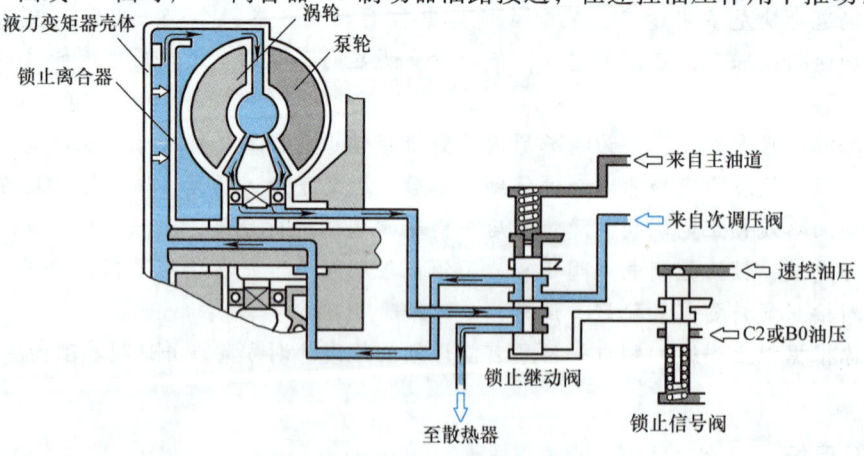

图 1-5-1 锁止离合器未锁止状态

阀克服下端弹簧弹力而下移,将 C2 或 B0 的油压送到锁止继动阀下端,推动锁止继动阀上移,将来自次调压阀的变矩器油压送到锁止离合器片后端,将锁止离合器片压向液力变矩器壳体,由摩擦面将壳体与锁止离合器片和涡轮连为一体,动力传递由液力传动变为机械传动,提高了传动效率,减少了液压油的热损失。

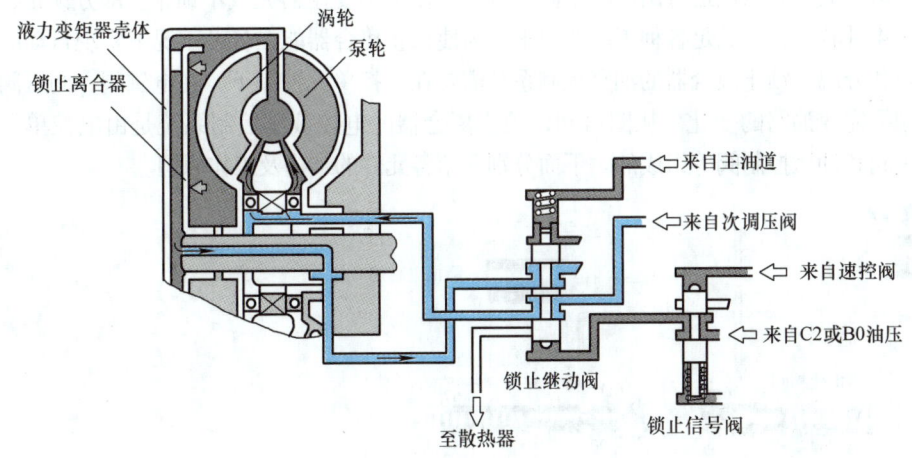

图 1-5-2　锁止离合器锁止状态

（1）分离状态　车速慢时,速控油压压力低,锁止信号阀处在最下方时,锁止信号阀把主油压压力油通往锁止信号阀的油道关闭,主油压压力油在锁止信号阀处待命,不能作用在锁止继动阀的下部,使锁止继动阀也处在最下端。此时锁止继动阀把由二次调压阀调整后的液力变矩器油压与液力变矩器前腔的油道相通,液力变矩器压力油便进入液力变矩器的前方,与此同时,锁止继动阀打开液力变矩器后腔的泄油油道,液力变矩器液压油从前方进入,从后方泄出,使锁止离合器处于分离状态,如图 1-5-1 所示。

（2）接合状态　随着车速的加快,当汽车进入直接档或超速档时,速控油压使锁止信号阀上推,把主油压压力油通往锁止继动阀下端的油道打开,主油压压力油进入锁止继动阀的下端,使锁止继动阀上行,把液力变矩器压力油通往液力变矩器后腔的油道打开,油从液力变矩器后腔进入,油压压紧锁止离合器,使变速器在超速档行驶时锁止离合器处于锁止状态。与此同时,液力变矩器前腔与锁止继动阀的泄油口相通,前腔油压便进入油底壳,如图 1-5-2 所示。锁止离合器实物如图 1-5-3 所示。

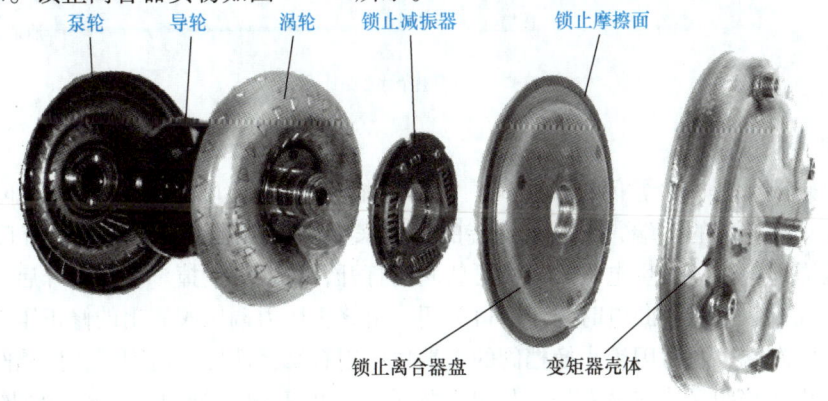

图 1-5-3　锁止离合器实物

活动二、认识电控锁止离合器控制原理

以本田自动变速器锁止离合器控制原理为例。如图1-5-4所示,从图可知,该液力变矩器共有3条油道,通过3条油道进出油的不同组合,可使液力变矩器完成不锁止、部分锁止、半锁止和全锁止4种状态,以满足各种工况的要求。为使锁止离合器能在各种工况下实现自动的不同程度的锁止和分离,锁止离合器的油路控制系统需要在电控单元控制下,在电磁阀、调压阀及开关阀的控制下完成油路的变化。从图可知,锁止离合器的电控液压控制系统是由电控单元、电磁阀、开关阀和油压控制阀等组成的。下面分别介绍各元件的结构及工作原理。

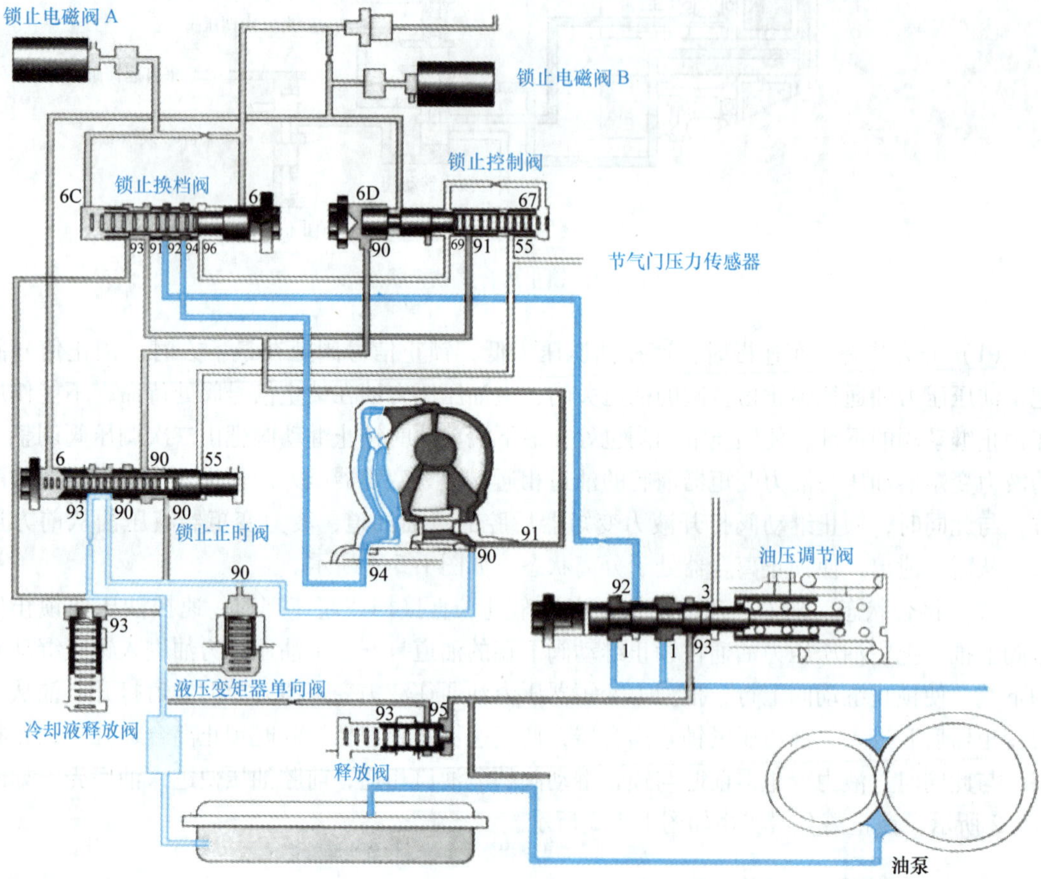

图1-5-4 锁止离合器不锁止

1. 锁止电磁阀A

锁止电磁阀A是一个常闭式开关阀,它由电磁线圈和阀门组成。锁止电磁阀A连接在图1-5-4锁止换档阀的一端,电磁阀下端的油压来自压力调节阀油压经过节流口节流后形成。电磁线圈通电后,产生电磁吸力,可使阀门打开,将油压泄掉。电磁阀开启与关闭完全由电控单元控制,电磁阀断电时,泄油口关闭,由修正压力调压阀调出的修正压力油被送入锁止换档阀的左端,此时因锁止换档阀的右端也作用有修正压力,但因锁止换档阀左侧的弹簧弹力使锁止换档阀保持在最右侧。如果电控单元给电磁阀A通电,则电磁线圈的吸力将

阀吸动，使电磁阀的泄油口打开，这时锁止换档阀左端的液压油被电磁阀泄掉，而锁止换档阀右端，仍作用着修正油压，于是修正油压克服锁止换档阀左侧弹簧的弹力，使锁止换档阀移至左端。

综上可见，锁止电磁阀由电控单元控制其开闭，以驱动锁止换档阀动作。

2. 锁止电磁阀 B

锁止电磁阀 B 是一个调压的线性频率阀，它由电控单元控制其开闭的占空比，以改变作用在锁止控制阀左端油压的大小，从而改变锁止控制阀的位置，以便将变矩器油压调节成各种变矩器的背压，使变矩器锁止离合器接合与分离有一个渐进的过程，以减小冲击。

3. 锁止换档阀

从图 1-5-4 可知，锁止换档阀是一个由滑阀组成的开关阀，阀的左侧作用着由锁止电磁阀 A 控制的修正油压和弹簧弹力，阀的右端作用着压力调节阀修正油压。这是一个两位开关阀，当电磁阀 A 断电关闭泄油口时，阀的左端既作用着修正油压，又作用着弹簧的弹力，而阀的右端则只作用着修正油压，所以此时阀被推向最右侧。图 1-5-4 中 93 口与 91 口通，92 口与 94 口通。当电磁阀 A 通电时，锁止换档阀左端的油压泄掉，作用在阀右端的修正油压便克服阀左端弹簧的弹力而左移，此时把锁止换档阀的 96 与 94 油口和 92 与 91 油口连通。

综上可知，锁止换档开关阀共有两个位置，分别连通不同的油道，以改变油液的走向。

4. 锁止控制阀

锁止控制阀是一个调压阀，它把主调压阀调出的变矩器油压 F1 根据需要调出各种大小不同的变矩器背压 F2，使 F1 与 F2 分别作用在变矩器锁止离合器压盘的两个不同的侧面，以 F1 与 F2 不同的压力差作用在锁止离合器的压盘上，以实现不锁止、部分锁止、半锁止、全锁止等工况。

从图 1-5-4 可知，锁止控制阀也是一个滑阀，它是靠打开泄油口开度的大小（由 91 口到 96 口之间的节流口），把变矩器油压调节成不同的变矩器背压 F2。锁止控制阀左侧作用着修正油压，右端作用着弹簧弹力，节气门油压及调制出来的背压，经节流孔反馈给锁止控制阀右端的油压。该阀的位置决定这些油压的抗衡，即决定电磁阀 B 的占空比，又决定节气门油压，每有一个位置，阀口 96 便与泄油口有一相应的开度，于是便有一个相应的 F2 油压产生。因此，液力变矩器背压受控于电磁阀 B 的占空比，又受节气门开度控制。

5. 锁止正时阀

锁止正时阀是一个全锁止定时阀，也是一个开关阀。阀的作用是受锁止电磁阀控制的修正油压，当电控单元使电磁阀 B 关闭时，修正油压便作用在正时阀的左端，阀的右端作用着节气门油压，若电控单元使锁止电磁阀开启，阀左端的油压泄掉时，此阀便移动到最左端。若电控单元使锁止电磁阀关闭，则修正油压便作用在阀的左端，于是便使阀右移。此阀在最右侧时，可进行部分或半锁止，若阀在最左侧时，锁止离合器全锁止。

活动三、认识锁止离合器工作原理

本田轿车锁止离合器共有不锁止、部分锁止、半锁止及全锁止四个工况。

1. 不锁止油路系统工作原理

从图 1-5-4 可知，此时电控单元使锁止电磁阀 A 与锁止电磁阀 B 均断电，两电磁阀泄油口均处于关闭状态。电磁阀 A 关闭时，使修正油压作用在锁止换档阀的左端，此时锁止换档阀的右端也作用着修正油压,但因滑阀左端同时受一弹簧弹力的作用,因此使锁止换档阀移至最右侧,这样,锁止换档阀的 92 油口与 94 油口相通,而 91 油口与 93 油口相通。此时锁止控制阀因锁止电磁阀 B 的关闭,又因修正油压作用在控制阀的左端,右端作用着带控油压,而带控油压很低,导致锁止控制阀被推向右侧,此时锁止控制阀的 91 油口被关闭。变矩器油压在此被堵住,使锁止控制阀无法从 96 口调出背压 F2,且锁止控制阀 96 油口在锁止换档阀 96 油口处与液力变矩器油口断路。可见不锁止时,液力变矩器内无背压 F2,只有变矩器油压从变矩器前端 94 口进入,推动锁止离合器压盘后移,解除锁止。

此时锁止正时阀的后端因锁止电磁阀关闭泄油口,使修正油压作用在锁止定时阀的左端,但该阀右端作用着的速控油压此时较低,因此该阀在左端修正油压和弹簧弹力作用下保持在右端位置,将该阀的 90 油口与变矩器 90 油口相通,并将该阀的另一 90 油口与 93 油口相通。

不锁止时的油路走向如下:

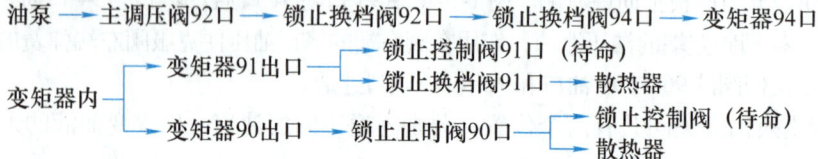

综上可见,变矩器内只有变矩器油压 F1 作用在锁止离合器压盘的前端面,使锁止离合器片处于分离状态。

2. 部分锁止油路系统工作原理

部分锁止油路图如图 1-5-5 所示。从图可知,此时电控单元控制锁止电磁阀 A 处于通电打开泄油口,而锁止电磁阀 B 仍处于断电关闭泄油口。

锁止电磁阀 A 通电打开泄油口后,把锁止换档阀右端的修正油压泄掉,此时锁止换档阀的右端仍作用着修正油压,于是,在右端修正油压作用下,锁止换档阀克服左端弹簧的弹力而左移。这样,使锁止换档阀的 96 油口与 94 油口连通,92 油口与 91 油口连通,使油路进行新的组合。

因锁止电磁阀 B 仍断电关闭泄油口,所以修正油压仍然作用在锁止控制阀的左端,阀的右端除仍作用着节气门油压和经该阀调出的背压经节流孔反馈作用在该阀右端的油压,两端油压的抗衡决定该阀的位置,即决定该阀 96 油口与 91 油口之间节流口的大小,使作用在左端的油压微降,因此控制阀向左移动少许,使节流口微开,于是由锁止控制阀 91 口来的变矩器油压进入 96 油口后降压,调整出的背压 F2 略低于变矩器油压,使锁止离合器压盘两端面分别作用 F1 与 F2。因两压力差很小,所以形成部分锁止的工况。

锁止定时阀因锁止电磁阀 B 处于关闭保压状态,所以修正油压仍作用于左端,使锁止控制阀仍保持在右侧位置。变矩器出口油压经过锁止正时阀到散热器,散热后返回油底壳。

部分锁止油路走向如下:

1)油泵→主调压阀 92 口→锁止换档阀 92 口→锁止换档阀 91 口→锁止控制阀 91 口→节流后→锁止控制阀 96 口 F2→锁止换档阀 96 口→锁止换档阀 94 口→变矩器 94 口。

2)油泵→主调压阀 92 口→锁止换档阀 92 口→锁止换档阀 91 口→液力变矩器 91 口(F1)。

综上可知,有两股油压分别从液力变矩器前后进入变矩器,后端进入的是变矩器油压 F1,而前端进入的是经锁止控制阀调压的 F2 油压,两者压差很小,所以呈部分锁止工况。

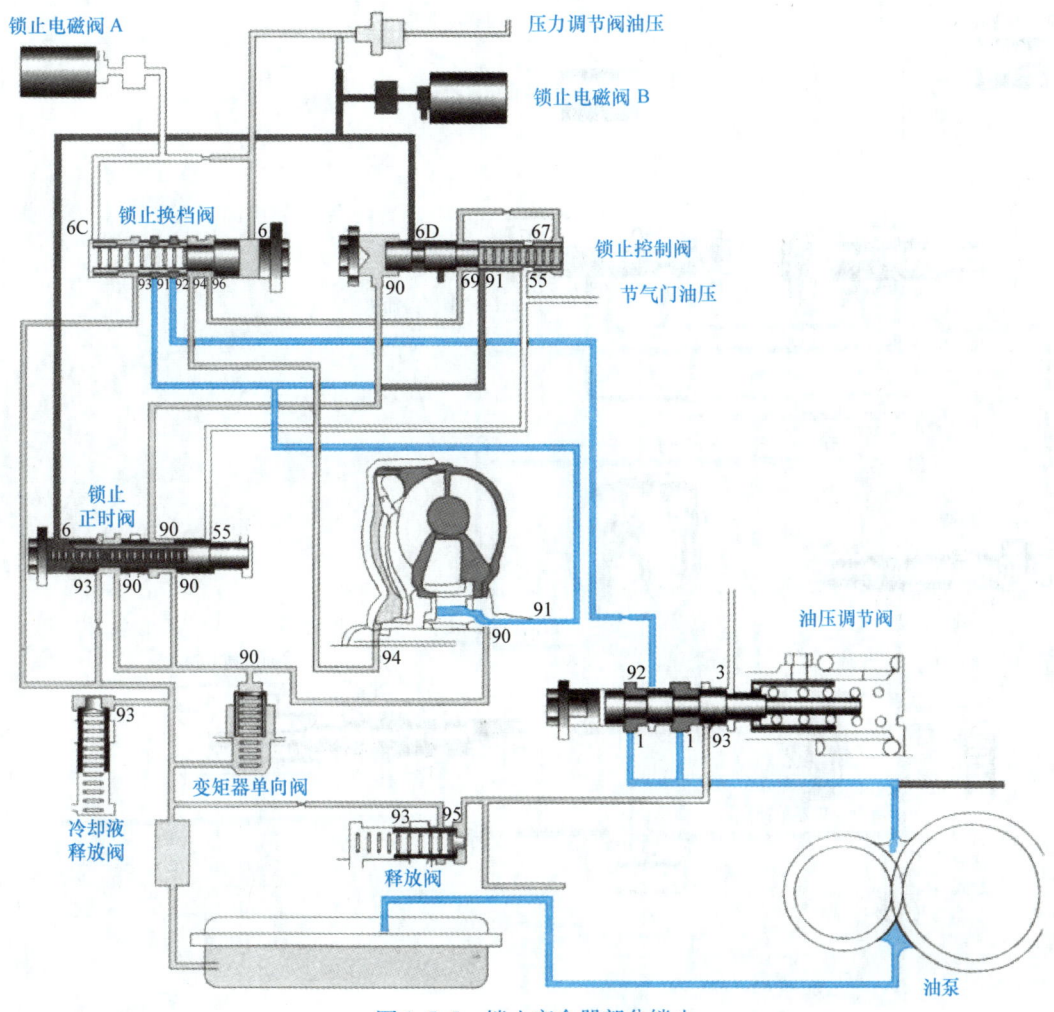

图 1-5-5 锁止离合器部分锁止

3. 半锁止油路工作原理

半锁止油路工作原理如图 1-5-6 所示。从图可知，半锁止时，锁止电磁阀 A 仍处于接通开启泄油口状态，而锁止电磁阀 B 也处于接通状况，但因电磁阀 B 在电控单元控制下是以占空比形式开启和关闭的，通过占空比控制，滑阀进一步向左移动，使泄油口 96 进一步开大，以达到进一步降低 F2 的目的，使 F1 与 F2 压差加大，实现半锁止。

半锁止时，锁止换档阀左端修正油压因电磁阀 A 打开泄油口而泄油，此时作用在阀右端的修正油压便克服锁止换档阀左端的弹簧弹力而移至最左侧，于是使将锁止换档阀的 96 口与 94 口连通，92 口与 91 口连通，使变矩器油压 F1 仍然从变矩器后端进入。

半锁止时电磁阀 B 的开闭占空比使作用在锁止控制阀左侧的油压比部分锁止时更小，而此时由于车速的增加，作用在锁止控制阀右端的油压增加，使锁止控制阀在部分锁止时的位置又向左侧位移，这样使锁止控制阀 96 油口与泄油口进一步向开大趋势连通，因此将由锁止控制阀 91 油口送入的变矩器油压 F1 进一步降低成 F2 后，输入给变矩器的前端口。

综上所述，此时液力变矩器仍有 F1 与 F2 油压输入，但此时 F2 已进一步降低，所以 F1

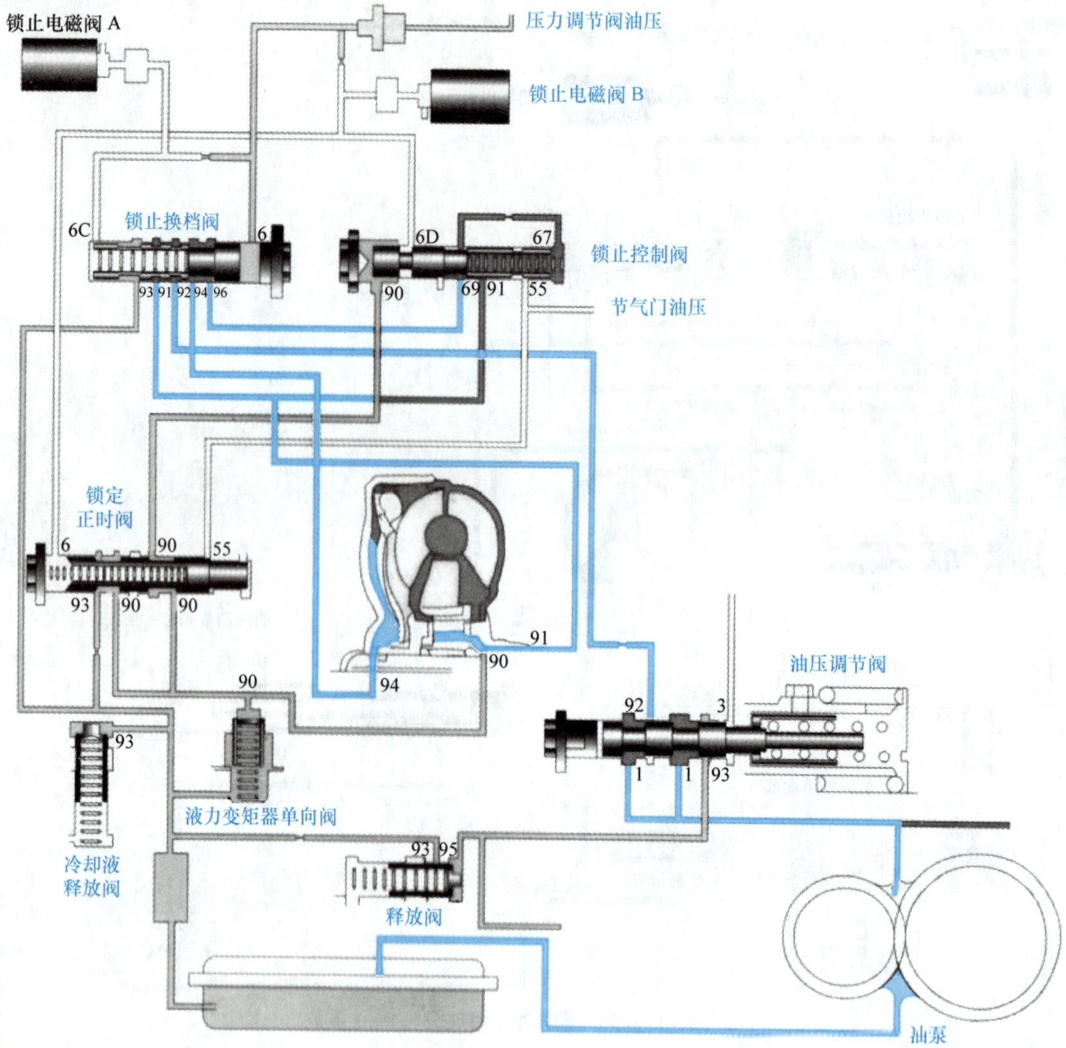

图 1-5-6 锁止离合器半锁止

与 F2 的压差进一步增大，作用在锁止压盘上的锁止油压加大，导致了锁止离合器的半锁止。半锁止时，锁止定时阀右端的速控油压仍然克服不了弹簧的弹力，锁止定时阀仍然在右侧。半锁止油路走向如下：

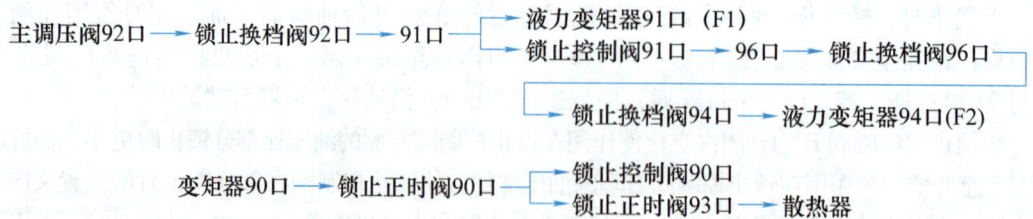

4. 全锁止油路系统工作原理

全锁止时的油路系统工作原理如图 1-5-7 所示。

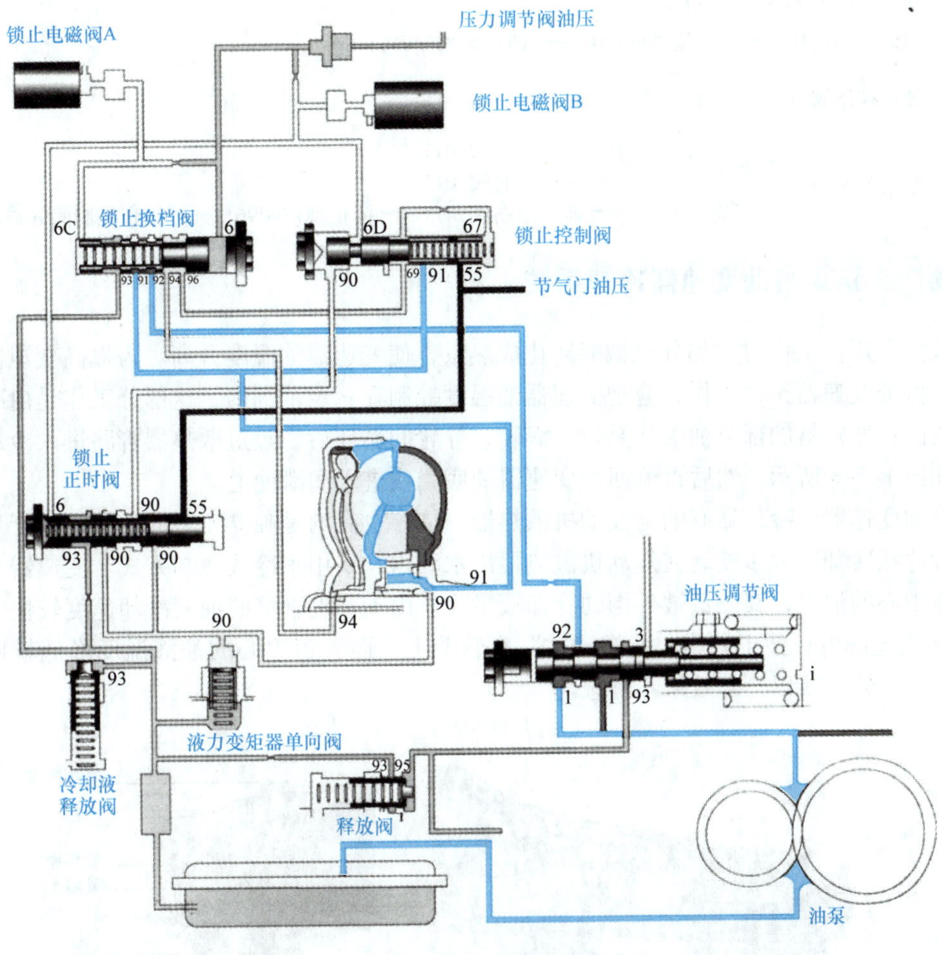

图 1-5-7 锁止离合器全锁止

从图 1-5-7 可知，全锁止时，电控单元使锁止电磁阀 A 接通，泄油口打开，锁止换档阀右端的修正油压便克服锁止换档阀左侧弹簧的弹力，使锁止换档阀仍处于最左侧，使锁止换档阀的 96 油口与 94 油口连通，92 与 91 油口连通，这两个油道的连通仍把液力变矩器油压 F1 送入液力变矩器，但 94 油口与 96 油口的连通，是把液力变矩器锁止压盘前方的油液由此油道泄出，而 F2 的油道已被锁止控制阀将压力油切断，所以此时液力变矩器只有变矩器油压 F1 从变矩器 91 口进入，使锁止离合器变成全锁止工况。

从图 1-5-7 可知，因电控单元根据车速及节气门位置等信号，已使频率电磁阀处于完全开启状态，这样，作用在锁止控制阀左侧的修正油压全部地泄掉，而此时又因车速的提高，作用在锁止控制阀右端的速控油压进一步加大，于是使锁止控制阀移至最左侧，把由锁止换档阀送来的变矩器油压的通路，由锁止控制阀 91 油口堵死，失去了把变矩器油压调节成背压 F2 的作用。与此时时，96 油口的左移与泄油口进一步连通，使液力变矩器油从此油道泄出。

综上可知，全锁止时锁止离合器背压 F2 为零，锁止离合器压盘只在变矩器 F1 油压作用下压紧在变矩器泵轮壳体的端面上，使锁止离合器处于全锁止状态。

全锁止时的油路走向如下：

主调压阀92口 → 锁止换档阀92口 → 锁止换档阀91口
┣━ 锁止控制阀91口（待命）
┗━ 变矩器90口 ┳━ 变矩器90口 ┳━ 锁止正时阀90口
　　　　　　　┃　　　　　　　┗━ 锁止正时阀90口
　　　　　　　┗━ 变矩器94口 → 锁止换档阀94口 → 锁止换档阀96口 → 锁止控制阀96口泄油

活动四、认识自动变速器冷却系统

液力变矩器工作时，部分机械能转化成热量，使变速器油温度升高。为提高变矩器传动效率、保证变速器正常工作，应把变速器油温度控制在一定范围内，这部分工作是由冷却系统完成的：变矩器的部分油液从泵轮、涡轮、导轮间循环后，经过散热器管路进入冷却散热器，如图1-5-8所示，然后再流回到变速器油底壳或进入润滑油道。

自动变速器油冷却器有的与发动机散热器一体，也有的是独立安装的。其多为管片式结构，管片状冷却器大多安装在发动机散热器出水腔内，采用水冷式冷却方式。变速器油进入冷却器中心的油道，其热量被外围的冷却液吸收。由于贴近管壁的油液冷却速度较快，此处的ATF流速降低，便于散热，就像"粘"在管壁上。而管道中心的油液温度降低较慢，快速流出冷却器，所以冷却效果不理想。

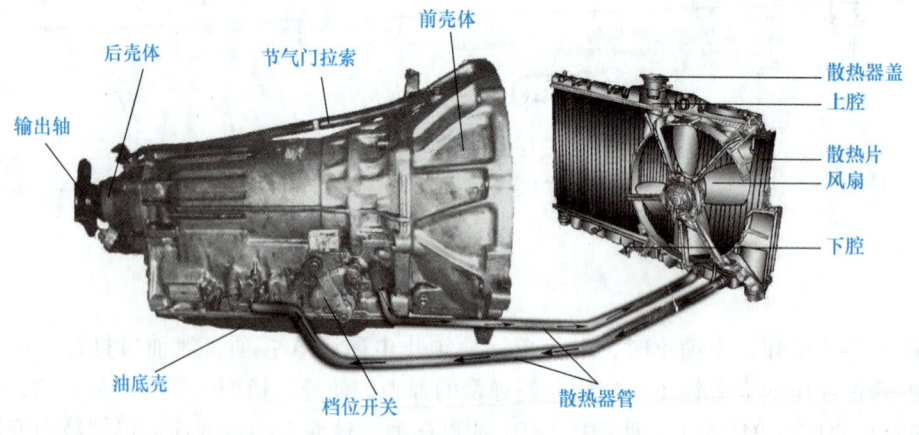

图1-5-8　冷却散热系统

散热器常出现脏堵、漏油等故障，会使行星轮润滑不好而高温烧结，损坏滚针轴承，造成烧摩擦片等较严重故障，有时在变矩器内发出异响。特别是反复烧坏行星轮的变速器，一定要清洗散热器。变速器散热器的清洗、安装必须注意以下各项，应严格执行，任何疏忽均可能导致变速器严重损坏。

1. 清洗冷却器

用变速器冷却清洁器来彻底清洗变速器冷却器和冷却油管，或按以下程序来清洗。

1）首先检查冷却油管外观，确保没有折叠、变形等。

2）用化清剂（或同级别产品）喷入回油管直至供油管有化清剂流出，让化清剂在冷却器里面保持1min，确保杂物充分溶解。

3）用压缩空气吹出溶液，观察溶液颜色。

4）可重复 2）、3）步骤，直至流出干净液体，然后用风枪吹干，确保油道通畅无阻。

5）最后往回油管内注入变速器油，然后用风枪吹干，重复 3 次。

2. 检查流量

1）变速器安装完好后，将回油管接入量杯。

2）变速器内加注不少于 6L 油。

3）在 P 位，发动车辆运转 20s 后熄火，检查量杯内排进油量，应不少于 1L。

4）达不到要求的，必要时更换散热器和冷却器油管。

5）最后装好所有油管，检查油面高度，测试路试状况是否良好。

警告：所有操作必须做好安全防护，并确保油液不会飞溅。

3. 检测管路压力

如图 1-5-9 所示，冷却系统的动力源仍然是油泵，一般油泵给 ATF 加压后，由系统主油路调压阀、变矩器阀调节后，送到液力变矩器内循环。变矩器油压通常在 0.4MPa 左右，通往散热器的油压是经过节流口节流后的压力，通常检测值 0.2MPa 左右。在维修中不同车型的变速器，要对照有关资料检测，不可一概而论。

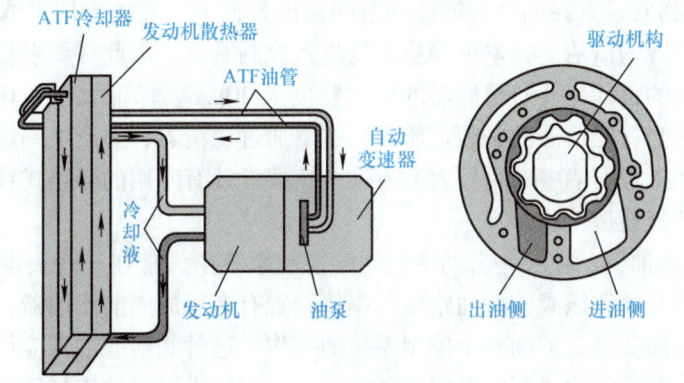

图 1-5-9　散热器管路循环

活动五、认识自动变速器辅助装置

自动变速器供油系统除了油泵及各种流量控制阀外，还包括许多辅助装置。这里仅就油箱和滤油器做一些简单介绍。

1. 油箱

自动变速器的油箱可分为两大类：总体式和分离式。前者与自动变速器成一体，直接把变速器的油底壳作为油箱使用。后者则分开独立布置，由管道与变速器连通。分离式油箱在布置上比较自由，允许有足够的容量而不增加变速器的高度。

通常，油箱都要有可靠的密封性，以防油泄漏和杂质进入。有时还可采用充压密封式油箱，以改善油泵的吸油效果。对于某些工程车辆和重型车辆的综合油箱，还可根据箱体结构分隔成两个或多个互通的油池，以保证可靠的油液循环。

在容量一定的条件下，油面高度取决于油箱尺寸的大小。在正常油温条件下工作时，油箱液面应保持正确的高度。油面过低，则油泵在吸油时可能吸入空气。空气的可压缩性会导致变速器难以正常工作，并且使换档过程中出现打滑和接合延迟现象，使得变速器机件发热和加速磨损。反之，若油面过高，则因齿轮等零件搅拌而形成泡沫层，同样也会因吸入气泡而产生过热和打滑，加速油液的氧化。正确的液面高度应根据冷态和热态时不同的标尺刻度进行检查。油泵的吸油口必须低于最低液面高度，以防吸入空气。

此外，一般油箱还应有通气孔，以保证油箱内正常的大气压。

2. 滤清器

自动变速器液压系统零件的配合精密度要求极高。经长期使用后，由于油液变质、零件磨损颗粒、摩擦衬面剥落、密封件磨损脱落、空气中的尘埃颗粒，以及其他污物都可能使油液污染，而导致各种故障发生，如滑阀受卡、节流孔堵塞、随动滑阀失灵等。因此，应采取多种措施对油液进行严格过滤。

在自动变速器供油系统中，通常设有三种形式的滤油装置。

1）粗滤器：通常设置在油泵的吸油管端，用以防止大颗粒或纤维杂物进入供油系统。为了避免出现吸油气穴现象，一般采用 80～110μm 的金属丝网或纺织物作为滤清材料，以保证不产生过大的压降。此外，在油底壳中还有磁铁来吸附金属颗粒，以使油液清洁。

2）精滤器：通常设置在回油管道或油泵的输出管道上，它的作用是滤去油液中的各种微小颗粒，提高油液的清洁度，避免颗粒杂物进入控制系统。因此，要求精滤器有较高的过滤精度。例如，有的自动变速器精滤器的过滤精度为 40μm，保证大于 0.04mm 的颗粒杂物不会进入控制系统。这样，油液必须在压力状态下通过滤清器，并产生一定的压降。在某些复杂的重型车辆和工程车辆中，为较大的自动变速器设计有专用的旁路式精滤器，用一个专用的油泵来驱使油液通过精滤器。

3）阀前专用滤油器：在一些自动变速器的控制系统中，常在一些关键而精密的控制阀前，如双边节流的参数调压阀前的油路中，串接设置有专用的阀前滤油器，以防杂质进入节流孔隙处造成调压阀失灵，影响整个控制系统的工作。这种阀前滤油器应尽量设置在接近被保护的控制阀外，并且只为该阀所专用。通常，由于它要求通过的流量不大，这种滤油器的尺寸都做得很小，过滤材料则用多层的金属丝或微孔滤纸。

回顾与思考

图 1-5-10、图 1-5-11 是别克 4T60E 自动变速器液力变矩器锁止离合器的控制油路，结合有关资料分析其锁止与分离状态的控制原理。

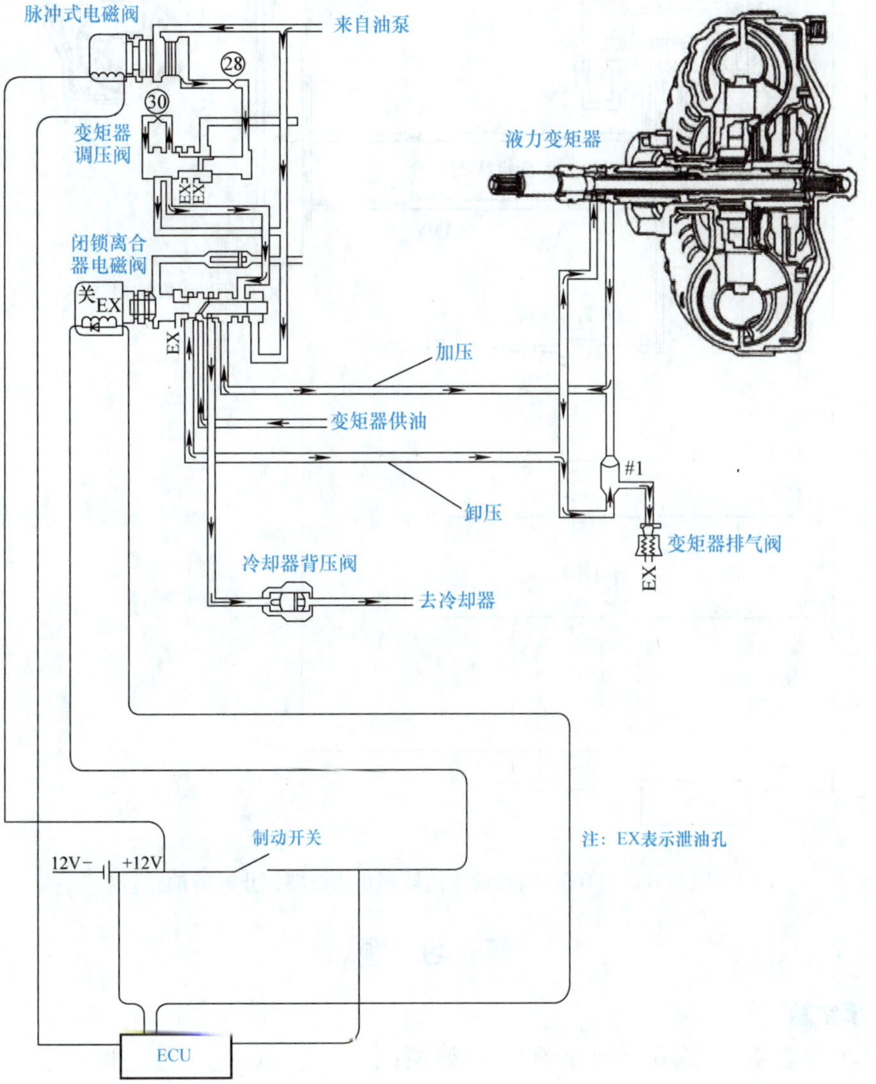

图 1-5-10 4T60E 型自动变速器锁止离合器分离时油路

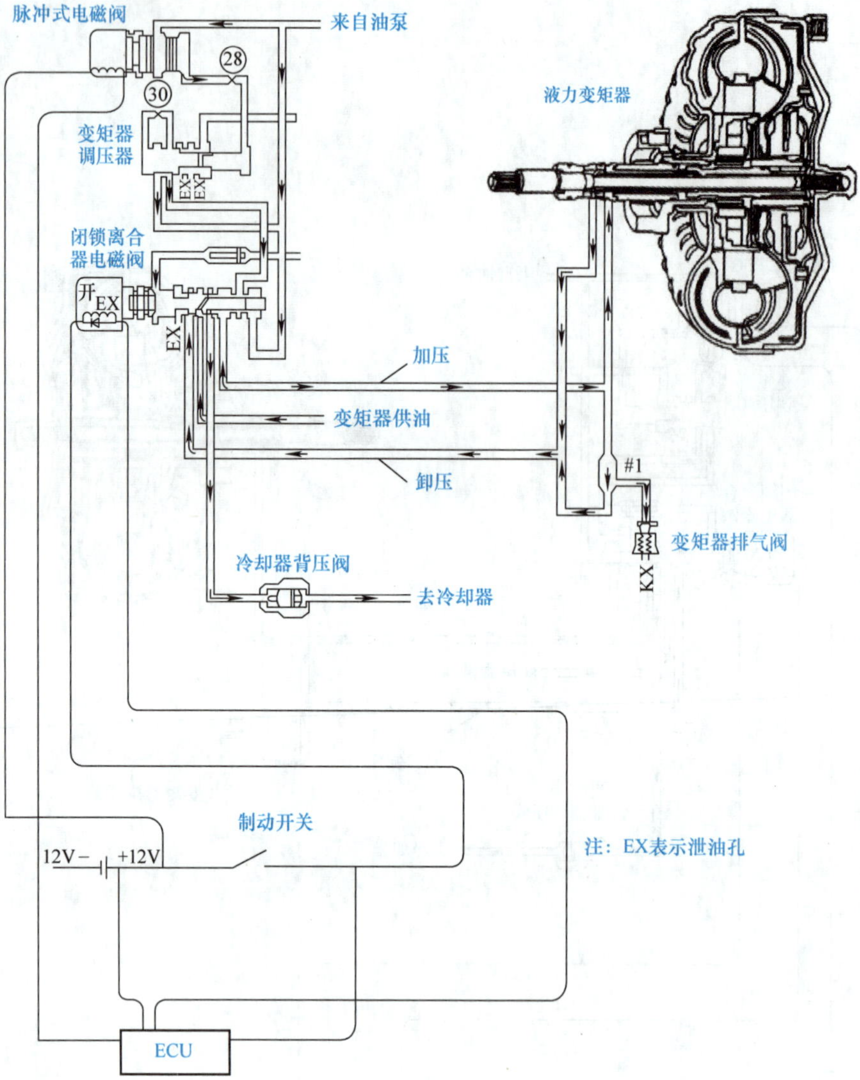

图 1-5-11 4T60E 型自动变速器锁止离合器锁止时的油路

复 习 题

一、填空题

1. 自动变速器上常用的油泵有三种类型：_____、_____ 和 _____。其中 _____ 应用最广。
2. 自动变速器油泵是由变矩器的 _____ 驱动的，只要 _____ 运转，油泵就会泵油。
3. 自动变速器速控阀根据 _____ 产生油压，向 _____ 输出油压信号，控制升档或降档。
4. 在 AT 的液压系统中，由 _____ 调节主油道油压。
5. 液压控制阀体中，换档阀的作用是根据 _____ 和 _____ 来控制自动变速器换档。
6. A341E 自动变速器中，D1 档工作的换档执行元件是 _____。
7. 倒高档离合器 C2 由 _____ 阀控制。

8. 倒档油压高于其他档油压,此任务由_____阀完成。

二、选择题

1. 当讨论手动阀时,技师甲说:由变速杆和联动装置带动变速器内的手动阀运动;技师乙说:手动阀位于阀体中,由加速踏板间接带动。说法正确的是(　　)。
   A. 甲正确　　　B. 乙正确　　　C. 两人均正确　　　D. 两人均不正确

2. 当讨论自动变速器油泵时,技师甲说:油泵由变矩器泵轮驱动;技师乙说:油泵由变矩器导轮驱动。说法正确的是(　　)。
   A. 甲正确　　　B. 乙正确　　　C. 两人均正确　　　D. 两人均不正确

3. 在自动变速器中,蓄压器的作用是,在换档时使(　　)。
   A. 主油压平稳　　　　　　　　B. 节气门油压平稳
   C. 换档执行元件接合先慢后快　　D. 换档执行元件接合先快后慢

4. 技师甲说:自动变速器副调压阀的作用是使油液充满变矩器;技师乙说:主调压阀直接控制节气门油压的大小。说法正确的是(　　)。
   A. 甲正确　　　B. 乙正确　　　C. 两人均正确　　　D. 两人均不正确

5. 技师甲说:在叶片式油泵中,转子上装有一些滑动叶片,滑动叶片与安装在泵体中的滑座紧密地密封;技师乙说:叶片式油泵是变量泵,根据工况不同,可以减少油泵输出。说法正确的是(　　)。
   A. 甲正确　　　B. 乙正确　　　C. 两人均正确　　　D. 两人均不正确

6. 技师甲说:自动变速器强制降档阀的移动通过动力控制;技师乙说:自动变速器节气门阀的移动通过液力控制。说法正确的是(　　)。
   A. 甲正确　　　B. 乙正确　　　C. 两人均正确　　　D. 两人均不正确

7. 技师甲说:在大多数电控换档系统中,节气门开度是一个重要的输入信息;技师乙说:对于电控系统,车速是一个重要的输入信息。说法正确的是(　　)。
   A. 甲正确　　　B. 乙正确　　　C. 两人均正确　　　D. 两人均不正确

8. 讨论检查ATF时,技师甲说:如果ATF呈深褐色并有烧焦的味道,那么ATF已经过热了;技师乙说:若ATF呈乳白色,这说明发动机冷却液已泄漏到ATF的冷却器中。说法正确的是(　　)。
   A. 甲正确　　　B. 乙正确　　　C. 两人均正确　　　D. 两人均不正确

9. 讨论正确的分析降档开关的方法时,技师甲说:当加速踏板被全部踩下时,在踩到底之前应听到一声响,如果听不到,那么开关应被调整或更换;技师乙说:在某些变速器上,节气门阀上带有强制降档阀。说法正确的是(　　)。
   A. 甲正确　　　B. 乙正确　　　C. 两人均正确　　　D. 两人均不正确

10. 技师甲说:在重新装配之前,应把所有的阀体零件泡在清洁剂中;技师乙说:在擦拭阀体时一定要用不起毛的擦布。说法正确的是(　　)。
    A. 甲正确　　　B. 乙正确　　　C. 两人均正确　　　D. 两人均不正确

三、简答题

1. 画图说明电液控自动变速器的控制原理。
2. 详述丰田A340E自动变速器D1档的油路走向。
3. 写出你所知道的液压控制阀的名称。
4. 丰田A341E中,三个换档阀各控制什么换档执行元件?

项目二 自动变速器故障诊断方法

学习任务一 自动变速器故障诊断一般步骤

任务描述

一辆日产千里马轿车，装配 VG30 发动机，变速器型号为 RE4F02A。该车在行驶中，发动机转速从 3000r/min 升到 5000r/min 时，车速反而下降。用常规的检查方法没有发现任何故障。把车架起来，做油压试验，在各档测试时，发现超速档油压偏低。解体变速器发现超速档活塞密封圈磨损，并有铁屑及沙粒，密封圈磨损由沙粒造成。驾驶人说在两个月前，在某修理厂换过摩擦片，当时修完车后就有这种现象，但当时没有现在严重。后来几次回厂返修，厂里维修人员说电控单元有问题，无法修理，只能换电控单元，因价格太贵，没有更换。清洗各部件，更换密封圈，装复后故障排除。

请你根据以上描述，制订一份尽可能详细的维修计划方案，并说明其理由。

知识目标

1. 会使用自动变速器故障判断的一般方法。
2. 会使用常用的检测工具。

能力目标

1. 能正确执行外观检查、听诊故障部位、描述故障现象。
2. 看懂油路图，会使用液控油路图分析故障。

企业典型工作任务

检修发动机转速与车速不匹配故障。

当自动变速器出现故障时，汽车行驶会不正常，第一感知者是汽车驾驶人。对汽车维修技术人员来说，要通过"望闻问切"的诊断与检测方法，找出故障部位。

所谓故障诊断，就是根据故障现象，用不解体的方法，查明故障原因，判断故障部位。故障诊断在维修中常用的方法有两种：一是经验诊断法，二是仪器检测法。经验诊断法要求技术人员有丰富的经验和专业知识,通过对故障现象的了解,并进行一些简单的操作试验,结合以往的经验及感受,对汽车的技术状况做出进一步的分析判断。仪器检测法是利用现代化的专用检测仪器,在不解体的情况下,对变速器进行检查测试,判断故障部位的方法。前一种方法运用较多,不需要很多的工具设备,比较直接,但要求专业技术人员的技术水平高,技术人员的技术水平直接影响到诊断的速度与准确性。仪器检测法可以准确地检测到技术参数,比较科学、准确。但仪器的使用功能是受限制的,只能就某一个功能检测。两种方法各有特点,一般很少单独使用。现代维修一般包括两个环节,一是仪器检测,即"诊",二是综合分析,即"断"。图 2-1-1 所示是自动变速器故障综合检测仪,可以检测自动变速器的综合性能。

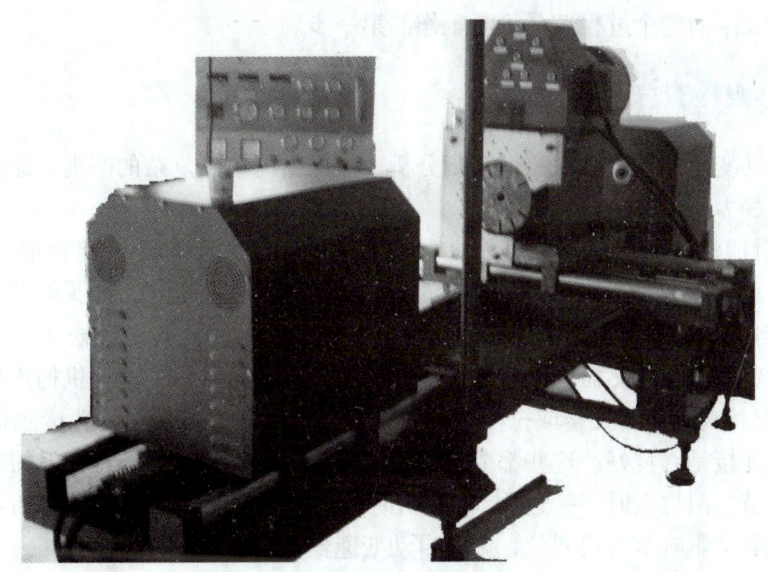

图 2-1-1　自动变速器综合检测仪

活动一、了解故障发生的整个过程——问

向驾驶人全面了解故障发生的过程,车辆以往的使用、维护、修理情况,对故障判断会有很大的帮助。

1. 了解车辆的使用情况

一般汽车经常在城市路面行驶,车辆频繁在 1、2、3 档间变换,很少上超速档,而经常在高速路上行驶的汽车一般在 3、4 档之间工作。经常使用的那几个档位,其对应的离合器、制动器的摩擦片的磨损相对要严重些。

2. 了解车辆的维护情况

了解自动变速器上次换油时间,是否更换了滤清器;节气门拉索或节气门传感器是否拆装调整过。根据油的颜色,可以帮助我们判断故障。例如,油很脏,若汽车行驶了 10 万 km 以上也没有换过油,自动变速器离合器片可能没有故障,若行驶 5000~6000km 才换的油,可能摩擦片磨损严重。若出现油压低,但滤清器更换时间不长,可排除滤清器堵的可能,若行驶 5 万~6 万 km 或 10 万 km 也没换过,首先检查滤清器。

3. 了解车辆的修理情况

了解自动变速器以前发生过什么样的故障，更换过什么零件，更重要的是最近做过什么维修，因何故障维修，换了什么零件，维修后症状是否完全消失，是否又产生了新的异常现象。由于不同修理厂的技术水平不同，经常有因为装配不当或漏装某些部件而引起新的故障。

4. 了解故障发生的情况

故障现象在什么情况下发生，如与温度的关系、车速的关系、节气门开度的关系、档位的关系等。是硬故障（只要满足条件就有故障现象发生的故障）还是软故障（偶发性故障，时有时无的故障），判断软故障的难度会更大一些。

了解故障发生的整个过程，是诊断工作的第一步。

活动二、直观检查——望

首先从自动变速器的表面现象做初步分析，按照由简单到复杂的原则，能不拆解可以排除故障的，要尽力不拆解。

1）首先看清楚自动变速器的型号。在本书第一章中关于自动变速器的型号已有过说明，请读者参考。什么车型，哪一年生产的车，这对查找有关资料，购买配件是必要的。

2）检查自动变速器外表面是否漏油、变形，螺栓和导线插头是否松动，搭铁线是否接触良好，自动变速器通散热器的油管是否弯曲，散热器是否脏污，选档机构连接是否良好。

3）在车上检查节气门拉索或拉杆调整是否太松或太紧，节气门位置传感器调整螺钉是否松动，导线连接是否良好。这些都要求仔细检查，不要一看了之，检查时需要日积月累的经验，如检查节气门拉索时，一边看，一边用手转动节气门臂，看节气门是否回位良好。有时拉索上有毛刺会影响节气门回位，影响自动变速器升降档。

4）还要仔细观察故障灯、仪表灯是否点亮。踩住制动踏板，将自动变速器从 P 位或 N 位换到 R 位或 D 位，观察发动机与自动变速器的状况，检查自动变速器的吊胶是否良好，若发动机与自动变速器动作过大，说明吊胶已经失效。

活动三、异响检查——听

通过听声音的变化，判断故障的部位，可以借助一些工具，如汽车听诊器等。异响判断需要诊断人员有较丰富的经验，有时声音杂乱，很难判断故障的具体部位。要在不同的工况下听，对异响的描述要准确，如热车时，自动变速器在 D 位，节气门全开，车速在 90km/h，变速器有异响。以下听诊经验供在听诊异响时借鉴。

1）异响在同一发动机转速下出现，且不仅在一个档位上出现，则异响可能主要由发动机产生；异响随车速变化而不随发动机转速变化，则异响主要由变速器产生。

2）自动变速器变速杆在由停车档或空档换到其他档位时，异响消失，则故障可能在输入部件上。

3）所有档位都有异响，或只有一个档位无异响，故障部位可能在行星轮组。

4）在 1 档、2 档时无异响，直接档时异响增大，则故障不可能在行星轮组，要重点检查换档执行元件，如离合器、制动器、单向离合器。

5）若改变车速，或换档时异响有变化，但始终存在，问题可能在液压系统中，可能由于内部泄漏或系统中有部件松动，空气进入油液造成。

活动四、油液检查——摸与闻

油温对自动变速器的影响很大，很多变速器的损坏是由于油温过高造成的。引起油温高的原因很多，如自动变速器内部的不正常磨损、散热器堵塞。反过来讲，油温高是自动变速器有故障的信号。一般从两个地方检查油温：一是油底壳，油底壳的温度直接反映自动变速器油温的高低；二是散热器及散热器管的温度，这里的温度反映散热器是否堵塞，散热效果是否良好。散热器是自动变速器油冷却的地方，一般规律是从液力变矩器流出来的液压油经过散热器冷却后，再流回到油底壳。散热器散热不好直接影响油的温度，因此散热器油温检查很重要。

自动变速器油液的工作温度，跑长途时正常工作温度为90℃以上，在市区行驶由于要频繁换档，所以正常工作温度为105℃左右。由于工作温度较高，不要用手直接试温度，应该使用诊断仪读取数据流，同时用红外线测温仪检测，如果二者检测温度有差别，说明电控系统有误，应以红外线测温仪检测为准。变速器油温传感器短路，数据流会显示变速器油液温度为150℃。

如果自动变速器导线过热烧化，或自动变速器油变质，摩擦片严重烧毁，可以用闻味的方式，协助判断故障，如导线与排气管相接触，引起导线胶皮烧焦，发出刺激性的烧胶皮味道；如果油有烧焦的糊味，可判断为离合器或制动器摩擦片烧坏。

活动五、故障诊断步骤

目前在我国自动变速器故障诊断是汽车维修行业中的难点，盲目地通过解体重装来解决问题，结果不仅解决不了问题，而且又添了新的问题。下面提供通用的诊断思路（图2-1-2）。

第一步：确认故障内容，与车主沟通，故障内容路试确认。自诊断检查，确认报修故障之后，先看故障指示灯是否有故障显示，方法如下：打开点火开关到ON位置，检查故障指示灯是否亮起，起动发动机后，再看指示灯是否熄灭。如果常亮或常闪烁，表明有故障，先调故障码。故障出现有两种形式：一是硬故障，只要发生故障就一直存在；二是软故障，时有时无的间歇性故障。

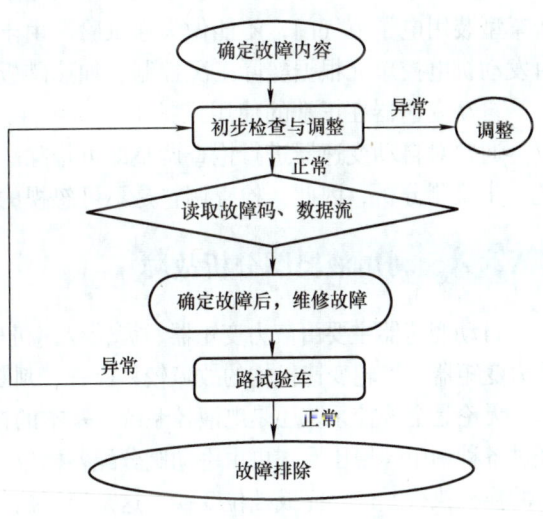

图2-1-2　故障诊断一般步骤

注：无故障码不一定无故障，不应仅依赖故障码。

第二步：初步检查与调整，目测或测量。包括检查轮胎气压、怠速转速、自动变速器油位、油质、节气门拉索、换档连杆机构、起动安全开关等。

发动机怠速检查：发动机热机后，分别将变速杆置于 P 或 N 位，关闭空调等用电设备，检查怠速，应符合厂家规定（参照手册）。

怠速低：换档时易引起车身振动或发动机熄火。

怠速高：换档时易冲击振动，且在 D 或 R 位时爬行严重。

自动变速器油检查：检查油量、品质和泄漏。常见泄漏点出现在外壳、油封油衬、输出轴油封、油底壳密封垫、散热器管、接头等处。擦干净后，挂 D 位检查。拆下油底壳，分析油质。

检查节气门及其拉索是否正常：加速踏板踩到底看节气门能否全开，松开加速踏板看节气门能否全关，调整拉索。

检查调整换档连杆机构：换档连杆机构将选档命令送给手动阀，应与档位指示一致。

空档起动开关的检查与调整：将变速器变速杆置于 N 位，检查空档起动开关上的空档线是否对准标记（丰田系列），否则调整空档起动开关。只有将档位挂入 P 位或 N 位起动机才能起动，否则调整档位开关。

第三步：测试诊断，分析，读故障码，数据流分析，同时结合其他测试，如时滞试验、失速试验、压力试验、道路试验、人工换档试验（有的规定有特殊试验，有的试验不能做，参考维修手册），初步确定是机械故障还是电气油路故障，是硬故障还是软故障。

第四步：确定故障后进行检测维修。

第五步：路试验车，检查起动安全开关功能、换档品质、换档模式切换功能、强制降档功能、变速器油温、TCC 锁止功能、噪声、系统油压等是否正常。做台架试验，进行时滞时间、失速转速、主油压检测、工作油压检测。

自动变速器型号较多，结构原理有很大差别，维修无定式，如一汽奥迪 A6 2.8L 等许多新车型装用电子节气门，不能做失速试验，由于电子节气门开度不只取决于加速踏板，还要由发动机电控单元根据实际工况控制，加速踏板踩到底节气门也不一定全开。

自动变速器在正常的使用维护下，损坏性故障较少，多数故障由使用维护调整不当造成，通常对自动变速器进行检查调整即可排除故障。只有排除了维护调整不当的故障，才能进一步检测分析，因此，检查调整是不可忽视的一步。

活动六、利用液控图分析故障

自动变速器主要由液力变矩器、齿轮变速机构及控制系统等组成。在维修中人们感觉到，液力变矩器、齿轮变速机构的故障较易检查、判断，而控制系统故障则是自动变速器维修的难点。无论是全液控系统还是电液控系统，基本的控制模式相似，首先要有建立油压的油泵，再经过各种调压阀稳压后，再由手动阀分配各档位油路的区域范围，由换档阀将压力油送到各档位的换档执行元件，完成档位变换。这是液压控制的普遍规律，如图2-1-3所示。

变矩器锁止油压由锁止电磁阀控制，通过保压、泄压把一部分主油压变成 0.641 ~ 0.738MPa 的锁止油压。锁止油压是一种稳定的油压，和节气门开度、节气门油压没有关系。

自动变速器在工作时，内部的液压油路看不见，摸不着。机械部分有故障时，一般在拆解变速器时能检查出来，而液控系统有故障时却要认真仔细分析。液控部件中的阀体油路很复杂，像迷宫一样，很难在实物中找出它们之间的关系，更不用说分析其工作原理了，但借

项目二 自动变速器故障诊断方法

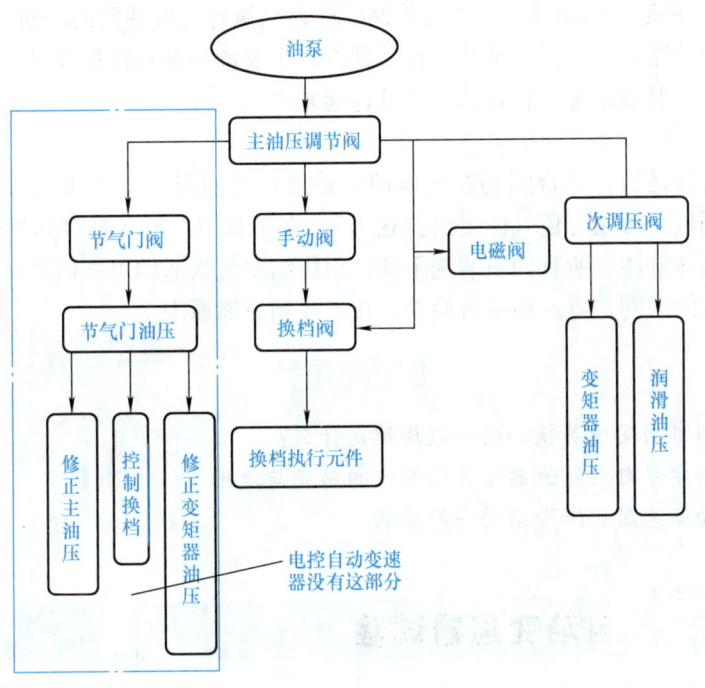

图 2-1-3 电控液压系统规律

助液控油路图就容易做到这一点。液控油路图将每个档位的液压油路走向、经过的部件以及它们之间的控制关系，清楚地表示了出来，就像电路图一样。如果要了解某一个灯泡的控制电路，首先要找出电源、开关、继电器、导线等，最后到达灯泡。同样从液控图上可以看出，油泵是建立油压的动力源，再经过主调压阀稳压后，成为主油路压力油，再由手动阀送到换档阀，换档阀位置决定于阀两端的控制油压，控制油压反映车辆的运行状态，如车速、节气门开度等信号，或由电控单元控制的电磁阀油压决定，最后到达执行元件。

在能看懂油路图的情况下，就可以应用图来分析故障部位，当然这一过程离不开自动变速器的结构图、档位传动图、阀体油路图、阀体结构图等资料。要在了解自动变速器的传动原理、档位分析、执行元件的基础上，根据各元件之间的连接关系，以及换档执行元件的工作情况表，再结合液控图就可以对故障做全面的分析了。

关于自动变速器档位分析、油路图分析，在本书项目三和项目四做了详细的讲解，在这里要重点强调以下几点方法，以供参考。

1) **液控图的分解：** 要将液控图分为几个部分，逐段分析。液控油路图可分为以下几部分：进油油路、回油油路、液力变矩器油路、润滑油路、锁止油路、主油路、节气门油路、蓄压器油路、换档控制油路等。各种油路在图上以不同的符号表示。在分析时针对各种不同的故障逐段进行分析，这样可以将油路简化。例如，分析自动变速器某档位打滑故障，而其他档位正常，可以从手动阀开始，到换档阀，再到执行元件，对这一段进行分析。

2) **读图时要抓住几个重要部件。**

① 油泵。它是油液的出发点，任何油路都从这里出发。

② 油压调节阀。主油路的压力都要经过此处调节。

③ 手动阀。将主油压分配到不同的档位变化范围内。

④ 换档阀。它是个油路开关，直接控制通往换档执行元件油路的通断。

在分析某一油路时，要抓住这几个重要部件，主要油路都从这里经过，分析液控图要先找到这几个部件，看油路怎样将这几个部件连起来。

3) 与实物对照

油路图分析清楚后，结合实物看具体油路是怎样的情况，在上阀板、隔板、下阀板之间，来回对折隔板，可用有色气体走出"迷宫"。在维修中，没必要找到每个油路对应什么油压，只要将阀体解体，所有油道清洗干净，用压缩空气吹通即可。但要在实物上找到对应的可能存在故障的滑阀，重点地进行检查，直到找到故障原因。

回顾与思考

1. 液压控制自动变速器换档的一般规律是什么？
2. 查阅资料学习自动变速器综合检测仪的功能与使用。
3. 简述自动变速器故障诊断的一般步骤。

学习任务二 自动变速器试验

任务描述

一辆日产公爵轿车，发动机型号为 VG30E 型，装用 RE4R01A 型自动变速器，在行驶中加速时，感到自动变速器打滑。

首先检查 ATF 的量和质。发现 ATF 很脏，有一种奇怪的味道。做失速试验各档位都能升到 3000r/min，与说明书数据对比，高了 400r/min 多，判断为变速器内离合器或制动器打滑。拆下变速器油底壳，里面堆积了很多磨下来的金属粉末，大概是变速器内离合器之类的零件磨损了。分解自动变速器后发现，直接档离合器、前进档离合器、倒档制动器都有很大的磨损，更换后试车，故障排除。

请你根据以上描述，制订一份尽可能详细的维修计划方案，并说明其理由。

知识目标

1. 能完成自动变速器试验操作。
2. 能分析自动变速器试验结果与故障的关系。

能力目标

1. 能通过试验手段，检测自动变速器故障。
2. 能创造性地应用所学的原理，解决实际问题。

企业典型工作任务

检修汽车自动变速器打滑故障。

活动一、失速试验

将涡轮固定不动，泵轮的最高转速称为失速。变速杆置于前进档或倒档位置，踩着制动踏板并完全踩下加速踏板，使节气门完全打开，发动机处于最大转矩工况，而此时自动变速器的输出轴、输入轴均静止不动，变速器涡轮被固定不动，只有变矩器壳及泵轮随发动机一同转动，此工况称为失速工况，此时发动机的转速就是失速转速。通过对失速转速的分析，就可以判定变速器的性能状态。失速试验因其操作简便，对变速器功能检查面广，故在故障诊断中广泛运用。

1. 失速试验的作用

失速试验的作用有：

1）检查液力变矩器各部件性能是否良好。例如：泵轮与涡轮之间的液流传动性能；导轮的液流传导性能；导轮单向离合器能否良好可靠地锁止导轮及准确释放导轮等。

2）检查自动变速器内部行星齿轮机构、换档执行机构是否工作正常。例如：齿轮传动机构是否完好，离合器和制动器摩擦元件间承受大转矩是否打滑。

3）发动机的输出功率是否正常。

2. 失速试验操作与测试分析

（1）试验前的检查准备工作　因为失速试验时变速器内部受到一个极大的转矩负荷，所以要事先做好以下几方面工作。

1）根据原生产厂家的设计说明及现在变速器的技术状态分析是否适合进行失速试验。

2）确认发动机加速性能良好，否则会造成测得的失速转速对自动变速器的技术性能反映失真。

3）变速器内的油面与油温都必须正常，以保证测试结果准确，防止对自动变速器造成损害。

4）行车制动器与驻车制动器的性能良好，保证试验时能充分地将车轮制动住，满足测试操作的要求并保证安全。

5）汽车须有良好的安全条件，用三角木等将车轮塞住，汽车周围不应有影响安全的人或障碍物。

6）如果车上无发动机转速表，须另外加装发动机转速表。

（2）试验操作及注意事项　此试验的操作动作较简单（图 2-2-1）。

第一步：用三角垫木将所有车轮垫住，使汽车车轮不能滚动。

第二步：拉紧驻车制动器操纵杆，确保汽车不能行驶。

第三步：踩下制动踏板。

第四步：将变速杆置于 P 位或 N 位，起动发动机。

第五步：在左脚踩住制动踏板时，将变速杆移动到 D 位或 R 位。

第六步：在左脚踩着制动踏板时，右脚迅速踏下加速踏板到最大加速位置，使发动机转速上升，当发动机转速上升到最大值（可通过发动机声音变化判断是否达到最大值）时，读取并记录发动机的转速，即为失速转速。

由于在试验时发动机功率全部在变矩器内损耗掉了，会产生大量的热，所以失速时间不要过长，一般都在 5s 之内，即读完数据后立即放松加速踏板。在做完试验后须让发动机怠

图 2-2-1 失速试验

速运转几分钟,以便使油及时冷却,然后再关闭发动机或再进行下一次试验。

另外,在试验时,注意听发动机及自动变速器内声音的变化。在试验时随着加速踏板的踏下,发动机和变速器应有很大的轰鸣声,但不能有任何金属撞击声和尖锐的杂音。

3. 试验结果数据分析

影响失速转速的因素较多,不同发动机、不同的液力变矩器的失速转速不同,但大部分汽车自动变速器的失速转速都在 1500~3000r/min 这个范围内。

1) 常见自动变速器失速转速见表 2-2-1。

表 2-2-1 常见自动变速器失速转速

车型	自动变速器型号	发动机型号或排量	失速转速/(r/min)
丰田海狮	A45DL	2L	1950~2250
		3L、1RZ、2RZ	2100~2400
		2RZ-E	2150~2450
丰田皇冠	A340E	2JZ-GE	2300~2600
	A42DL	1G-FE	2200~2500
雷克萨斯 LS400	A34IE、A342E	1UZ-FE	2050~2350
马自达 929	R4A-EL	JE	1950~2250
马自达 626	F3A		2200~2450
日产	L4N71B	VG30E、VG30S	2300~2600
		LD28	1700~2000
克莱斯勒	A-415	1.6L	2250~2450
	A-413	2.2EFI	2280~2480
		2.2 增压	3020~3220
		2.2L	2200~2400
	A-470	2.6L	2400~2600
宝马	ZF 4HP-22	325e、528	1900~2050
		524	2280~2120
		EH 系列	1980~2140

2) 利用失速转速值分析故障

① 失速转速的非正常情况有两种：高于规定值与低于规定值。生产厂家给出的失速值都是一个范围，而并非某一确定的值。通常在失速转速超出一定范围后才判断为失常。当转速过低或转速过高时，则认为异常。

② 失速转速过低故障分析。失速转速过低主要有液力变矩器与发动机工作不良两方面的原因。

a. 发动机本身动力不足。

b. 液力变矩器内导轮单向离合器打滑。

在实践中如何区分发动机与变矩器的故障呢？可利用动力断开法进行检查。将变速杆置于 P、N 位中任一档位，让变矩器涡轮不带负荷，对发动机进行急加速，如果发动机转速能在急加速时很顺畅地上升，则说明发动机是正常的。如果汽车在低速行驶中也出现加速不良，而高速时却很正常，则可判断为变矩器故障。另外如果失速转速低于标准值600r/min以上，一般故障原因在导轮单向离合器。

③ 失速转速过高故障分析。从测试原理与实践经验可知，出现失速转速过高时，发动机与液力变矩器的故障可能性较小，故障一般都发生在变速器部分，主要是因换档执行元件打滑引起的。据此可通过失速试验与变速器内相应档位的执行元件工作情况进行分析，从而判断是因哪些元件损坏所致。但失速试验只可检查到 1 档和倒档的执行元件。对前进档 2 档及 2 档以上的档位执行元件不能检测，因为换档正常的变速器在失速时不可能升到高档。

现以丰田 A341E 变速器为例，来分析失速转速过高与相应各档执行元件的关系：一是如果在所有行驶档位失速转速均高，则原因可能为液压系统主油路压力过低，或内部换档执行元件损坏较严重，如超速排直接离合器 C0 及单向离合器 F0 损坏；二是如果在前进档 D 位，失速转速正常，而 R 位的失速转速较高，则说明倒高档离合器 C2、低倒档制动器 B3 液压活塞损坏；三是如果 R 位失速转速正常，前进档位 D、2、L 失速转速过高，则说明前进档离合器 C1 液压活塞及摩擦元件有故障。

注意：安装电子节气门的汽车，不可以做失速试验。

活动二、时滞试验

在发动机怠速运转时将变速杆从空档拨到前进档或倒档后，需要有一段短暂时间的迟滞或延时才能使自动变速器完成档位的接合（此时汽车会产生一个轻微的振动），这一短暂的时间称为自动变速器换档的迟滞时间。时滞试验就是测出自动变速器换档的迟滞时间，根据迟滞时间的长短来判断主油路油压及换档执行元件的工作是否正常。

试验的步骤如图 2-2-2 所示。

让汽车行驶，使发动机和自动变速器达到正常工作温度（50~80℃）。

1) 将汽车停放在水平地面上，拉紧驻车制动器操纵杆。

2) 起动发动机怠速运转，如不正常，应按标准调整，关闭空调等设备。

3) 将自动变速器变速杆从空档（N）位置拨至前进档（D 位），用秒表测量从拨动变速杆开始到感觉汽车振动为止所需要的时间，该时间称为 N–D 延时时间。

4) 将变速杆置于 N 位，让发动机怠速运转 1min 后，再做一次同样的试验。

图 2-2-2　时滞试验

5）做 3 次试验，取平均值。

6）按照上述方法，将变速杆由 N 位拨至 R 位，测量 N-R 延时时间。

大部分自动变速器 N-D 时滞时间小于 1.2s，N-R 时滞时间小于 1.5s。

实践经验：凡是有故障的车辆时滞时间均大于 3s。

如果时滞时间过长，可能是主油压过低或对应工作档位的换档执行元件接合迟滞造成的，要根据档位分析原理，结合档位传动图，分析迟滞原因，从而判断故障部位。

如对于丰田 A341E 自动变速器 N-D 时滞过长，说明主油路油压过低，前进离合器 C1 摩擦片磨损或 1 档单向离合器 F2 工作不良；如果 N-R 延时时间过长，说明倒档主油压过低，倒档离合器 C2 或制动器 B3 工作不良。

活动三、油压试验

油压试验是在自动变速器运转时，对控制系统各个油路中的油压进行测量，为分析自动变速器的故障提供依据，以便于有针对性地进行修复。正确的油路油压是自动变速器正常工作的前提条件。油压过高，会使自动变速器出现严重的换档冲击，甚至损坏控制系统；油压过低，会造成换档执行元件打滑，加剧其摩擦片的磨损，甚至使换档执行元件烧毁。对于油压过低而造成换档执行元件烧毁的自动变速器，如果仅仅更换烧毁的摩擦片而没有找到故障的真正原因并加以修复，更换后的摩擦片经过一段时间使用后往往会再次烧毁，因此在分解修理自动变速器之前，以及自动变速器修复之后，都要对自动变速器做油压试验，以保证自动变速器的修理质量。

1. 油压试验的准备

在做油压试验之前应该做好以下准备工作（图 2-2-3）。

1）让汽车行驶，使发动机及自动变速器达到正常工作温度。

2）将车辆停放在水平地面上，检查发动机怠速和自动变速器液压油的油面高度。如不正常，应调整。

图 2-2-3　油压测试

3）准备一个量程为 2MPa 的压力表（根据油压量程确定，如福特 C6 自动变速器需用 7MPa 的压力表）。

4）找出自动变速器各个油路测压孔的位置。通常在自动变速器外壳上有几个用方头螺塞堵住的用于测量不同油路油压的测压孔。《自动变速器维修手册》上标有该自动变速器各个油路测压孔的位置。如果没有《自动变速器维修手册》作为参考，可以用举升器将汽车升起，在发动机运转时分别将各个测压孔螺塞松开少许，观察各测压孔在变速杆位于不同档位时是否有压力油流出，以判断该测压孔与哪一个油路相通，从而找出各个油路测压孔的位置。具体判断方法如下。

① 不论变速杆位于前进档或倒档时都有压力油流出，则为主油路测压孔。
② 只有在变速杆位于前进档时才有压力油流出，则为前进档油路测压孔。
③ 只有在变速杆位于倒档时才有压力油流出，则为倒档油路测压孔。
④ 只有汽车行驶时才有油压，怠速与倒档时没有油压，则为速控油压测试孔。

油压试验的内容取决于自动变速器的类型及测压孔的设置方式。下面介绍一般车型自动变速器油压试验的主要内容和方法。

2. 主油路油压测试

测试主油路油压时，应分别测出前进档和倒档的主油路油压。

（1）前进档主油路油压测试方法

1）拆下变速器壳体上的主油路测压孔或前进档油路测压孔螺塞，接上油压表。
2）起动发动机。
3）将变速杆拨至前进档（D 位）。
4）读出发动机怠速运转时的油压。该油压即为怠速工况下的前进档主油路油压。
5）用左脚踩紧制动踏板，同时用右脚将加速踏板完全踩下，在失速工况下读取油压。该油压即为失速工况下的前进档主油路油压。
6）将变速杆拨至空档或停车档，让发动机怠速运转 1min 以上。

7）将变速杆拨至各个前进低档位置，重复4）~6）的步骤，读出各个前进低档在怠速工况和失速工况下的主油路油压。

（2）倒档主油路油压测试方法

1）拆下自动变速器壳体上的主油路测压孔或倒档油路测压孔螺塞，接上油压表。

2）起动发动机。

3）将变速杆拨至倒档（R位）。

4）在发动机怠速运转工况下读取油压。该油压即为怠速工况下的倒档主油路油压。

5）用左脚踩紧制动踏板，同时用右脚将加速踏板完全踩下，在发动机失速工况下读取油压。该油压即为失速工况下的倒档主油路油压。

6）将变速杆拨至空档（N位），让发动机怠速运转1min以上。

将测得的主油路油压与标准值进行比较。不同车型自动变速器的主油路油压不完全相同。若主油路油压不正常，说明油泵或控制系统有故障。

3. 油压电磁阀工作的测试

电子控制自动变速器常采用油压电磁阀来控制主油路油压或减振器背压。这种自动变速器可以在油压试验中人为地向油压电磁阀施加电信号，同时测量油路油压的变化，以检查油压电磁阀的工作是否正常。不同车型的电子控制自动变速器的油压电磁阀的工作原理不完全相同，其检测方法也不一样。下面以雷克萨斯LS400轿车的A341E和A342E电子控制自动变速器为例，说明测试油压电磁阀工作的方法（图2-2-4），其他车型也可以参考。

1）将油压表接至自动变速器减振器背压的测压孔。

2）对照电路图，找出自动变速器电控单元线束插头上油压电磁阀控制端的接线脚，将一个8W灯泡的一脚与油压电磁阀控制端的接脚连接。

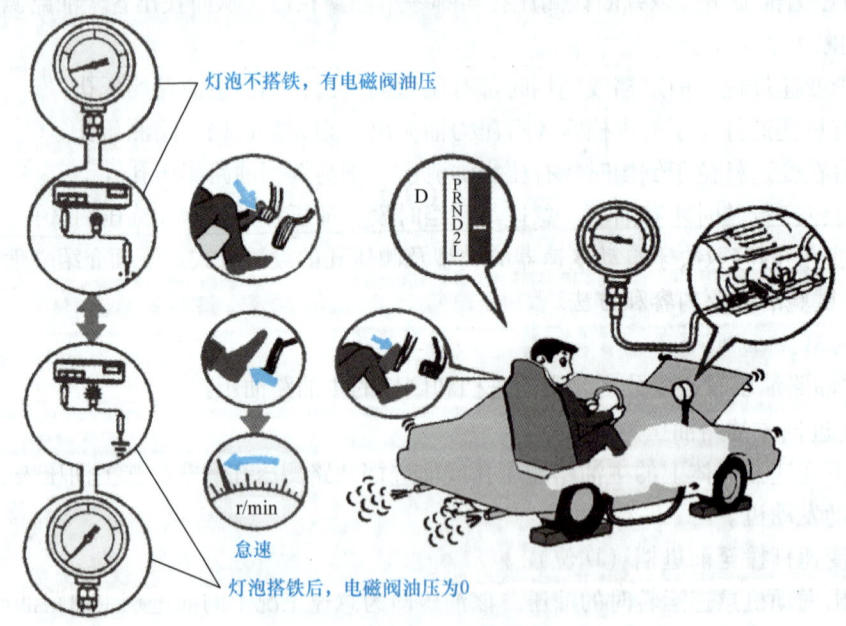

图2-2-4 油压电磁阀测试

3）将汽车停放在地面上，拉紧驻车制动器操纵杆，并用三角木块将4个车轮塞住。

4）起动发动机，检查并调整好发动机怠速。

5）踩住制动踏板，将变速杆挂入前进档（D位）。

6）读出此时的减振器背压，其值应大于0。

7）将连接油压电磁阀的8W灯泡的另一脚搭铁，此时油压电磁阀将通电开启。读出此时的减振器背压。

在油压电磁阀的接线脚经8W灯泡搭铁时，油压电磁阀将通电开启，此时减振器背压应下降为0，如有异常，说明油压电磁阀工作不良。

4. 维修经验

自动变速器如果只是一组离合器或制动器发生烧蚀，说明该离合器或制动器的工作油路密封不良，如不及时更换失效的密封件，即使换了新的摩擦件，3000km后会再次发生早期磨损。工作油路密封不良大多数是由于负责防止换档冲击的蓄压器活塞密封圈失效引起的，极少数是离合器或制动器活塞密封圈失效。做油压检测时如某档工作油压明显低于主油压，说明负责该档的离合器或制动器的工作油路密封不良。现代许多变速器可根据输入轴和输出轴或根据曲轴和变速器输出轴的转速差，来准确地检测到某档传动比不对，并点亮故障灯，使车辆进入失效保护模式，留下故障码。所以维修人员可以据此快速诊断故障。

活动四、气压试验

气压试验即利用压缩空气代替自动变速器液压油，来检查液压系统相应执行元件的动作，判断是否有泄漏、堵塞等故障。在检查时可对系统进行分段式检查，使液压系统故障更直观，更形象地表现出来。

1. 气压试验原理及操作

（1）气压试验原理　气体与液体同属于流体，在物理性能上有许多相同或相似之处，一般汽车维修企业都设有压力气体源，因此利用气体对液压系统进行检查非常方便。所谓气压试验，就是利用两者的共性，用气体代替液体对液压系统进行压力测试。

（2）气压试验的操作

1）气压试验的设备

① 空气压力泵。

② 气压调节器及气压表。一般工厂的压缩空气压力为1MPa左右，而气压检测试验中需要对气压进一步调节，使之符合各种压力要求，因此需要装备一个气压调节器，其原理如图2-2-5所示。它利用气体的节流作用，对输出空气压力进行控制和调节。为了方便压力调整，在调节器及其调节输出端，一般都装有气压表。

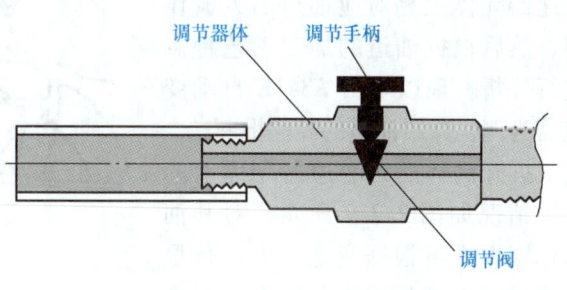

图2-2-5　气压调节器原理

③ 气压检测接头及操作控制开关。为了使压缩气体与变速器液压系统通道形成良好的

密封，需要有特殊形状的检测接头，自动变速器中要检测的油道端口通常为圆锥形的管接头，其可与不同尺寸的油道边缘形成良好可靠的密封。根据测试需要，有大号与小号两种规格接头，一般小号直径为4（小端）~10mm（大端），大号直径为8~16mm，如图2-2-6所示。在实际操作中，常在气压调节器与检测接头间的管路中串装一个控制气流通断的控制开关，如图2-2-7所示，这样在操作时只用一只手就能方便地控制气流。当然检测接头是橡胶等软材质就更好了。

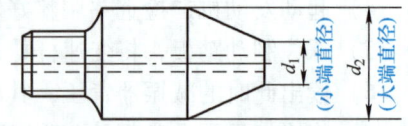

图2-2-6 气压检测接头

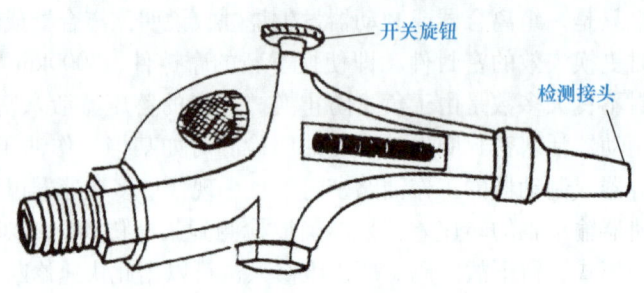

图2-2-7 控制开关

2）气压试验检测的油道识别。同液压测试一样，气压试验要先寻找并识别相应的检测点，然后才能对其进行检测。气压试验一般是在变速器部分解体的情况下，利用其本身的工作油道进行检测。一些汽车公司为其生产的自动变速器专门设置了供气压检测的配置板，装上配置板后，向板上标记的检测孔通压缩空气即可检测，如图2-2-8所示。但我国一般的汽修企业不具备这种工具，所以对检测孔的寻找识别是一个难点。下面介绍寻找气压检测孔位置的方法。

① 经验推断法。如果对自动变速器的内部结构及元件位置等比较熟悉，则可采用这种方法。此法根据变速器内部元件位置来判断其在变速器壳体上相对应油道的大概作用，然后根据油道的加工工艺特点进行分析。现以丰田A341E自动变速器为例，介绍油道的经验推断法。

拆开阀体后，变速器壳体上的油道情况如图2-2-9所示，对其油道作用识别可根据变速器内部行星轮等机构布置情况进行。现从变速器前端开始进行分析。

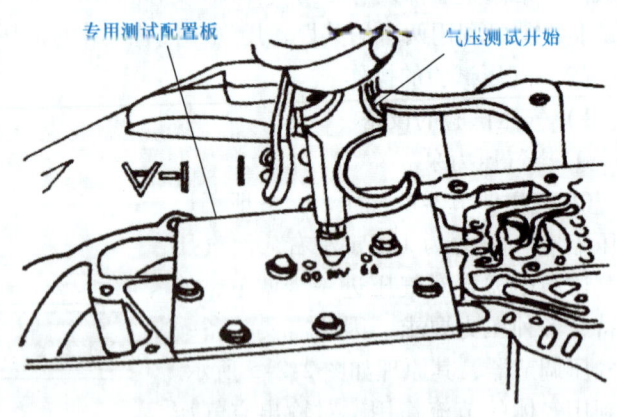

图2-2-8 专用工具检测法

a. 第一排油道分析。在这排油道中间有两个较大的方形油道19和1，显然油泵的进出油道得通过油泵体及外部的变速器壳体。根据分析可知：油泵油道为最根本的油压源通道，

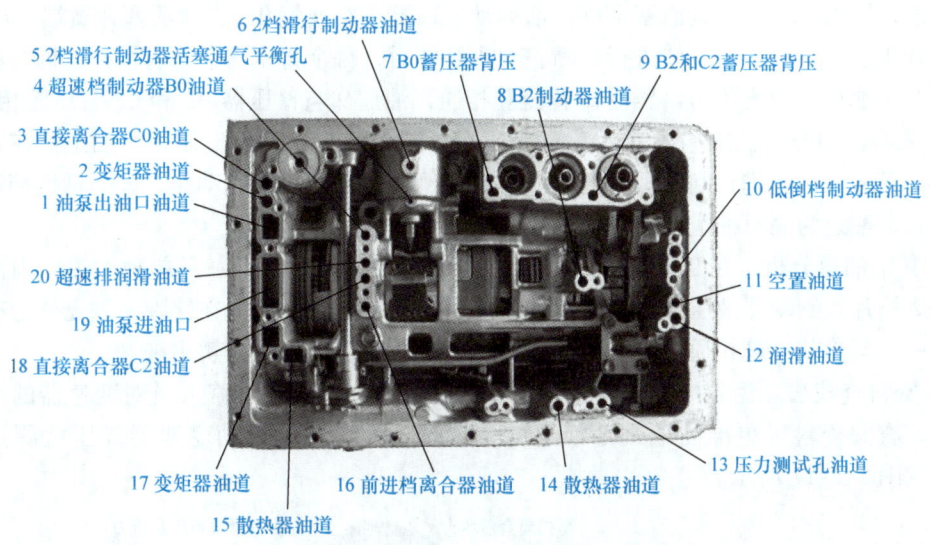

图 2-2-9　A341E 自动变速器气压检测口识别

故要求有较大的截面积，可确定两只方形油道为油泵的进、出油油道。由于进油道要求阻力更小一些，故截面积较大一点的为进油油道，较小一点的为出油油道。

在两个大的方形油道旁有两个圆形油道 2 和 3，在变速器前端直接与壳体接触的是油泵总成，这两个油道到油泵壳体后只能到变矩器和变速器内部机构，而超速档机构直接离合器毂又是靠油泵体上的凸颈来支撑定位的，因此这个超速档机构直接离合器液压缸的油就必须通过油泵体及凸颈，再到离合器毂而进入离合器液压缸。液力变矩器的供油也需要通过油泵体与涡轮轴进入，因此可将上面的两个圆形油道判断为变矩器油道与超速档机构直接离合器油道。

超速档机构直接离合器 C0 液压缸较小，工作时的转换频率不高，故一般的油道即可满足。因为只有离合器的油压才需要用到蓄压器，所以可推断到蓄压器的圆形油道 3 为超速档机构直接离合器油道。油泵进出油道与液力变矩器油道都在变速器壳体上的前一排油道上，如对液力变矩器油道通压缩空气，在涡轮轴的中心孔处可以发现有气体流出，说明油道 2 为变矩器锁止离合器分离腔油道。

在油泵的进油口旁有两个方形油道 15 和 17，很容易看出 15 是前冷却油管相通的散热器油道，17 则通入油泵体。通过气压检查可以发现，有气体从变矩器油封与导轮轴之间流出，说明是变矩器锁止离合器的接合油压油道。

b. 第二排油道分析。接下来第二排圆形油道与内部的超速档机构制动器液压缸体相通，主要有 4、20、18、16 四个油道，除了给超速档机构制动器液压缸供油压外，还要给前进档离合器、直接档离合器供油压。前部超速档齿轮机构的润滑油压也要通过此处传输至各油道，详细作用可在试验操作时筛选判断。例如：超速档机构活塞的动作可观察到，对润滑油道通入气压后可听到离合器工作声音，对直接档离合器通入气压后，制动毂则不能轻易转动。

c. 蓄压器一侧油道分析。此处主要有 5、6、7、9 四个油道。2 档滑行带式制动器的动作由壳体上的油缸活塞控制，所以在制动带油缸处外端的油道 6 为 2 档滑行制动器控制油道，在通入压力气体后，其活塞推杆向前运动。前端还有通气孔5，通活塞弹簧端。7、9为蓄压器背压油道，可通入气体进行判断，通入气体后，哪个蓄压器活塞有动作，即为哪个蓄压器的背压油道。油道7与蓄压器B背压腔相通，油道9与蓄压器B2和C2背压腔相通。

d. 末端油道分析。末端还有10、11、12等一排油道口，低倒档制动器油道就在这几个油孔中，可通入气体进行判断。若通入气体后低倒档制动器活塞有动作，即为低倒档制动器油道。其余油道为润滑油道及空置油道。

e. 其余油道分析。在变速器体中部凸出一个高台，其上面有一只单独油道，内部正对应的是2档片式制动器液压缸体，因此油道8为2档制动器油道。在铭牌一侧壳体上有两个油道，一个与冷却油管相通，一个与油压测试接口相通，很容易分辨出来。

② 资料查找法。经验推断法虽然使用方便且快捷，但要求维修人员对变速器的结构相当熟悉，查阅资料可更准确地判断油道的位置及作用。常见自动变速器气压检测点如图2-2-10～图2-2-17所示。

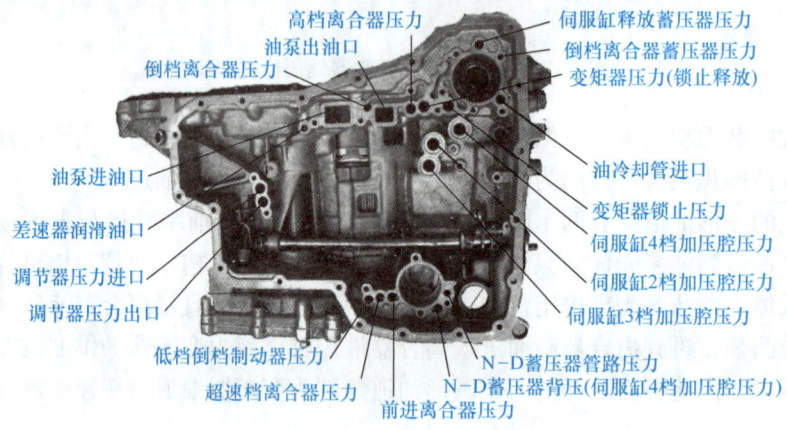

图2-2-10　RL4F03A自动变速器壳体油道气压检测点（一）

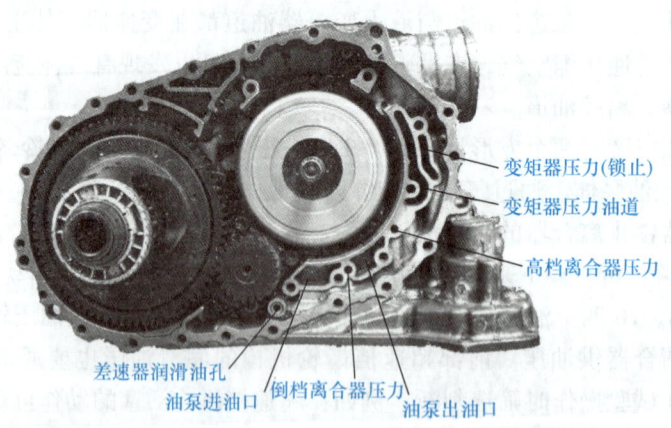

图2-2-11　RL4F03A自动变速器壳体油道气压检测点（二）

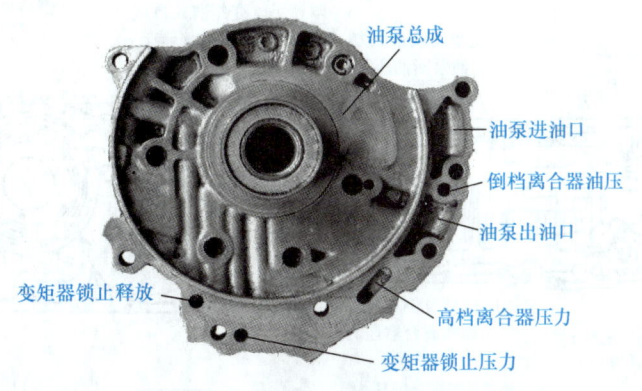

图 2-2-12　RL4F03A 自动变速器壳体油道气压检测点（三）

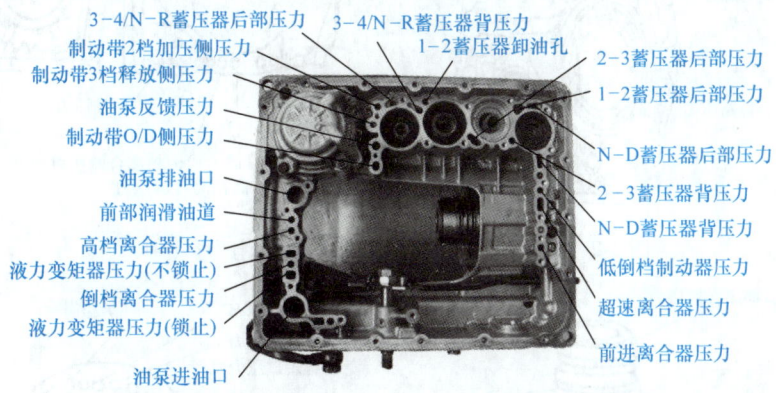

图 2-2-13　马自达 929 R4A-EL 自动变速器气压检测点

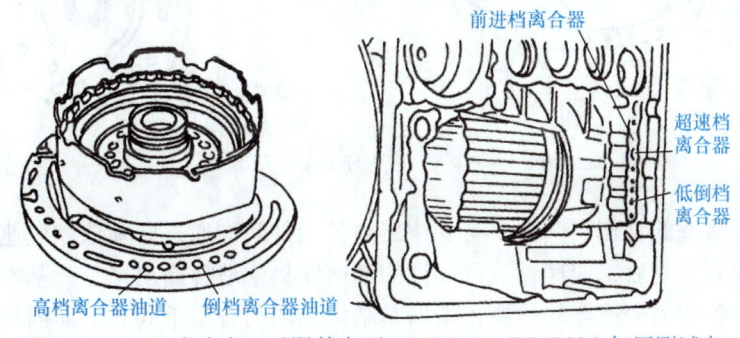

图 2-2-14　日产皮卡、无限等车型 RE4R01A、RE4R03A 气压测试点

2. 气压试验分析

通过气压试验能进行元件动作情况检查、油路寻找、油路泄漏或堵塞情况检查，在实际操作中可根据由简到繁、操作方便的原则进行。

（1）就车半解体检测　即直接从车上拆下油底壳及阀体总成，然后根据需要对变速器进行检测。这种方法除本田等少数自动变速器无法进行外，大多数车型的自动变速器都可通过这种方法进行检测。

大家知道，自动变速器阀体在完成一定控制动作之后，要向外输出油压去控制变速器内

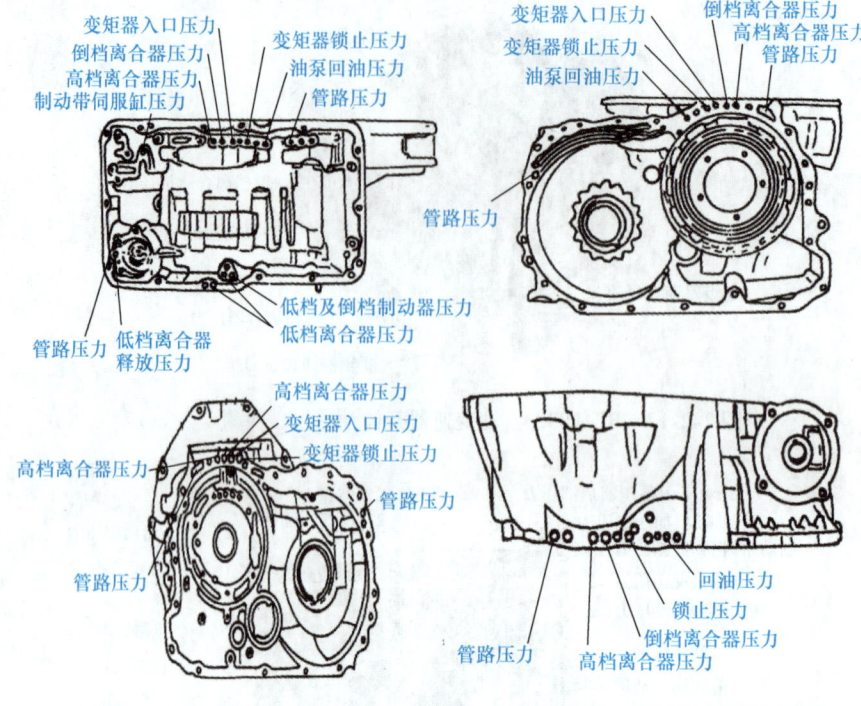

图 2-2-15　日产千里马 RE4F02A 气压测试点（一）

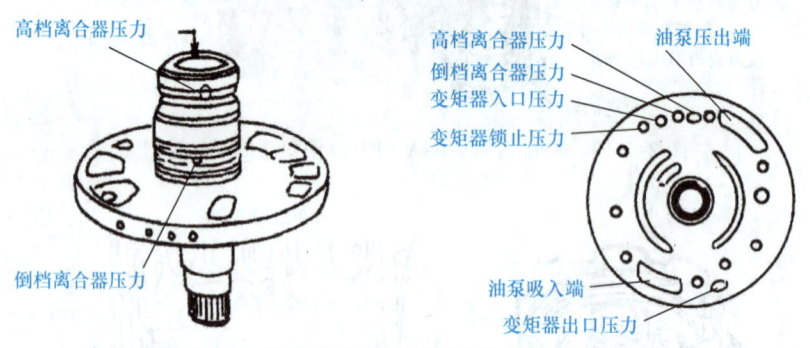

图 2-2-16　日产千里马 RE4F02A 气压测试点（二）

各执行元件液压活塞的动作，阀体要与变速器内各元件间沟通，必须依靠变速器壳体上的油道。因此在拆掉阀体之后，变速器执行元件的油道便集中地暴露出来了，基本上可以满足人们的检测需要。各类型变速器的检测，根据其结构不同而有所不同。下面列举典型结构进行介绍，以达到触类旁通之效。

1）离合器的检查

① 离合器工作油路密封性检查。自动变速器的离合器设置在自动变速器壳体内部，一般无法直接看到离合器摩擦片及活塞运动情况，因此对它是否工作正常可用如下方法进行判断：找到相应离合器油道口向内部通入 200kPa 左右的气压，当断续地开关气压时，应能听到内部离合器活塞动作撞击声，这说明相应活塞在动作。

另一种判断离合器是否工作的方法是，对离合器施加相应的气压后，检查被其连接或约束的元件是否正常动作。以丰田自动变速器为例，对其直接档离合器通入气压后，用螺钉旋

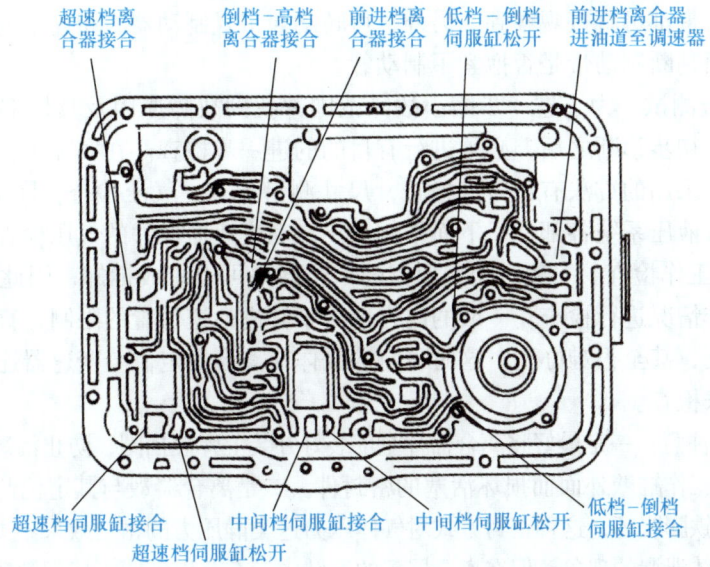

图 2-2-17 福特（马自达）A4LD 自动变速器气压测试点

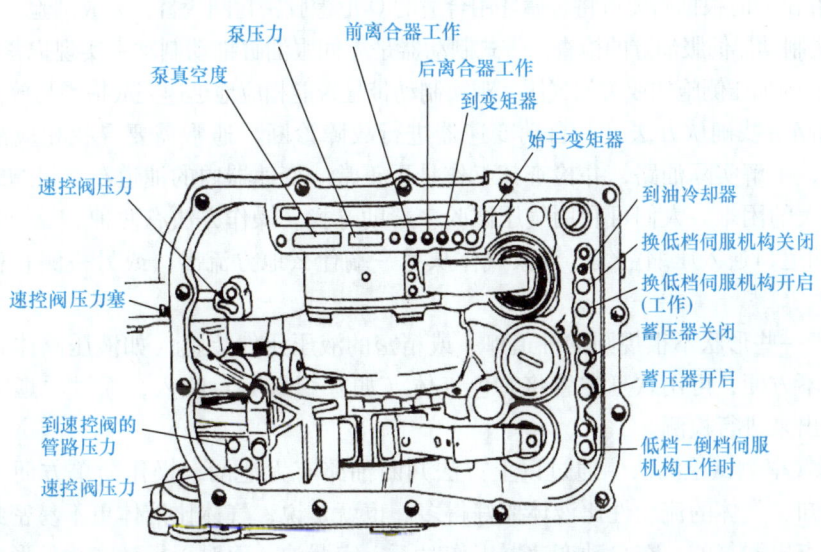

图 2-2-18 克莱斯勒自动变速器气压测试点

具通过壳体上的缺口顺时针方向撬动制动毂，离合器正常工作时转动阻力将变大，并且输入与输出轴及其连接件也会转动，否则说明相应的离合器工作不正常。

② 离合器泄漏的检查。如果离合器及其传输通道存在泄漏情况，离合器活塞虽然能够动作但始终无法建立足够的油压，离合器仍然无法正常工作。在维修中可通过以下两种方法进行检查：对离合器加入气压后保持压力一段时间，仔细听变速器内部是否有漏气声；另外可向离合器通入有色气体，保持压力一段时间，如果有泄漏现象，不但有声音，而且会有有色气体溢出。

2) 制动器工作油路密封性的检查

① 片式制动器的检查。除了可做与离合器类似的检查外，一些变速器的制动器还可直接观察到活塞与摩擦片的动作情况。

② 带式制动器的检查。用气压检查，制动带抱紧制动毂时，无明显的动作声音。大多

数自动变速器制动带都可直接观察到。另外，可转动与带式制动器毂相连接的机件，看其是否能被转动，从而判断制动带是否抱紧了制动毂。

(2) 部件检查测试 为了进一步缩小故障范围并找到故障原因及具体部位，在对自动变速器故障进行了初步诊断之后，必须进行有目的的进一步检查。在实际工作中，对自动变速器解体检查主要采用的方法有：目视检查，尺寸测量检查，气压检查，同前面所述一样，气压检查主要针对液压系统各部件，下面举例介绍自动变速器部件的气压检查。

1) 离合器的工作检查。一般自动变速器的离合器都可以总成拆卸，因此可以很方便地单独对离合器工作情况进行检查。一般的离合器由于其进油道位置的限制，直接对离合器通入压缩空气不方便，甚至很难办到。这时可将油泵体或离合器定位与变速器连通的油道口向离合器通入气压来检查。

进行试验时须注意：一是最好将离合器片全部装好并装上弹性挡圈，防止活塞在过大的空行程运动时，移动到工作缸壁外面而损坏活塞的密封件。二是离合器毂与其定位凸台间油道的密封，多采用金属铸铁膨胀环，这种密封方式对气体压力这类静压力的密封效果不太理想，因此在气压检验时会有气体泄漏的现象，但在离合器毂的运转中，有一层油膜形成间隙密封，可实现可靠密封，而在试验时根据需要可将金属环用合适的O形橡胶密封圈代替，完成试验。

2) 带式制动器伺服油缸的检查。带式制动器是靠伺服油缸推动制动带实现抱紧制动的，试验时在液压缸的加压侧施加或关闭气压，观察制动带是否能相应地迅速完成抱紧与放松动作。

(3) 油路寻找确认方法 对自动变速器进行故障诊断，通常需要寻找相应液压油道及其液压元件，了解实际油路，并检查其工作是否正常。变速器内的油道布置得蜿蜒曲折，单凭观察有很大的困难。人们可利用气压试验来帮助寻找。操作方法有两种。

1) 向油道口通入压缩空气，观察气体从另一端什么地方流出，或另一侧有相应的什么元件动作。

2) 对于一些形状不很规则的油道口，或精密的液压元件装置（如液压阀体）等，利用压力气体则不方便，可用软真空管将有色气体（如香烟烟雾）吹入，通过看烟雾从另一侧什么地方冒出来进行检测。

(4) 漏气率测试检测法 通过以上方法判断油路有无泄漏，操作简单方便，但不太准确。众所周知，气体的流动性比液体要好得多。也就是说，气体比液体更不易密封，即通过气压试验检查出漏气的，在自动变速器工作时不一定漏油。而对于靠动密封环形成油膜而密封的地方，在静止时不能形成油膜，如果这时进行试验，漏气是必然的。为了更准确地分析检查结果，要知道在什么情况下漏气是正常的，什么情况下漏气是不正常的。在实际操作中，比较方便且简单的方法是对漏气时产生的压力下降的变化率进行测试，这个压力下降的变化率就是漏气率，其计算公式为

$$漏气率 = \frac{气压的下降量}{原气压数值}$$

目前还没有自动变速器漏气率检测试验的资料标准，现将在实践中常用的一些方法及经验数值介绍如下。

1) 如果检测离合器或制动器活塞的密封性，可以在其液压缸的进油口处直接通压缩空气测量其密封性。这种检测方法检测到的漏气率一般不应大于5%。也就是说，基本没有泄漏才算正常。

2）对于采用O形橡胶密封圈对液压油进行密封的离合器或制动器液压缸的检测。在一些离合器毂与转轴没有相对运动时，通常采用O形密封圈密封，如本田定轴式自动变速器的离合器与离合器毂之间的密封。片式制动器液压缸与壳体之间也常用O形密封圈密封。这类密封装置检测时，漏气率不应大于10%。

3）对于用密封环的方式密封的液压缸的检测。离合器是在工作中转动的运动件，但控制这些离合器工作的液压油是通过壳体传给离合器的，这些有相对运动的密封面，一般都是采用密封环的方式密封的。常用的密封环有金属、尼龙、特氟龙密封环，其截面都是矩形的。密封环不像O形橡胶环那样有弹性，它主要靠运动时与环槽间形成油膜来密封的。在静态下测量，有一定漏气量是正常的。

金属密封环用这种方法只能做初步判断，最终的结果应该在解体后，对环槽与密封环的技术状况检查后再做判断。

活动五、道路行驶试验

自动变速器的道路行驶试验是自动变速器各项性能的综合试验测试，包括机械变速器内部各离合器和制动器的工作情况，液压控制系统和电子控制系统控制的自动换档点速度是否正确，换档时车辆的平顺性，行驶时变速器内有无异常响声，各种行驶模式时车辆的行驶性能、液力变矩器的锁定，变速杆在各位置时的换档范围和发动机制动状况等。道路行驶试验是自动变速器故障现象发现和故障部位判断的最主要试验。

1. 道路行驶试验要点

1）进行道路试验之前，要确保油面高度、油质状况都正常，变速杆、节气门拉索及发动机怠速都已检查而且都正常，变速器无漏油。

2）对车辆各种状况都进行试验。试验时，应将变速器在每个变速杆位置都使用，对各种行驶模式都进行试验，有O/D开关的变速器应分别对O/D OFF和O/D ON两种状态进行试验。此外，对发动机冷却液温度和变速器温度在较低时和达到正常后的换档范围和变速器锁定情况均应试验记录。

3）试验时，首先要通过车速、发动机转速、节气门开度以及感觉车身的轻微抖动来判断档位的变化。检查换档时的平顺性，各换档点的车速，各个档位是否都换入及锁止离合器的锁止与否。

4）密切注意打滑现象。在任何档位或换档过程中，若出现发动机突然升速或发动机转速升高较快而车速升高缓慢都表明离合器、制动器或单向离合器有打滑故障。出现打滑现象时，应立即查明故障部位并及时修理，以免烧损摩擦片而造成更大的故障。在行车过程中，若节气门开度很大时，为了急加速或大负荷的需要，自动变速器会强制降档而出现发动机转速突然升高，这是正常现象，应与打滑现象区分开来。

5）在大多数情况下，只要了解自动变速器所有档位时执行元件的工作情况，再通过实际道路试验中哪些档位有打滑现象，这样综合分析就能断定哪个执行元件打滑了。图2-2-19所示是丰田A340E和A341E等自动变速器的内部故障分析。可见，通过各种行车试验基本上可以诊断出有故障产生的原因。然而，尽管道路试验分析可诊断出有故障的执行元件，但该元件性能不良的真正原因还不能完全确定，摩擦片磨损、油路泄漏和换档阀的胶粘都可能引起打滑现象。

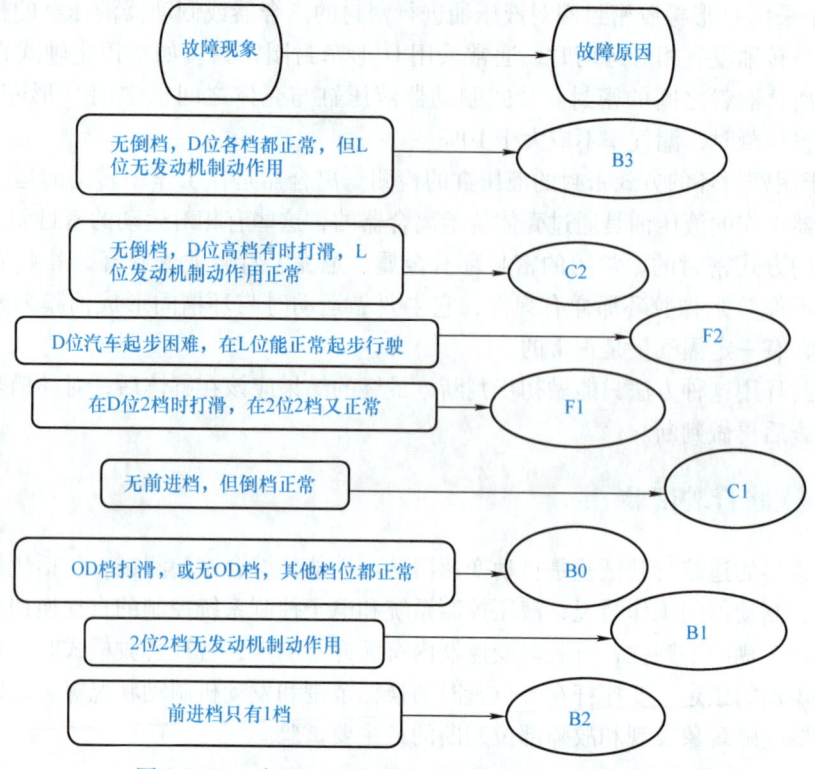

图 2-2-19　丰田 A340E 和 A341E 变速器内部故障分析

6) 在行车试验中,若出现车辆加速性能差,且失速试验时失速转速低于规定值,可能原因有两方面:一方面是发动机功率不足,另一方面是液力变矩器导轮的单向离合器打滑。如果车辆在低速时加速性能差,而调整时加速性能基本正常而且车辆能加速到较高的车速行驶,则故障出在导轮的单向器打滑。若车辆在任何车速时加速性能都差,而且达不到正常的高速行驶,则故障在于发动机功率不足。

7) 对于电子控制自动变速器,为了区别电子控制系统、液压控制系统和变速器内部的故障,可脱开电控单元或电磁阀配线,然后再做道路行车试验。脱开配线后,自动变速器的换档规律按照手动换档的档位,若系统油压和蓄压器背压是电磁阀控制的,此时这两者的油压都是最高状况,变矩器不会锁定。

8) 道路试验时,为了在一定距离内完成各个档位的试验,可采取"松加速踏板提前升档和踩加速踏板提前降档"的方法。

9) 道路行驶试验时,要遵照自动变速器的操作规程来驾驶车辆。在车辆未停下之前,变速杆不能换入 P 位和 R 位,在车速较高时不能把变速杆从 D 位换入 2 位和 L 位来进行发动机制动试验。

总之,自动变速器出现故障但车辆还可以行驶时,应通过行驶试验来进行故障分析判断原因。另外,车辆使用过程中,若自动变速器出现异常现象,应及时排除和修理。

2. 道路行驶试验方法及要求

(1) 试验方法

1) D 位试验

① 检查升档及降档动作及换档点。将变速杆拨至 D 位，用节气门半开或全开来加速汽车，检验 1－2 档、2－3 档和 3－O/D 档的升档和降档。换档点必须符合自动换档表的规定值。在中等车速时，节气门全开，检验 O/D－3、O/D－2、O/D－1 的强制降档，并且换档车速须与规定值相符合。

② 检查换档的平顺性和有无打滑。

③ 检查是否有异常噪声的振动。汽车行驶过程中，传动系统不正常的噪声和振动可能由液力变矩器、变速器内部机构的旋转部件，及传动轴、差速器或驱动轮等引起，故障试验和检查时需格外仔细。

④ 检查变矩器锁止离合器的锁止。在 D 位的 O/D 档时，固定在 60～80km/h 的某一车速行驶，然后轻踏加速踏板。若发动机转速有较大的跳跃，说明没有锁定，锁定机械或控制系统不正常，反之若发动机转速变化甚微则锁定正常。或者轻踩制动踏板，发动机转速突然上升，说明锁止离合器由锁止而变为释放。

⑤ 按下模式选择开关，分别选择普通、经济、动力或雪地条件下进行上述试验。

2）2 位试验。将变速杆挂入 2 位，保持节气门全开，检查下列项目。

① 1－2 档是否顺利升档，升档点是否正确。

② 在 2－2 档行驶时，松开加速踏板，检查发动机是否起制动作用。如果发动机不起制动作用，则是 2 档滑行制动带有故障。

③ 检查加速和减速时是否有不正常噪声，升档和降档时是否冲击过大。

3）L 位试验

① 检查是否不能升入 2 档。

② 行驶中松开加速踏板，检查发动机是否起制动作用。如果发动机不起制动作用，则是低档倒档制动器有故障。

③ 检查加速和减速时是否有不正常噪声。

4）R 位试验。将加速踏板踩到底，检查是否打滑。

5）P 位试验。将汽车停在坡度大于 5°的斜坡道上，挂入 P 位，松开驻车制动器操纵杆，检查驻车棘爪是否能锁住变速器输出轴，汽车不溜车。

（2）自动换档点和换档车速

1）自动换档点。自动换档点是由当时的车速和节气门开度共同决定的，不同的节气门开度具有不同的换档点。档位从 1－2、2－3、3－4 称为升档，与此相反，从 4－3、3－2、2－1 称为降档。自动变速器升档点与降档点，即使节气门开度不变也是不相同的，这是为了避免在同一速度附近频繁换档，使汽车平稳地行驶。自动变速器升档点的车速都高于降档点的车速，两者之差称为降档滞后值。

图 2-2-20 所示是 A43D 型自动变速器的自动换档曲线，A12、A23、A34 分别是节气门开度为 40% 时升档点，B43、B32、B21 是节气门开度为 40% 时降档点，而 A12－B21、A23－B32、A34－B43 则是滞后值。图上节气门开度为 86% 的曲线表示，当节气门开度为 86% 时，降档柱塞起作用实现强制降档。自动变速器换档曲线是十分重要的技术资料，将检验结果与其对照，由此可检验自动变速器工作是否正常。

图 2-2-21 是丰田 A43DE 电控自动变速器的自动换档曲线。与全液控换档的 A43D 自动变速器换档曲线相比，其曲线呈阶梯形，表示其档位变化是突变的。

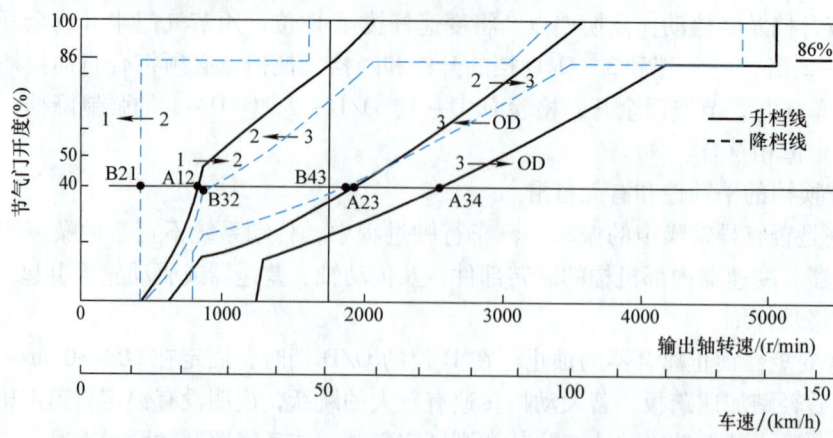

图 2-2-20　丰田 A43D 液控自动变速器换档曲线

2）换档车速。图 2-2-19 与图 2-2-20 给出了不同节气门开度下自动变速器的换档车速，这可以作为判断换档车速是否正确的标准。图中 1→2、2→3、3→4 的实线表示升档曲线；4→3、3→2、2→1 的虚线是降档曲线。相同的节气门开度升档车速高于降档车速。在路试时，记下各换档车速，与曲线对照，可分析故障所在。

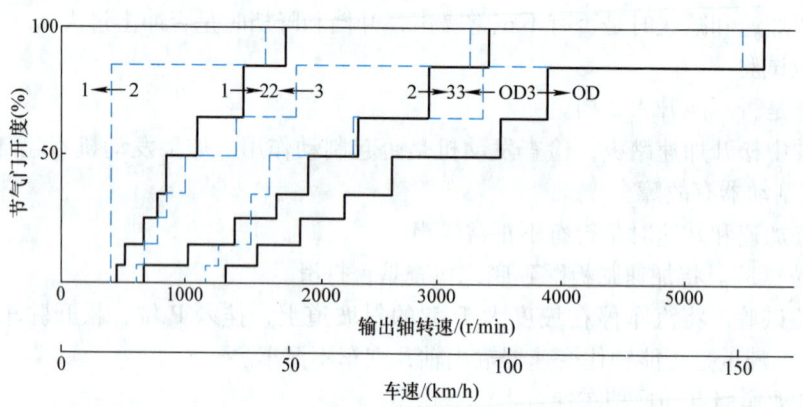

图 2-2-21　丰田 A43DE 电控自动变速器换档曲线

回顾与思考

1. 全液控自动变速器节气门开度一定时，如何实现升档车速与降档车速的不同？
2. 为什么安装电子节气门的汽车，不可以做失速试验？
3. 结合电控原理，分析手动换档试验的档位分配情况？

复习题

一、填空题

1. AFM 是指_____。
2. 做自动变速器失速试验时，要使变速器达到正常的工作温度，每次连续试验的时间不超过_____ s。

3. 做主油压试验时，一般前进档油压_____倒档油压。
4. 发动机只有在 P 位、N 位时才能起动，如果在 P 位、N 位以外也能起动，应调整_____。
5. 一般情况下，自动变速器油的换油周期是_____年或_____km。
6. 上海大众系列轿车，厂家规定更换 ATF 的周期是_____km。
7. 常见的档位开关的调节方式有_____式、_____式、_____式。
8. 常用的诊断自动变速器故障的试验有_____、_____、_____、_____、_____、_____。
9. 失速试验持续时间不超过_____s，每个档位只做_____次。
10. 失速试验中，应先将_____踩到底，然后将_____踩到底，切不可踩错。
11. 失速试验 D、R 位数据均低于正常值，故障原因可能是_____。
12. 失速试验 D 位、R 位数据均低于正常值 600r/min 以上，故障原因是_____。
13. 失速试验 D 位、R 位数据均高于正常值，故障原因是_____。
14. 失速试验 D 位数据正常、R 位数据过高，故障原因是_____。
15. 失速试验 D 位数据过高、R 位数据正常，故障原因是_____。
16. 失速试验的目的是_____。
17. 时滞试验每个档位可做_____次，每隔_____min 做 1 次，取_____值。
18. 时滞试验 D 位时滞时间过长，说明_____或_____（大众车系）。
19. 时滞试验 D 位时滞时间过短，说明_____或_____。
20. 时滞试验 R 位时滞时间过长，说明_____或_____。
21. 时滞试验 R 位时滞时间过长，说明_____或_____。
22. 时滞试验 D 位正常时间是_____s，R 位正常时间是_____s（大众车系）。
23. 时滞试验的目的是_____。

二、选择题

1. 关于 ATF 下列说法错误的是（　　）。
   A. ATF 呈深褐色，并有烧焦的味道，说明 ATF 已经变质了
   B. ATF 呈乳白色，说明发动机冷却液已经泄漏到 ATF 中
   C. 油面过低，油泵可能会吸入空气，使换档出现打滑或接合延迟现象
   D. 自动变速器油压越高，车速越快
2. 下列不属于自动变速器换档信号的是（　　）。
   A. 汽车行驶车速　　B. 节气门位置　　C. 变速杆位置　　D. 曲轴位置
3. 以下手段可以检测出液力变矩器导轮单向离合器打滑的是（　　）。
   A. 时滞试验　　B. 失速试验　　C. 油压试验　　D. 气压试验
4. 当自动变速器电控系统失效后，可将变速杆置入（　　）位，缓慢行驶回家。
   A. N　　B. L　　C. 2　　D. D
5. 装备电子控制自动变速器的车辆，如果电控系统损坏，则车辆（　　）。
   A. 不能前进　　　　　　　　　B. 不能后退
   C. 既能前进，又能后退　　　　D. 前、后都不能运动

6. 自动变速器油在正常工作条件下一般行驶（　　）才需要换油。
   A. 1万km或6个月　　　　　　　　B. 2万km或12个月
   C. 3万km或18个月　　　　　　　　D. 4万km或24个月

7. 装备有自动变速器的车辆，变速杆在D位也能起动发动机时，应对（　　）进行检查和调整。
   A. 节气门拉索　　B. 油面高度　　C. 空档起动开关　　D. 发动机怠速

8. 自动变速器时滞试验间隔时间应不少于（　　）。
   A. 30s　　　　　B. 1min　　　　C. 2min　　　　　D. 5min

9. 检查自动变速器油面高度时，在手指上点少许油液用手指相互摩擦，如发现油有金属屑，则说明（　　）。
   A. 离合器、制动器或单向离合器磨损　　B. 变速器油温过高
   C. 油面过高　　　　　　　　　　　　　D. 油冷却器或管路堵塞

三、简答题

1. 行驶模式选择开关的作用是什么？
2. 没有放油螺塞的自动变速器怎样放油？
3. 如何确定自动变速器升降档的车速点是否正确？

项目三 自动变速器常见故障诊断与排除

学习任务一 自动变速器异响故障诊断与排除

任务描述

一辆东风标致408轿车，在高速公路上行驶时，变速器内突然发出较大的异响，立即减速慢行，结果发现只有前进档而无倒档。

分解变速器后发现倒档离合器片已磨损，更换后正常，但过了不久又出现与前次相同的故障。再次分解变速器，发现前排行星轮已烧坏。经过分析认为，在运行中有异物进入变速器内，然而异物从何而来？怀疑是散热器有问题，很有可能是上次摩擦片损坏时的异物进入散热器内，没有彻底清洗散热器，致使又一次发生故障。最后拆下散热器，彻底清洗，把变速器再次清洗装复后试车，故障彻底排除。

请你根据以上描述，制订一份尽可能详细的维修计划方案，并说明其理由。

知识目标

1. 学会异响的一般诊断方法。
2. 能分析一般故障，对自动变速器做常规的检查。
3. 通过故障案例，对异响的诊断有更深的了解。

技能目标

1. 强化各种故障的表征现象与特点，总结经验。
2. 听变速器发出的各种正常响声、如换档声、行驶声、倒档声等。

企业典型工作任务

检修自动变速器异响故障。

自动变速器内部出现异响故障时，响声会沿着金属连接件传遍整个变速器，很难判断异响的具体发生部位。一般情况下，根据异响发生的条件，在对变速器内部结构比较熟悉的情况下，结合产生异响的根源与传播途径，采用合理的诊断方法，异响就比较容易判断了。

活动一、异响的诊断方法

自动变速器异响要经过图 3-1-1 的步骤进行诊断检修，对故障现象的收集与核实常用以下方法。

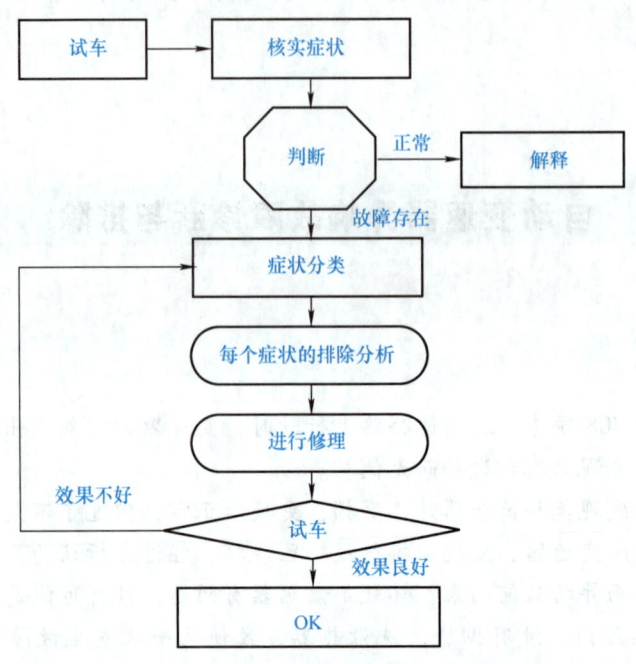

图 3-1-1　异响故障诊断步骤

1. 人工经验诊断法

这是使用最普遍、最主要的方法，它通过技术人员对汽车进行试验，让故障再现，了解故障出现的情况特征，再结合以往的维修经验判断出故障的发生部位。

2. 仪器辅助诊断

单凭人的听觉和经验毕竟是有限的，常用的诊断仪器设备有听诊器、噪声计、振动分析仪等。其中听诊器是使用最普遍、最有效的工具，汽车异响听诊器与医生用的听诊器工作原理一样，常用的有普通听诊器和电子听诊器两种。图 3-1-2 所示是普通听诊器。

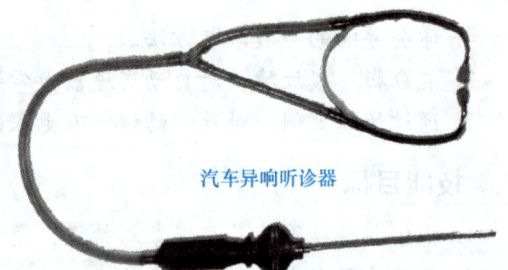

汽车异响听诊器

图 3-1-2　普通听诊器

活动二、异响的来源

自动变速器的异响主要来自机械传动系统和液力传动系统，根据检修实践，常见的易发生异响的部位有：

1）**齿轮异响**。行星轮变速器在齿轮啮合过程中，会产生一定频率的振动，当齿轮磨损较大时，这种声音就会变大，人们所能听到的就是连续的"呜呜"声。当齿轮出现缺齿或损坏时，也会出现有节奏的"嗒嗒"声，一般这种声音与转速、档位有关。

2）轴承异响。轴承异响是自动变速器异响中比较常见的，这种声音表现为连续的"嗡嗡"声，随着载荷与转速的变化而变化，当轴承严重破损时，会出现尖锐的金属摩擦声。

3）油泵异响。自动变速器油泵随发动机一起工作，油泵异响主要有两种情况：一种情况是机械部分损坏或磨损造成的异响，这种异响在发动机怠速时最明显，且随转速的增大声音变大、变杂，叶片式油泵发出的声音比较尖锐；二是油泵在泵油时对液体的压缩发出不正常的声音，根据情况不同，表现有时较尖锐，有时较混杂。

4）液流噪声。ATF在高速流动时，产生振动发出高音调的声音，一般表现为较混杂，不是很清晰，具体的声音根据发生的部位及情况不同有所不同。

5）摩擦片与钢片异响。如果离合器或制动器的钢片与摩擦片间隙太大，在其不工作时，由于行星轮机构的振动，使其发生碰撞而产生异响。此类异响一般比较短促，音量不大，与档位有关。

6）液力变矩器异响。在实际维修中，液力变矩器产生异响的故障比较多。液力变矩器产生异响的原因有两种情况：一是由于内部的磨损或进入铁屑而产生摩擦声，一般是比较清晰的金属声；二是由于动不平衡及衬套磨损引起的振动或敲击声音。

7）共振轰鸣声。自动变速器的共振声，是在原始振动的本身没有发出较明显的异常声音，但在发生共振时，发出一种较大的杂音，这种声音一般要找到共振点，如转速、负荷等在满足共振条件时才会发生。

8）主减速差速器异响。同手动变速器的主减速差速器一样，不正确的齿轮啮合间隙与接触面均会产生异常振动和噪声。

活动三、检修异响的经验

1. 变速杆在P位或N位，发动机怠速时有异响，或在这时最明显

这种故障多发生在变速器传动的前部。在诊断时，首先要搞清楚异响来自发动机还是变速器，否则会造成不必要的麻烦。如果没有明显特征表明故障在变速器时，采用断开变速器后试车的办法是最有效的。做法是：将自动变速器拆下，重新起动发动机，看异响是否仍然存在。如果拆开变速器后不能起动发动机（起动机安装在变速器一侧），可以拆下变速器后，将液力变矩器去掉，再重新装上自动变速器，起动发动机，看是否还有异响存在。

在故障诊断时，可以先对自动变速器油进行检查，如果油面过低，则先加足油后再试。自动变速器油油面过低或集滤器被堵后油泵供油不足，举升汽车，急加速的同时用手摸变速器油底壳，如感觉到颤动说明油泵供油不足。如果油很脏，要更换变速器油和集滤器。如果对油液检查不能找到故障痕迹，可拆下油底壳，检查油底壳杂质，看集滤器是否被堵，滤网密封是否良好。如果仍没有发现问题，可对主油压进行测试，看油压是否有较大的变化及脉动，如有，说明油泵可能吸入了空气。

如果是在变速器前端有规律的清晰的敲击声。先给发动机加速，如果转速越高异响越大，异响是由与发动机直接连接的部件产生的。观察冷车与热车有无变化，进档后，踩下制动踏板看声音是否有变化。这样通过制动输出轴时，换档执行元件工作，可以使变速器输入轴被制动，此时只有变矩器与油泵在运转，从而判断异响的部位。

2. 在大负荷急加速时变速器前部有金属撞击声

在大负荷急加速，车辆急剧改变车速时能听到金属撞击声，可能性最大的故障部位是液

力变矩器泵轮、涡轮、导轮间发生运动干涉，或变速器前端的行星轮发生运动干涉。为准确判断故障，可以做失速试验。如果失速试验时，变速器内部处于静止状态，除了发动机外只有变矩器和油泵随发动机曲轴旋转，如果金属撞击声来自发动机或油泵，车辆将无法行驶。所以能听到金属撞击声，一般是由于导轮与泵轮或涡轮发生运动干涉造成的。在分解变速器时，油底壳内与变速器内会发现白色金属粉末，维修时更换液力变矩器，彻底清洗、重新组装即可。

3. 在进档或摘档时有异响

在操作变速杆由 P 或 N 向 R 或 D 转换时，在变速器内有异响，这种响声一般是由机械零件间的相互撞击或振动产生的。如果声音发生在变速器外部，一般是由连接松旷或机件间的间隙过大造成的，如传动轴花键磨损松旷、十字节损坏松旷、主减速器差速器磨损间隙太大等；对于前驱动汽车，主要要检查发动机与变速器的胶垫是否破损，半轴与球笼是否有损坏，悬架球形节有无松旷及连接不良，这些检查比较容易，不是很费事。

半轴与球笼过度磨损，车辆转弯时能听到金属撞击声，严重时车速在 120km/h 左右会出现转向盘摆振。

发动机胶垫破损，在发动机转速为 1500r/min 时会出现剧烈振动。

后驱车传动轴花键磨损松旷，在中速行驶时会出现异常响声。

主减速器齿轮磨损、间隙过大，在高速行驶中急剧改变车速时会出现异常响声。

如果发生在变速器内部的异响，一般是机械部分有磨损、运动干涉、变形等原因引起。如果进档后变速器内发出尖锐的异响，可能是恶性异响，应对变速器进行解体检查。

4. 在行驶过程中有异响

这种异响是自动变速器主要的异响故障，诊断难度相对较大，一般常见有以下几种情况：①低速行驶时出现比较清晰的敲击声。②加速行驶时出现较沉闷的金属撞击声。③中速行驶时出现噪声或清晰的撞击声。④高速行驶有异响。⑤某档位行驶有异响。

这种故障判断首先要确定异响是否来自变速器。大家知道，在汽车行驶过程中，发动机、变速器、传动系统、行驶系统及悬架都在参与工作，特别是传动系统与行驶系统故障极易与变速器异响混在一起，很难区分。

在低速时汽车一般以 1 档或 2 档行驶，根据 1、2 档工作的换档执行元件分析，再将变速杆置入 2 位或 L 位，看异响的变化情况。结合传动路线分析，异响可能发生在行星轮、执行元件或轴承损坏等部位。

中速指汽车以 40~80km/h 的速度行驶，自动变速器通常在 3、4 档工作，观察异响发生的条件。如果异响随着车速的升高而增大，可能与传动零件的磨损及损坏有关，如果声音只是在某一个车速范围内出现，与档位变化关系不大，则故障可能是共振产生。

与档位有关的异响，指在自动变速器某个档位或某几个档位才发生的异响，这是最明显的自动变速器内部故障，根据结构图、传动图判断较容易。

5. 特殊工况下的异响

如起步时有振颤与异响，这种情况一般是传动系统转矩波动形成的，故障原因是发动机的输出转矩不平衡或发动机动力不足，变速器液力变矩器传动打滑，1 档的换档执行元件工作不可靠等原因所致。

液力变矩器传动打滑在刚进入锁止工况的 20km 内会出现嗡嗡异常响声。减速离开这一特定速度区域后异常响声消失。

活动四、异响故障诊断与排除实践

1. 故障现象

一辆帕萨特轿车，装配大众4前速01N型自动变速器。车主反映：

1）该车踩制动踏板，在前进档或倒档时，自动变速器异响很大，松开制动踏板异响消失。

2）平稳行驶时，异响消失。

3）在急加油时，异响尤为明显。

2. 故障原因分析

帕萨特装配的大众01N型自动变速器由液力变矩器、行星轮系、液压控制系统、电子控制系统、冷却系统等组成，如图3-1-3所示。由于变速器结构复杂，所以诊断、排除异响是自动变速器维修中的难点，因为引起这些异响的部件并不总是能够用肉眼看出它是否损坏。与自动变速器相关的异响部位有液力变矩器、油泵、行星轮系、轴承、差速器以及装配（装车）错误引起的异响。

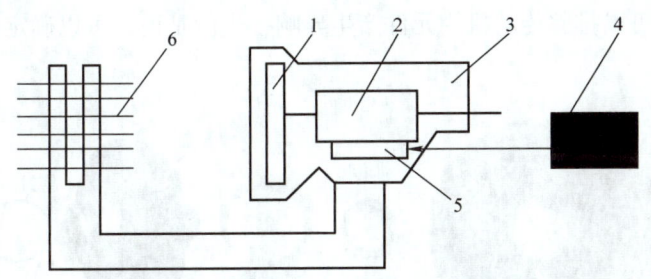

图 3-1-3 01N 型自动变速器的结构

1—变矩器 2—行星轮系 3—壳体 4—电子控制系统 5—液压控制系统 6—冷却系统

首先分析一下由于装配（装车）错误引起的异响。造成这种类型的异响，机脚胶垫是一个主要原因。机脚胶垫断裂变形或老化变硬，往往会引起异响；另外，要仔细检查发动机与自动变速器的连接螺栓和变矩器螺栓是否正确安装。这种错误安装可能刚开始并不会出现很严重的异响，但它往往造成异响进一步的扩大化。

在分析变速器异响之前，要把握以下两项原则，这有助排除故障：①不产生相对运动的元件不会造成异响（干涉运动）；②如果异响与负荷、压力有关，当工况引起负荷、压力变化时，异响也会产生变化。

下面是自动变速器中常见异响的部位与特征。

（1）变矩器异响 变矩器是由泵轮、涡轮、导轮和锁止离合器等组成的（图3-1-4），动力输出是涡轮。但有一部分自动变速器采用分流式变矩器，动力输出除了涡轮外，还有泵轮，如奇瑞风云ZF-4HP14变速器。自动变速器体内一个离合器总成直接和变矩器的外盖（泵轮）刚性连接，它随着发动机一起旋转（这一点对于判断异响相当重要）。

因为在P位和N位时，整个变矩器（泵轮、涡轮和导轮）一起旋转，异响有可能在这些档位中不存在，但自动变速器挂入其他档位（D、2、L、R）时踩死制动踏板，车轮固定

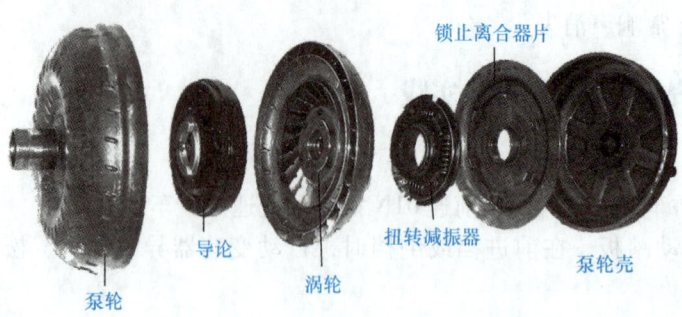

图 3-1-4 变矩器组成

不动，变矩器涡轮将固定不动（因为涡轮轴被固定不动），这时，变矩器的涡轮和外壳之间的轴承将工作。若异响在这些档位中出现，但又不存在于 N、P 位，这时应该检查变矩器。另外一点：变矩器异响有可能随着汽车的起步慢慢变小，到平稳行驶时，变矩器内部元件没有相对运动，异响可能消失。

(2) 油泵异响 油泵异响有这样的规律：异响随着压力变化而变化。像帕萨特 01N 变速器油泵有异响，把自动变速器所有的档位全部挂一遍，并相应改变其发动机转速，如果异响一直都存在，将可以排除传动机构元件产生异响，也就是说，可以确定为油泵有异响。油泵如图 3-1-5 所示。

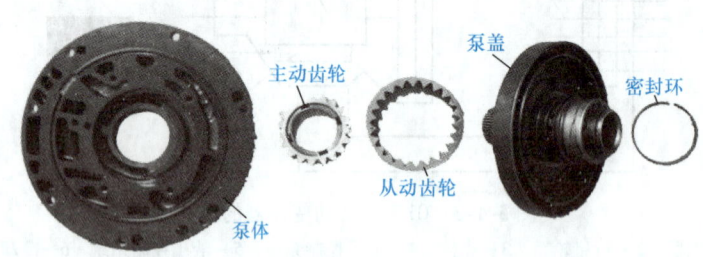

图 3-1-5 油泵

在检查油泵之前，可以通过一些测试来判断。调节主油压，如果异响随着主油压的变化而变化，说明油泵（包括油泵的输入轴）有故障。对于奇瑞风云 ZF-4HP14 液控自动变速器，可以通过调节节气门拉索来判断；对于帕萨特 01N 变速器，则可以拔掉电磁阀线束来判断（此时油压最大）。

油泵的异响也可能由于油路堵塞造成，可以用油压表来判断这种类型的问题。如果是油路堵塞而造成的油泵异响，当负荷增加引起油压增加时，油压表的指针将会波动很大，起伏不定。

(3) 差速器（主减速器）异响 差速器（主减速器）连接的是半轴/车轮，如图 3-1-6 所示。这种异响随着车速变化而变化，它并不受发动机转速和档位的影响，仅仅受到车速的影响。另外值得注意的是，安装（装车）问题也会造成主减速器异响，故而要认真检查安装问题。

(4) 行星系异响 这种类型异响往往和档位有密切的关系。上面第一项原则提到：不产生相对运动的元件，不会产生异响。当两个元件同方向、同速度运动时，它们之间没有相对运动，不会产生异响。这一点意识很重要。

行星系主要由太阳轮、行星架（行星轮）和齿圈组成（图3-1-7）。众所周知，档位变换是通过改变不同的输入元件和固定元件，得到不同的输出、不同的传动比而获得的。前面提及过两个同方向、同速度，没有相对运动的元件不会产生异响。在3档，自动变速器传动比1:1，这就意味着在3档，整个行星系没有相对运动的元件。在1档、2档、4档和R位，整个行星系的元件将产生相对运动，异响通常在这些档位中出现。换句话说，行星系异响与档位有关。

图3-1-6　主减差速器

图3-1-7　行星系

另外，在前进档或倒档，踩死制动踏板时，整个行星系将被固定，没有相对运动，行星系异响将会消失。

3. 故障排除方法

根据客户所反映的情况进行试车，该车踩制动踏板，挂前进档或倒档时，自动变速器异响很大，松开制动踏板异响消失，平稳行驶时，异响消失，但急加油时，异响尤为明显。

检查发动机与自动变速器的连接螺栓、变矩器螺栓和机脚胶，发现良好，可以排除由于装配（装车）错误引起的异响。

因为踩制动踏板，挂入前进档或倒档时，变速器的行星系和主减速器（差速器）没有相对运动，行星系和差速器（主减速器）不会产生异响，所以可以排除行星系和差速器（主减速器）异响。

油泵异响的特点是随着压力变化而变化。而对该变速器主油压进行测量时，发现在怠速时，D位的油压为0.35MPa，R位的油压为0.54MPa，而且油压非常稳定，符合大众公司原厂要求。同时踩制动踏板和松开制动踏板，油泵的功率不变，这种异响不符合油泵异响特点，可以排除油泵产生的异响。

根据以上的排除以及异响的特点，现在可以初步判定异响来自变矩器。进一步判断，对变速器做失速试验，发现异响更加明显。这说明异响来自变矩器。失速时，通过踩下制动踏板固定涡轮，泵轮（发动机）以最高转速旋转，涡轮和泵轮的相对运动是最大的，也就是说运动干涉最大，所以异响是最大的。同时可以解析客户所反映的情况，踩制动踏板挂入档和急加油时，涡轮和泵轮有较大的相对运动，所以有异响。而平稳行驶时，涡轮和泵轮没有较大的相对运动，所以异响消失。

把变速器从车上拆下，有针对性地对变矩器进行检查，把变矩器进行解体，发现泵轮和涡轮叶片损坏严重，所以确定异响来自变矩器。因为变矩器的主要部件已经损坏，几乎没有维修的价值，所以更换另一变矩器，重装试车，异响彻底排除。

4. 结论

变速器结构复杂，诊断故障确实是一个难题。记住两个原则：一是不产生相对运动的元件不会造成异响（干涉运动）；二是如果异响与负荷、压力有关，当工况引起负荷、压力变化时，异响也会产生变化。诊断故障时，通过一些特殊的试验，掌握异响的特点，找出那些不会引起故障的元件，然后把它们排除出来，从而有效、迅速地找出那些引起故障的元件。

回顾与思考

1. 查阅有关资料，分析以下故障现象：一辆广本雅阁轿车，自动变速器在前进档时一切正常，倒档时有异响，内部有刺耳的金属撞击声。

2. 一辆别克轿车，装用4T60E自动变速器，在怠速时响声很大，挂档起步后响声减小。试分析故障原因，写出诊断思路。

学习任务二 自动变速器换档冲击大故障诊断与排除

任务描述

一辆别克轿车，装用4T65E自动变速器，车辆在行驶过程中有换档冲击现象，车身有冲撞感。

检查变速器油，发现油已变质，发黑且有焦糊味。拆下变速器打开侧盖，发现有较多金属屑。分解变速器发现1-3档离合器已经烧毁，其上的黄色密封圈有磨损，使得从从动链轮支架到1-3档离合器的油路产生泄漏，在高压时，3档离合器接合产生时离时合而冲击，时间长了，使得1-3档离合器始终处于打滑状态而烧毁。更换从动链轮支架和1-3档离合器总成，清洗后装复，故障排除。

请你根据以上描述，制订一份尽可能详细的维修计划方案，并说明其理由。

知识目标

1. 感受换档冲击现象，说出换档冲击的原因。

2. 能指出与换档品质有关的部件及其工作原理。

技能目标
1. 根据故障现象，写出故障排除的流程图。
2. 能检测与换档品质有关的部件。

企业典型工作任务
检修汽车自动变速器换档冲击大故障。

活动一、换档冲击大故障现象与原因认知

换档品质不佳是指自动变速器在传动比改变的过程中动作不良，主要表现有进档不良、自动换档不良、换档点过迟或过早、换档时脱档等现象。

1. 故障现象
1) 在起步时，由停车档或空档挂入倒档或前进档时，汽车振动较严重。有两种情况：一是在进档时有过大的冲击；二是进档后接合太慢，造成冲击。首先要分清是哪一种。
2) 行驶中，在自动变速器升档的瞬间汽车有较明显的闯动。

换档冲击是自动变速器较为普遍存在的故障。

2. 故障原因
换档冲击大有发动机与变速器两方面的原因。发动机方面主要是由于转速过高，在档位接合前后，汽车的加速度过大产生冲击振动。自动变速器方面主要是执行元件接合过快，导致汽车产生较大的冲击振动，执行元件接合过快有机械和液压两方面的原因。具体分析如下：

1) 发动机怠速过高。
2) 节气门拉索或节气门位置传感器调整不当，使主油路油压过高。
3) 升档过迟。
4) 真空式节气门阀的真空软管破裂或松脱。
5) 主油路调压阀有故障，使主油路油压过高。
6) 减振器活塞卡住，不能起减振作用。
7) 单向阀钢球漏装，换档执行元件（离合器或制动器）接合过快。
8) 换档执行元件打滑。
9) 油压电磁阀不工作。
10) 电控单元有故障。

3. 故障诊断与排除
导致自动变速器换档冲击大的故障原因很多，情况也比较复杂。但总的来说主要是两种：一种是由于缓冲系统失效或主油压过高，导致离合器或制动器接合速度过快；另一种是由于前一个档位的退出和后一个档位的进入不同步造成的。其中部分故障原因可能是调整不当等，对此，只要稍作调整即可排除。也可能是自动变速器内部的控制阀、减振器或换档执

行元件有故障，对此，必须分解自动变速器，予以修理。还可能是电子控制系统有故障，对此，必须对电子控制系统进行检测，才能找出具体原因。因此，在诊断故障的过程中，必须循序渐进，对自动变速器的各个部分做认真的检查。一定要在全面检测的基础上，有针对性地进行分解修理，切不可盲目地拆修。

1) 检查发动机怠速。装用自动变速器的汽车的发动机怠速一般为 800～1000r/min，若怠速过高，应按标准予以调整。

2) 检查节气门拉索或节气门位置传感器的调整情况，如不符合标准，应重新予以调整。

3) 检查真空式节气门阀的真空软管，如有破裂，应更换；如有松脱，应接牢。

4) 做道路试验，如果有升档过迟的现象，则主要说明换档冲击大的故障是升档过迟所致。如果在升档之前发动机转速异常升高，导致在升档的瞬间有较大的换档冲击，则说明离合器或制动器打滑，应分解自动变速器，予以修理。

5) 检测主油路油压。如果怠速时的主油路油压过高，则说明主油路调压阀或节气门阀有故障，可能是调压弹簧的预紧力过大或阀芯卡滞所致；如果怠速时主油路油压正常，但起步进档时有较大的冲击，则说明前进离合器或倒档及高档离合器的进油单向阀钢球损坏或漏装。对此，应拆卸阀板，予以修理。

6) 检测换档时的主油路油压。在正常情况下，换档时的主油路油压会有瞬时的下降，如果换档时主油路油压没有下降，则说明减振器活塞卡滞。对此，应拆检阀板和减振器。

7) 电子控制自动变速器如果出现换档冲击过大的故障，应检查油压电磁阀的线路以及油压电磁阀工作是否正常，电控单元是否在换档的瞬间向油压电磁阀发出控制信号。如果线路有故障，应予以修复；如果电磁阀损坏，应更换电磁阀；如果电控单元在换档的瞬间没有向油压电磁阀发出控制信号，说明电控单元有故障，对此，应更换电控单元。

综上原因可知，换档冲击故障首先要分清是否只是起步时有冲击现象，还是起步或所有档位均有冲击，然后再判断是电控系统还是调整不当，是油面不正确还是油压过高，先判断和检测这些部分然后再怀疑是否是机械部分有问题。

若怀疑阀卡滞，可将阀体卸下，将整个阀体放在清洗剂中浸泡 30min，使积炭和污渍泡出。然后用清水冲洗，洗净清洗剂后用压缩空气吹干。逐个滑阀进行检查，分解上下阀体，注意阀体中球阀不要丢失。将油路板面朝下，轻轻往里推动滑阀，待限位卡销脱落后，继续向里推动滑阀。检查有无卡滞，如有卡滞，需要拆下来清洗、打磨，使其在干净、干燥的前提下立起阀体，滑阀能依靠自身重量，轻轻从一侧滑到另一侧为合适。最后再在清洁的自动变速器油内浸泡后重新安装。滑阀如没有卡滞将其推入里端，重新安上限位卡销即可。

若个别档换档冲击，怀疑是相应档位蓄压器卡滞，可拆下储油器活塞，用清洗剂彻底清洗活塞和缸筒，然后用清水清洗并用压缩空气吹干后，涂上变速器油，更换油封重新装配。

自动变速器换档冲击大的故障诊断与排除程序如图 3-2-1 所示。

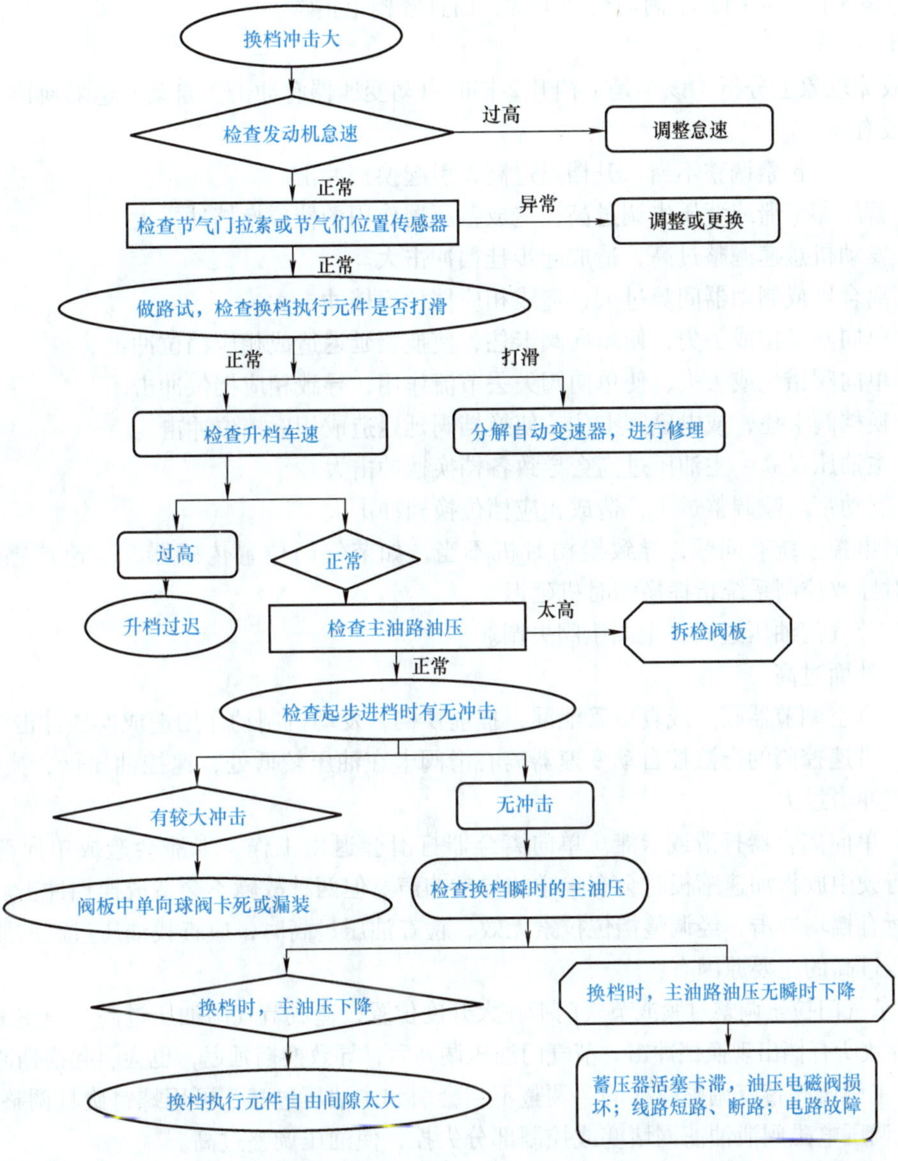

项目三　自动变速器常见故障诊断与排除

```
            换档冲击大
                ↓
          检查发动机怠速 ──过高──→ 调整怠速
                ↓正常
    检查节气门拉索或节气门位置传感器 ──异常──→ 调整或更换
                ↓正常
    做路试，检查换档执行元件是否打滑
          ↓正常        ↓打滑
     检查升档车速    分解自动变速器，进行修理
       ↓        ↓
      过高      正常
       ↓        ↓
    升档过迟   检查主油路油压 ──太高──→ 拆检阀板
                ↓正常
        检查起步进档时有无冲击
         ↓有较大冲击    ↓无冲击
    阀板中单向球阀卡死或漏装   检查换档瞬时的主油压
                ↓              ↓
         换档时，主油压下降    换档时，主油路油压无瞬时下降
                ↓              ↓
       换档执行元件自由间隙太大   蓄压器活塞卡滞，油压电磁阀损
                             坏；线路短路、断路；电路故障
```

图 3-2-1　换档冲击大故障诊断与排除流程

活动二、换档冲击大故障诊断与排除实践

1. 故障现象

一辆福特蒙迪欧 2.0T 轿车，装用 AXOD-E 自动变速器。该车在行驶过程中，突然听到变速器内一声严重的撞击声，接着车辆不能行驶。将自动变速器拆下解体后，发现自动变速器前行星架上的一个行星轮掉下，将前齿圈及连接壳体损坏，检查自动变速器离合器和制动带正常。由于故障现象较明显，于是更换损坏的前行星架、前齿圈和连接壳。路试试验，当车速达到 35km/h 时，车辆猛地冲击一下，才可以升入 2 档，此时还能听到自动变速器内的撞击声。反复试车发现，这种现象有时发生，有时没有。当上升到 2 档后，不管是 2 档升

3档，还是3档升4档，车辆均行驶正常，而且降档也正常。

2. 诊断与排除

从故障现象上分析，该车是1档升2档时自动变速器有冲击。自动变速器换档冲击大的原因一般有：

1) 节气门拉索调整不当，升档点过高，引起换档冲击。
2) 蓄压器卡滞或背压失调过高，造成蓄压器作用的档位换档冲击大。
3) 发动机怠速调整过高，造成起步挂档冲击大。
4) 离合器或制动器间隙过大，造成相应档位换档冲击大。
5) 单向阀错位或丢失，使单向阀卡住，使换档延迟造成相应档位冲击。
6) 单向阀错位或丢失，使单向阀失去节流作用，导致相应档位冲击。
7) 换档阀卡住，或电磁阀卡住，使换档阀延迟造成相应档位冲击。
8) 主油压过高。主油压过高会导致各档换档冲击大。
9) 制动带间隙调整过小，造成相应档位换档冲击大。
10) 电控系统有问题，导致换档时机不当，如节气门位置传感器、车速传感器不良，信号不对导致控制系统指挥换档时机延迟等。
11) 节气门油压过高，主调压阀失调。
12) 油面过高。
13) 真空调节器膜片或真空管泄漏，提前换档，发动机制动作用造成换档冲击。
14) 带速控阀的全液控自动变速器离心滑阀卡在油压较低处，速控油压低，换档延迟，引起换档冲击过大。
15) 单向离合器打滑或卡滞。单向离合器打滑会退出工作，卡滞会造成单向离合器烧蚀，在行驶中放松加速踏板时会有嗡嗡的异常响声。但两种故障不会造成换档冲击。

若所有档均冲击，经调整档位拉索无效，检查油压过高时，应查找油压过高的原因。造成主油压过高的主要原因有：

1) 节气门拉索调整过紧或节气门卡在大开度位置，造成节气门油压过高，使主油压调整过高，导致所有档出现换档冲击。节气门油压调高后，导致换档延迟，也会引起换档冲击。
2) 主调压阀带有调整螺栓的，调整不当会引起主油压过高，可用螺钉旋具调整。
3) 调压电磁阀泄油滤网堵塞或控制部分失控，使油压调整过高。
4) 主调压阀卡在不泄油位置，造成主油压在中速及高速时油压过高，引起中高速换档冲击。

根据以上分析，如果节气门位置传感器故障或主油压过高，不仅对1档升2档有影响，而且对其他档位升档也有影响，所以排除节气门位置传感器故障和主油路油压过高的可能。做路试时发现，在故障发生时，换档执行元件无打滑现象，发动机转速正常。油压控制电磁阀也不可能只在1档升2档时产生故障，可以排除在外。电控单元的故障率极低，暂不予考虑。这样故障就集中在阀体单向阀和换档电磁阀上。从电磁阀线束插头上检测电磁阀电阻，都为$20.5\sim30\Omega$，电阻值符合标准。将自动变速器拆下，检查电磁阀通电动作情况，均正常。于是拆下阀体将其解体，发现阀体里有很多金属屑和油泥。将阀板全部解体清洗，发现阀体内的钢球有两个已卡死在节流口处。将阀体重新组装，试车，故障排除。

项目三 自动变速器常见故障诊断与排除

回顾与思考

1. 与换档品质有关的部件都有什么？
2. 节流单向阀有几种工作状态，说出其工作原理。
3. 写出排除换档品质不良故障的工作流程。

学习任务三 自动变速器换档规律不正常故障诊断与排除

任务描述

一辆奥迪 A6 轿车，装用 01V 型自动变速器，有时不升档，有时正常，出现间歇性故障。用专用的诊断仪 V．A．G1551 检测，故障为车速传感器故障，此故障为偶发性故障。消除故障码后试车，故障仍然存在。用专用故障诊断仪进入自动变速器系统查阅数据流，随车进行测量，发现车速显示始终为 0。检查车速传感器线路连接，有些松动，重新安装车速传感器后，试车正常，故障排除。传感器线路连接松动，属于偶发性故障，诊断仪会显示"/SP"。

请你根据以上描述，制订一份尽可能详细的维修计划方案，并说明其理由。书后附有彩色油路图，供参考。

知识目标

1. 能描述升档过迟或过早故障现象的特征。
2. 自动变速器汽车不升档或缺档故障的一般诊断思路。
3. 诊断与检测换档规律不正常故障。

能力目标

1. 强化故障诊断与排除流程图。
2. 故障诊断与分析设备仪器的使用。

企业典型工作任务

检修间歇不升档故障。

活动一、升档过迟故障诊断与排除

1. 故障现象

首先确认是全液压控制自动变速器还是电液控换档自动变速器。由于两种变速器换档控制的原理不同，其现象一般表现为：

1) 在汽车行驶中，升档车速明显高于标准值，升档前发动机转速偏高。
2) 必须采用松加速踏板提前升档的操作方法才能使自动变速器升入高档或超速档。

2. 故障诊断与排除

1) 全液控自动变速器换档延迟（全液控自动变速器目前已经没有了）。如果在换档试验时，各个档位的换档都有延迟现象，则说明换档控制参数的信号油压不正常。由于反映发动机负荷的节气门油压是通过节气门拉索或真空膜盒驱动变速器内的节气门阀来控制节气门油压的，这些装置相对较容易出故障，其检修也比较容易，故应先检查这些装置。然后再对节气门油压和速控油压进行测试，看油压值及其变化是否正常，并根据油压情况进行分析判断。如果不是所有档位都有延迟，而是只在某个档位换档过程有延迟现象，则应检查相应的换档阀是否卡死，内部是否泄漏，弹簧工作是否正常，并根据情况更换阀体，看故障是否排除。

2) 电液控换档自动变速器换档延迟。一般先通过故障自诊断系统查询是否有故障信息存在。如果有就按照故障信息提示，进行检查诊断。如果没有故障信息，要先检查换档模式选择是否正确，不同的换档模式换档点是不同的。完成这些检查后，可用专用的解码器对数据流进行分析。核实对应的换档点，以及与换档点有关的数值是否正常。可以用万用表检测节气门位置传感器及其线路是否正常、车速传感器及其线路是否正常。进一步检测电控单元的输入与输出信号，初步判断电控单元是否正常。换档电磁阀故障也是导致换档不正常的常见原因，电磁阀故障与档位有直接的关系。

3. 分析总结

1) 对于电子控制自动变速器，应先进行故障自诊断，如有故障码，则按所显示的故障码查找故障原因。
2) 检查节气门拉索或节气门位置传感器的调整情况。如不符合标准，应重新予以调整。
3) 测量节气门位置传感器的电阻。如不符合标准应予以更换。
4) 对于采用真空式节气门阀的自动变速器，应拔下真空式节气门阀上的真空软管，检查在发动机运转中真空软管内有无吸力。如果没有吸力，说明真空软管破裂、松脱或堵塞，对此，应予以修复。
5) 检查强制降档开关，如有短路，应予以修复或更换。
6) 测量怠速时的主油路油压，并与标准值进行比较。若油压太高，应通过节气门拉索或节气门位置传感器予以调整。采用真空式节气门阀的自动变速器，应采用减少节气门阀推杆长度的方法予以调整。若调整无效，应拆检主油路调压阀或节气门阀。
7) 用举升器将汽车升起，让驱动轮悬空，然后起动发动机，挂上前进档，让自动变速器运转，同时测量速控油压。速控油压应能随车速的升高而增大。将不同转速下测得的速控油压与标准值进行比较。若油压值低于标准值，说明速控阀有故障或速控油路有泄漏。对此，应拆卸自动变速器，检查速控阀。

自动变速器升档过迟的故障诊断与排除流程如图 3-3-1 所示。

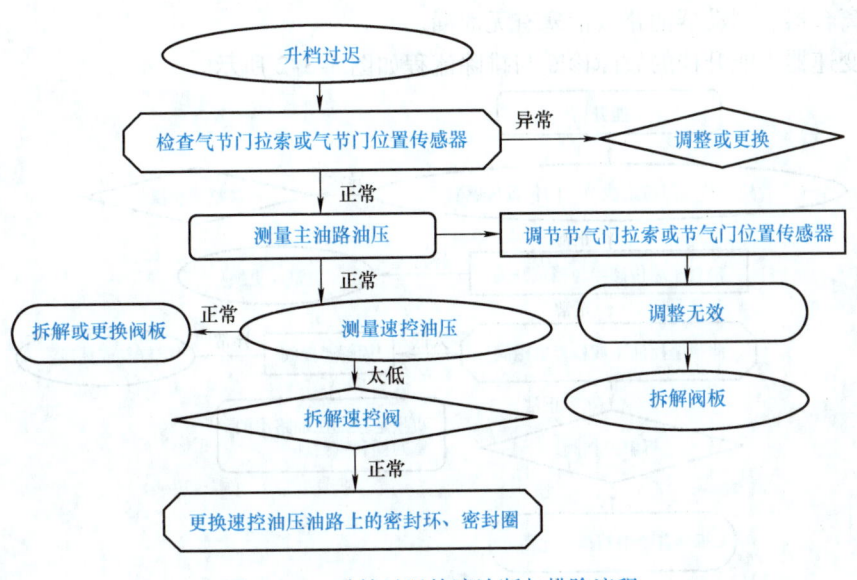

图 3-3-1 升档过迟故障诊断与排除流程

活动二、不能升档故障诊断与排除

1. 故障现象

与换档有关的故障首先要区别是全液控还是电液控，其控制原理不同。一般表现为汽车行驶中自动变速器始终保持在 1 档，不能升入 2 档及高速档，或行驶中自动变速器可以升入 2 档，但不能升入 3 档和超速档。

2. 故障原因

故障原因包括节气门拉索或节气门位置传感器调整不当，速控阀有故障，速控油路严重泄漏，车速传感器有故障，2 档制动器或高档离合器有故障，换档阀卡滞，档位开关有故障，换档阀卡死，蓄压器泄漏等。

3. 故障诊断与排除

1）对于电子控制自动变速器，应先进行故障自诊断。影响换档控制的传感器有节气门位置传感器、车速传感器等。按所显示的故障码查找故障原因。

2）按标准重新调整节气门拉索或节气门位置传感器。

3）检查车速传感器。如有损坏，应予以更换。

4）检查档位开关的信号。如有异常，应予以调整或更换。

5）测量调速器油压。若车速升高后调速器油压仍为 0 或很低，说明调速器有故障或调速器油路严重泄漏。对此，应拆检调速器。调速器阀芯如有卡滞，应分解清洗，然后将阀芯和阀孔用金相砂纸抛光。若清洗抛光后仍有卡滞，应更换调速器。

6）用压缩空气检查调速器油路有无泄漏，如有泄漏，应更换密封圈或密封环。

7）若调速器油压正常，应拆卸阀板，检查各个换档阀。换档阀如有卡滞，可将阀芯取出，用金相砂纸抛光，再清洗后装入。如不能修复，应更换阀板。

8）若控制系统无故障，应分解自动变速器，检查各个执行元件有无打滑，用压缩空气检查各个离合器、制动器油路或活塞有无泄漏。

自动变速器不能升档的故障诊断与排除流程如图 3-3-2 所示。

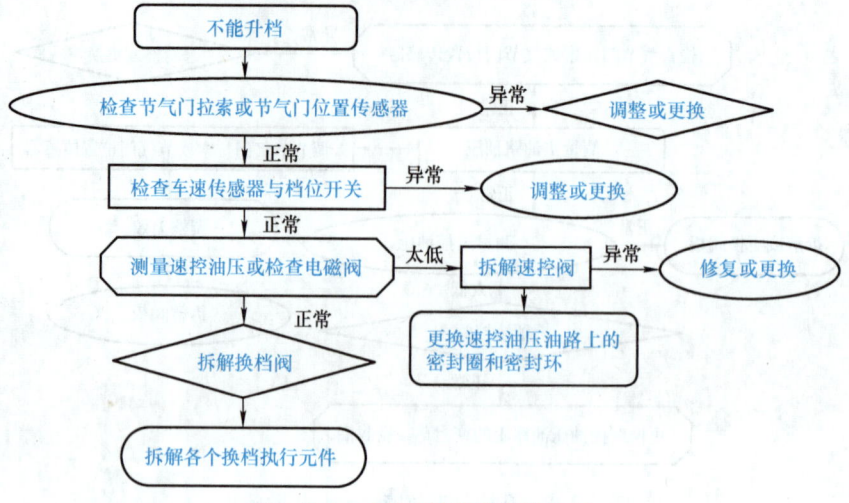

图 3-3-2　不能升档故障排除流程

活动三、无超速档故障诊断与排除

1. 故障现象

不同车型对超速档控制的原理不同，要根据具体的控制方式综合考虑。一般无超速档的现象表现在：

1）汽车行驶中，车速已升至超速档工作范围，但自动变速器仍不能从 3 档换入超速档。

2）在车速已达到超速档工作范围后，采用提前升档（即松开加速踏板几秒后再踩下）的方法也不能使自动变速器升入超速档。

2. 故障原因

1）超速档开关有故障。
2）超速电磁阀有故障。
3）超速制动器打滑。
4）超速行星排上的直接离合器或直接单向超越离合器卡死。
5）档位开关有故障。
6）液压油温度传感器有故障。
7）节气门位置传感器有故障。
8）3-4 档换档阀卡滞。

3. 故障诊断与排除

1）对于电子控制自动变速器，应先进行故障自诊断，检查有无故障码。液压油温度传感器、节气门位置传感器、超速电磁阀等部件的故障都会影响超速档的换档控制。按显示的故障码查找原因。

2）检查液压油温度传感器在不同温度下的电阻值，并与标准值进行比较。如有异常，应更换液压油温度传感器。

3）检查档位开关和节气门位置传感器的信号。

档位开关的信号应和变速杆的位置相符。节气门位置传感器的电阻或输出电压应能随节气门的开大而上升,并与标准相符。如有异常,应予以调整。若调整无效,应更换档位开关或节气门位置传感器。

4)检查超速档开关。在 ON 位置时,超速档开关的触点应断开,超速指示灯不亮;在 OFF 位置时,超速档开关的触点应闭合,超速指示灯亮起。如有异常,应检查电路或更换超速档开关。

5)检查超速电磁阀的工作情况。打开点火开关,但不要起动发动机,在按下超速档开关时,检查超速电磁阀有无工作的声音。如果超速电磁阀不工作,应检查控制线路或更换超速电磁阀。

6)就车模拟检测。用举升机将汽车升起,让驱动轮悬空。运转发动机,让自动变速器以前进档工作,检查在空载状态下自动变速器的升档情况。如果在空载状态下自动变速器能升入超速档。且升档车速正常,说明控制系统工作正常,不能升档的故障原因为超速制动器打滑,在有负荷的状态下不能实现超速档。如果能升入超速档,但升档后车速提不高,发动机转速下降,说明超速行星排中的直接离合器或直接单向超越离合器卡死,使超速星排在超速档状态下出现运动干涉,加大了发动机运转阻力。如果在无负荷状态下仍不能升入超速档,说明控制系统有故障。对此,应拆卸阀板,检查 3-4 档换档阀。如有卡滞,可将阀芯拆下,予以清洗并抛光。如不能修复,应更换阀板总成。

自动变速器无超速档的故障诊断与排除流程如图 3-3-3 所示。

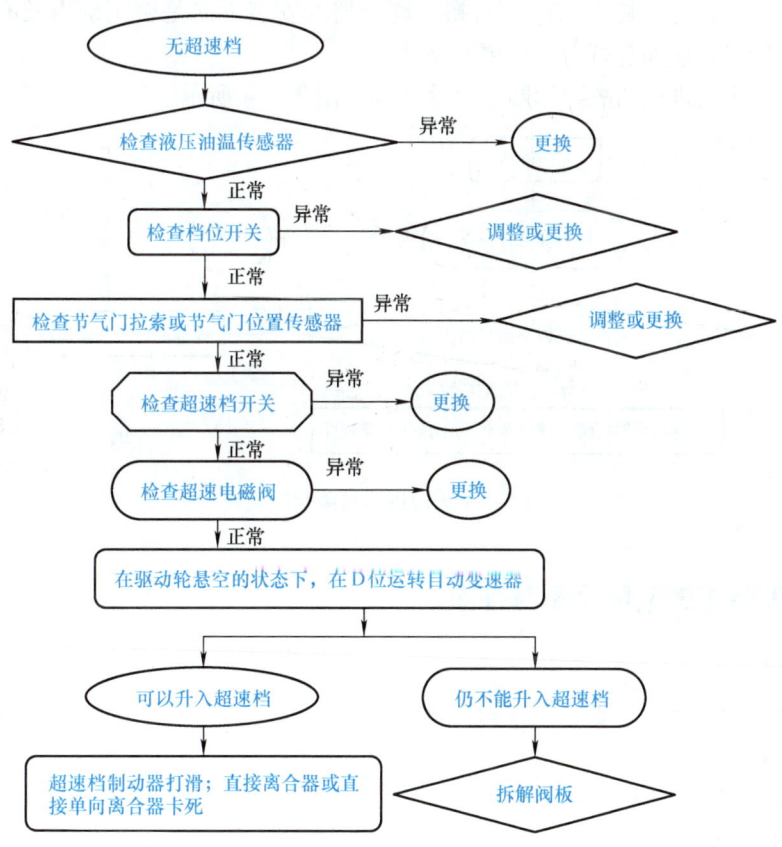

图 3-3-3　无超速档故障诊断流程

活动四、无前进档故障诊断与排除

1. 故障现象
1）汽车倒档行驶正常，在前进档时不能行驶。
2）变速杆在 D 位时不能起步，在 S 位、L 位（或 2 位，1 位）时可以起步。

2. 故障原因
1）前进离合器严重打滑。
2）前进单向超越离合器打滑或装反。
3）前进离合器油路严重泄漏。
4）变速杆调整不当。

3. 故障诊断与排除
1）检查变速杆的调整情况。如有异常，应按程序重新调整。
2）测量前进档主油路油压。若油压过低，说明主油路严重泄漏，应拆检自动变速器，更换前进档油路上各处的密封圈和密封环。
3）若前进档主油路油压正常，应拆检前进离合器，如摩擦片表面粉末冶金层烧焦或磨损过甚，应更换摩擦片。
4）若主油路油压和前进离合器均正常，则应拆检前进单向超越离合器，按照《自动变速器维修手册》所述方法检查前进单向超越离合器的安装方向是否正确以及有无打滑。如有装反，应重新安装；如有打滑，应更换新件。

自动变速器无前进档的故障诊断与排除流程如图 3-3-4 所示。

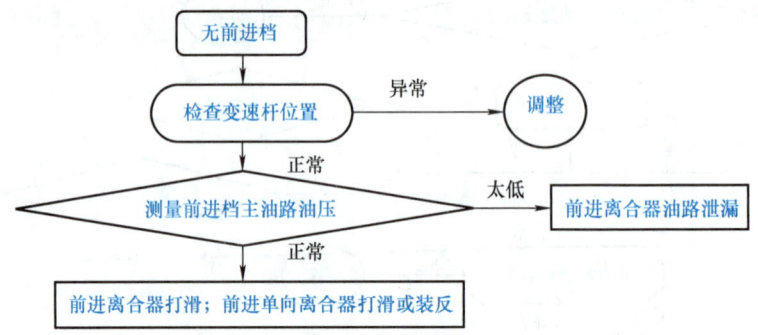

图 3-3-4　无前进档故障诊断流程

活动五、无倒车档故障诊断与排除

1. 故障现象
汽车在前进档能正常行驶，但在倒档时不能行驶。

2. 故障原因
1）变速杆调整不当。
2）倒档油路泄漏。
3）倒档及高档离合器或低档及倒档制动器打滑。

4)变速器油液液面过低,导致变速器油泵油压过低。由于倒档油压是前进档油压的2~4倍,油泵油压过低后,前进档仍然可以正常行驶,倒档却无法行驶。

3. 故障诊断与排除

1)检查变速杆的位置。如有异常,应按规定程序重新调整。
2)检查倒档油路油压。若油压过低,则说明倒档油路泄漏。对此,应拆检自动变速器,予以修复。
3)若倒档油路油压正常,应拆检自动变速器,更换损坏的离合器片或制动器片(制动带)。
自动变速器无倒档的故障诊断与排除流程如图3-3-5所示。

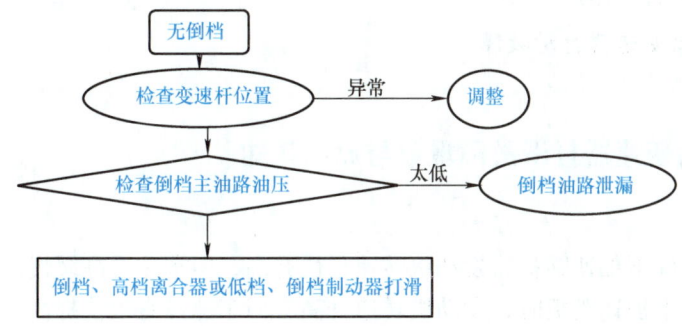

图 3-3-5 无倒档故障诊断流程

回顾与思考

1. 什么是换档规律不正常?
2. 换档曲线对换档规律的分析有什么用处?
3. 换档时刻的控制,对于电液控和全液控自动变速器有什么不同?

学习任务 四 自动变速器打滑故障诊断与排除

任务描述

一辆捷达都市先锋,装用01M型4档电控自动变速器。驾驶人反映在汽车行驶过程中加速时,发动机转速增加,而车速不见提高。

路试,自动变速器在D位,1档升2档、2档升3档正常,当车速在60~70km/h时加速,发动机转速升高到4000r/min时,而车速不见明显提高。再找一坡路,从坡底起步爬坡,感觉发动机转速很高,而车速升高缓慢,车辆加速无力。用大众V.A.G1551诊断,无故障码。检查油面高低,起动发动机用V.A.G1551显示油温,在35~45℃时,拆下油底壳上的检查油面螺栓,正常情况下有少量油外流,该车无油流出,故障为缺油。加油后故障排除。

请你根据以上描述,制订一份尽可能详细的维修计划方案,并说明其理由。

知识目标

1. 能描述自动变速器打滑故障现象。
2. 能绘制自动变速器打滑故障诊断流程图，结合档位传动图分析故障。

能力目标

1. 根据自动变速器打滑现象的特征，诊断打滑部位部件。
2. 自动变速器打滑故障排除流程与方法。

企业典型工作任务

检修汽车自动变速器打滑故障。

活动一、自动变速器打滑故障现象与原因认知

1. 故障现象

1）起步时，踩下加速踏板，发动机转速很快升高，但车速升高缓慢。
2）行驶中踩下加速踏板时，发动机转速升高，但车速没有很快提高。
3）平路行驶基本正常，但上坡无力，且发动机转速异常高。

2. 故障原因

1）ATF 油面太低。
2）液压油油面太高，运转中被行星轮排剧烈搅动后产生大量气泡。
3）离合器或制动器摩擦片、制动带磨损过甚或烧焦。
4）油泵磨损过甚或主油路泄漏，油路压力过低。
5）单向离合器打滑。
6）离合器或制动器活塞密封圈损坏，导致漏油。
7）蓄压器活塞密封圈损坏，导致漏油。

3. 故障诊断与排除

打滑是自动变速器最常见的故障之一。虽然自动变速器打滑往往都伴有离合器或制动器摩擦片严重磨损甚至烧焦等现象，但如果只是简单地更换磨损的摩擦片而没有找出打滑的真正原因，则会使维修后的自动变速器使用一段时间后又出现打滑现象。因此，对于出现打滑的自动变速器，不要急于拆卸分解，应先做各种检查测试，以找出打滑的真正原因。

1）对于出现打滑现象的自动变速器，应先检查其液压油的油面高度和品质，若油面过低或过高，应先调整至正常后再做检查。若油面调整正常后自动变速器不再打滑，可不必拆修自动变速器。

2）检查液压油的品质。若液压油呈棕黑色或有烧焦味，说明离合器或制动器的摩擦片或制动带有烧焦，但摩擦片没有脱落。摩擦片脱落后油液有臭味，应拆修自动变速器。

3）做路试，以确定自动变速器是否打滑，并检查出现打滑的档位和打滑的程度。将变速杆拨入不同的位置，让汽车行驶。若自动变速器升至某一档位时发动机转速突然升高，但车速没有相应地提高，即说明该档位打滑。打滑时发动机的转速越容易升高，说明打滑越严重。

根据出现打滑的规律,还可以判断产生打滑的是哪一个换档执行元件。

1)若自动变速器在所有前进档都有打滑现象,则为前进离合器打滑。

2)若自动变速器在变速杆位于D位时的1档打滑,而在变速杆置于L或1位时的1档不打滑,则为前进单向超载离合器打滑。若不论变速杆置于D位、L位或1位时,1档都有打滑现象,则为低档及倒档制动器打滑。

3)若自动变速器只在变速杆置于D位时的2档打滑,而在变速杆置于S位或2位时的2档不打滑,则为2档单向超越离合器打滑。若不论变速杆置于D位、S位或2位,2档都有打滑现象,则为2档制动器打滑。

4)若自动变速器只在3档有打滑现象,则为倒档及高档离合器打滑。

5)若自动变速器只在超速档时有打滑现象,则为超速制动器打滑。

6)若自动变速器在倒档和高档时都有打滑现象,则为倒档及高档离合器打滑。

7)若自动变速器在倒档和1档时都有打滑现象,则为低档及倒档制动器打滑。

对于有打滑故障的自动变速器,在拆卸分解之前,应先检查自动变速器的主油路油压,以找出造成自动变速器打滑的原因。自动变速器不论前进档或倒档均打滑,其原因往往是主油路油压过低。若主油路油压正常,则只要更换磨损或烧焦的摩擦元件即可。若主油路油压不正常,则在拆修自动变速器的过程中,应根据主油路油压,相应地对油泵或阀板进行检修,并更换自动变速器的所有密封圈和密封环。

自动变速器打滑的故障诊断与排除流程如图3-4-1所示。

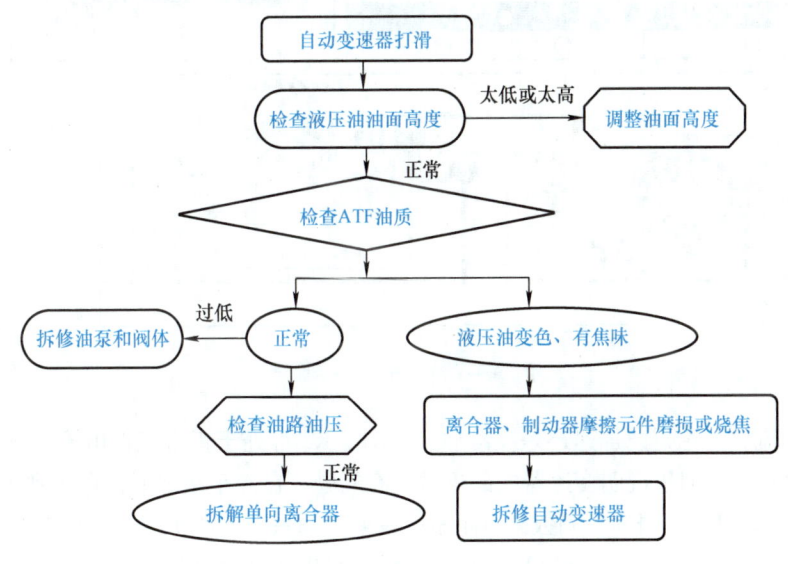

图3-4-1　自动变速器打滑故障诊断流程

活动二、自动变速器打滑故障诊断与排除实践

1. 故障现象

一辆上海大众朗逸轿车,装用09G自动变速器,车辆行驶38786km。由于台风造成自动变速器内部进水,在其他厂进行维修,更换了大修包、活塞组件及密封件等并对壳体、油

道、阀体等部件做了全面清洗，装配完成后试车一切正常，随后交车。

过了几天车主打电话反映，冷车跑不起来。车主发现早上起来冷车状态下，汽车加速不良，并且越来越严重，最后速度只能在 40km/h 左右。继续踩加速踏板，发动机转速达到 4000r/min。车辆处于打滑状态。

于是，返回该修理厂，尝试更换了阀体、电磁阀等，仍未解决问题。时间过了一个星期，还没有找到真正原因，维修一时陷入困境，于是找到笔者帮忙分析解决。

2. 诊断与排除

首先上车体验，此时车辆已是热车状态，发现入档无冲击，没有出现打滑等现象。读取 J217 故障码，显示为 4 档传动比错误——偶发。清除故障码后认真检查数据流，未发现异常。

本人要求将车留下，明早冷车再试。第二天一早，接上 VCDS 试车，果然是冷车 3 档升 4 档打滑，不能入 4 档。观察数据流，发现油温达到 30℃左右时，继续踩加速踏板变速器可以升入 4 档，随后一切正常，故障现象不再存在。图 3-4-2 是该变速器的工作原理。

▶ 执行元件工作表及4档工作传递简图：

档位	K1	K2	K3	B1	B2	F
	部件					
1档	○				○	○
2档	○			○		
3档	○		○			
4档	○	○				
5档		○	○			
6档		○		○		
R位			○		○	

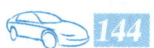

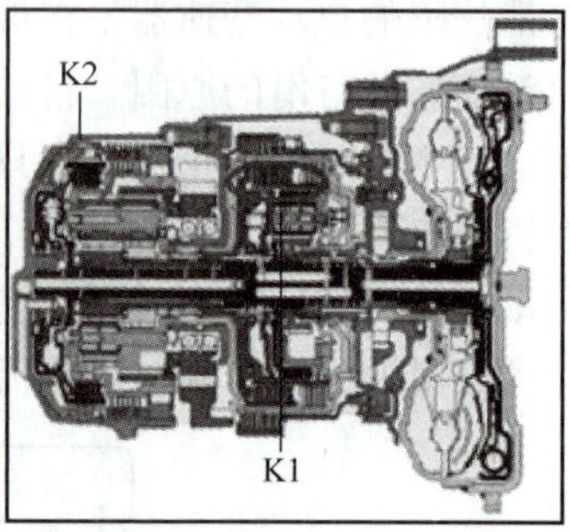

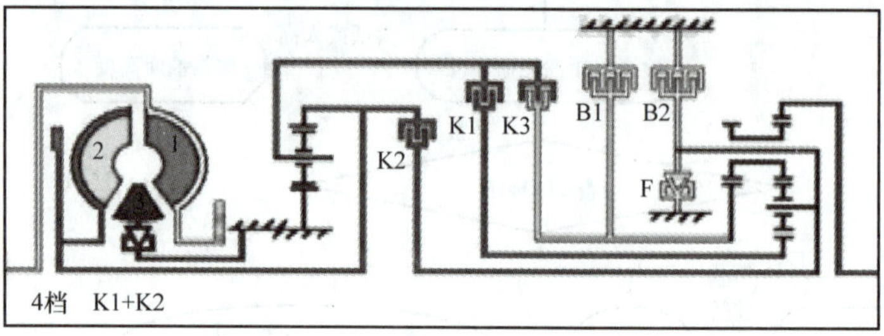

图 3-4-2 变速器工作原理

查看数据流，无论是急加速还是缓慢加速，K1、K2 都处于正常工作电流状态，在 30℃以上一切数据都正常，似乎说明变速器内部机械没有问题。在冷车状态下，在达到 3 档升 4 档条件时，观察 N282 电磁阀瞬间控制数据也正常，说明控制系统工作正常，只是不能进入 4 档。

这样看来，变速器控制系统应是正常的，难道是电子元件在冷态下工作不良？但结合该厂之前的维修情况（已更换阀体、电磁阀等），且冷车故障现象没有任何改变，问题似乎出自终端执行元件部分或壳体油道？

于是，决定对 K2 离合器元件进行打压测试。让维修人员拆下油底壳与阀体总成。

调整压缩气枪气压到 0.4MPa 进行打压测试（图 3-4-3），同时用听诊器能听到内部有 K2 活塞的动作声，证明 K2 活塞、油道及支座密封等部件良好，检测到此陷入困境。难道 K2 活塞油道在低温时密封（橡胶）唇口收缩引起泄压？决定拆解看看，想先把 K2 密封圈换掉，做进一步检查（图 3-4-4）。

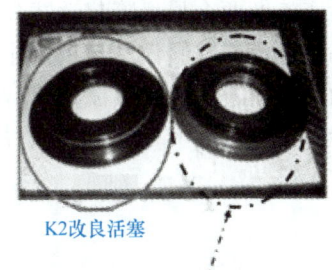

图 3-4-3　气压试验

认真检查 K2 活塞唇口四周，未发现损伤、鼓包、脱落等情况，而且橡胶唇口弹性良好。检查 K2 供油支撑座的两道密封环，发现两道密封环竟然分别安装在一道和二道环槽中，第二道环槽恰恰是 K2 的进油道口（槽内有进油孔）。将第二道密封环安装到第三道环槽中，装好 K2 组件，用 0.2MPa 压力测试，活塞动作正常（图 3-4-5）。

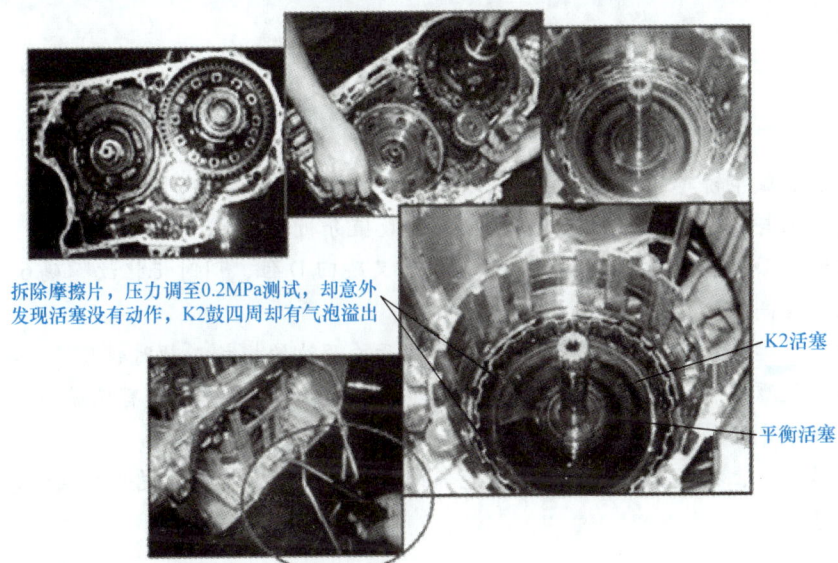

图 3-4-4　检查 K2 油道

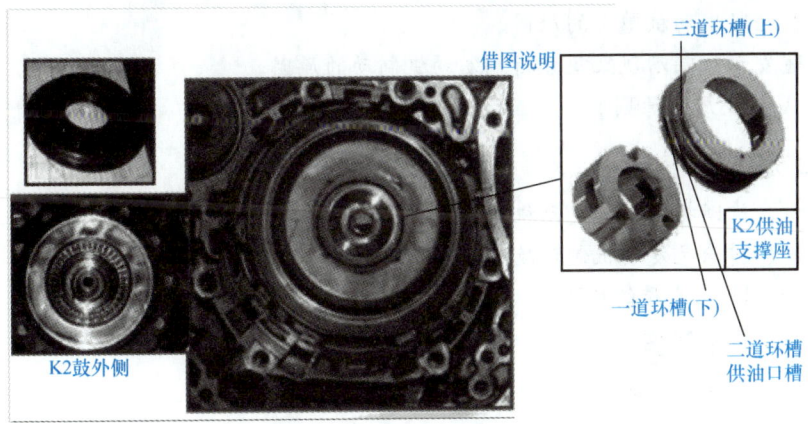

图 3-4-5　环槽与密封环的位置

装车后，连续两个早晨冷起动试车，冷车3档升4档打滑故障现象彻底排除。

这是一起人为安装错误引起的打滑故障。当初用0.4MPa的气压测试，K2活塞仍然动作，是因为空气流速要比油液流速快。随着油温上升到30℃以上时，油液的黏度下降，流速增大，能够较快进入K2活塞腔中，故活塞能够动作，离合器接合，所以车辆稍热几分钟便一切正常。

回顾与思考

1. 自动变速器打滑，汽车行驶会出现什么现象？
2. 对于自动变速器打滑故障，根据打滑的条件，设计出科学的诊断思路。
3. 想一想，密封环装错为什么会导致自动变速器打滑？

学习任务五 自动变速器其他常见故障诊断与排除

任务描述

一辆林肯城市轿车，出现动力中断现象。在高速时此现象特别明显。

用解码器与诊断座连接，进行路试，在做数值分析测试时，发现当故障产生时，档位开关信号由D位突然跳到N位，故障消失时又跳回D位，同时记忆故障码634，即档位开关电压过高。

将汽车顶起来，变速器挂P位，松开档位开关两边的螺栓，顺时针压紧，再拧紧螺栓，试车，故障排除。原来此变速器被修过，在安装档位开关时没有调整好，高速时，D位信号断开导致以上故障现象。

请你根据以上描述，制订一份尽可能详细的维修计划方案，并说明其理由。

知识目标

1. 能分析挂档发动机熄火的原因。
2. 能阐述发动机制动现象及分析无发动机制动的原因。
3. 分析ATF变质的原因。

能力目标

1. 能分析、诊断排除挂档发动机熄火的故障。
2. 能诊断、排除无发动机制动故障。
3. 能排除ATF易变质的故障。

企业典型工作任务

检修汽车行驶中动力中断故障。

活动一、一挂档就灭车故障诊断与排除

1. 故障现象
1）发动机怠速运转时将变速杆由 P 位或 N 位换入 R 位、D 位、S 位、L 位时发动机熄火。
2）在前进档或倒档行驶中，踩下制动踏板停车时发动机熄火。

2. 故障原因
1）发动机怠速过低。
2）阀板中的锁止控制阀卡滞。
3）档位开关有故障。
4）输入轴转速传感器有故障。

3. 故障诊断与排除
1）在空档或停车档时，检查发动机怠速。正常的发动机怠速应为 750r/min，若怠速过低，应重新调整。
2）对于电子控制自动变速器，应先进行故障自诊断，按所显示的故障码查找故障原因。
3）检查档位开关信号，应与变速杆的位置相一致，否则应予以调整或更换。
4）检查输入轴转速传感器。如有损坏，应更换。
5）拆卸阀板，检查锁止控制阀。如有卡滞，应清洗抛光后装复。如仍不能排除故障，应更换阀板。若油底壳内有大量摩擦粉末，应彻底分解自动变速器，予以检修。

自动变速器挂档后发动机怠速易熄火的故障诊断与排除流程如图 3-5-1 所示。

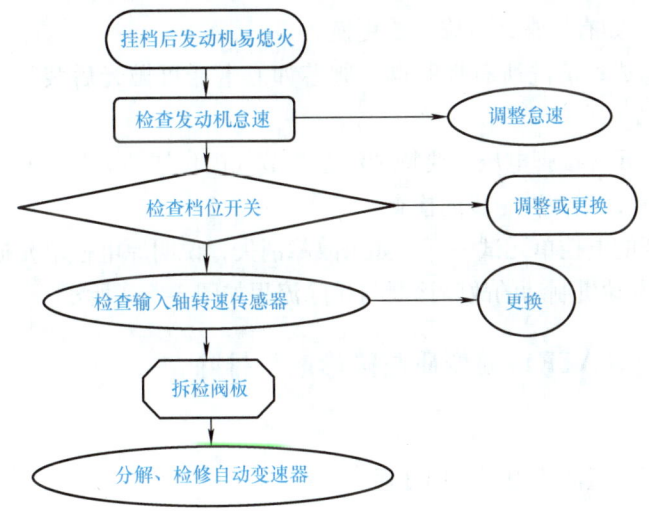

图 3-5-1 挂档发动机熄火诊断流程

活动二、无发动机制动故障诊断与排除

1. 故障现象
1）在行驶中，当变速杆置于前进低档位置时，松开加速踏板，发动机转速降至怠速，

但汽车没有明显减速。

2）下坡时，变速杆置于前进低档，不能产生发动机制动作用。

2. 故障原因

1）档位开关调整不当。

2）变速杆调整不当。

3）2档强制制动器打滑或低档及倒档制动器打滑。

4）控制发动机制动的电磁阀有故障。

5）阀板有故障。

6）自动变速器打滑。

7）电控单元有故障。

3. 故障诊断与排除

1）对于电子控制自动变速器，应先进行故障自诊断，按所显示的故障码查找故障原因。

2）做道路试验，检查加速时变速器有无打滑现象，如有打滑现象，应拆修自动变速器。

3）如果变速杆置于S位时没有发动机制动作用，但变速杆置于L位时有发动机制动作用，则说明2档强制制动器打滑，应拆修自动变速器。

4）如果变速杆置于L位时没有发动机制动作用，但变速杆置于S位时有发动机制动作用，则说明低档及倒档制动器打滑，应拆修自动变速器。

5）检查控制发动机制动的电磁阀线路有无短路或断路，电磁阀线圈电阻是否正常，通电后有无工作声音，如有异常，应修复或更换。

6）拆卸阀板总成，清洗所有控制阀。阀芯如有卡滞可抛光后装复，如抛光后仍有卡滞，应更换阀板。

7）检测电控单元各接脚电压，要特别注意与节气门位置传感器、档位开关连接的各接脚的电压。如有异常，应做进一步的检查。

8）更换一个新的电控单元试一下，如果故障消失，说明原电控单元损坏，应更换。

自动变速器无发动机制动的故障诊断与排除流程如图3-5-2所示。

活动三、液压油（ATF）易变质故障诊断与排除

1. 故障现象

1）更换后的新液压油使用不久即变质。

2）自动变速器温度太高，从加油口处向外冒烟。

2. 故障原因

1）汽车使用不当，经常超负荷行驶，如经常用于拖车，或经常急加速、超速行驶等。

2）液压油散热器管路堵塞。

3）通往液压油散热器的限压阀卡滞。

4）离合器或制动器自由间隙太小。

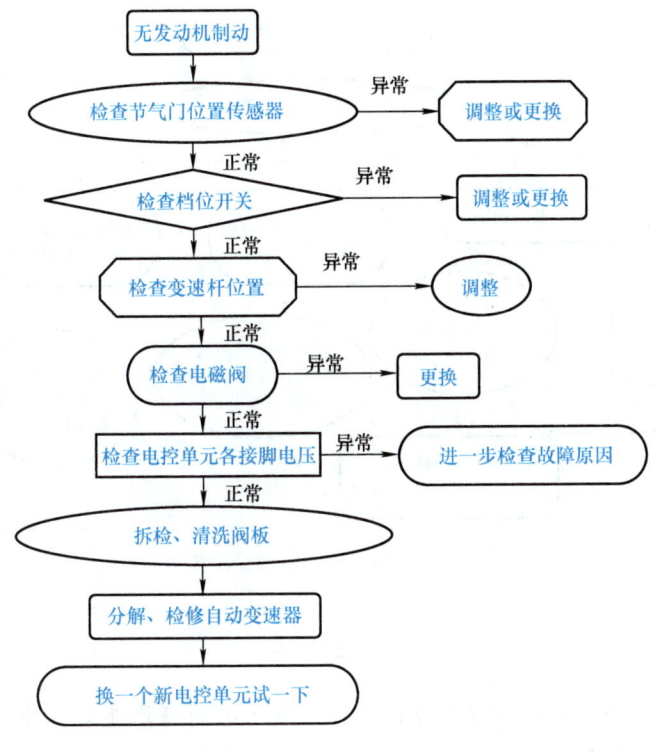

图 3-5-2 无发动机制动诊断流程

5）主油路油压太低，离合器或制动器在工作中打滑。

3. 故障诊断与排除

1）让汽车以中低速行驶 5~10min，待自动变速器达到正常工作温度后，在发动机运转过程中检查自动变速器液压油散热器的温度。在正常情况下，液压油散热器的温度可达 60℃ 左右。若液压油散热器的温度过低，说明油管堵塞，或通往液压油散热器的限压阀卡滞。这样，液压油得不到及时冷却，油温过高，导致变质。

2）若液压油散热器的温度太高，说明离合器或制动器自由间隙太小，对此，应拆卸自动变速器，予以调整。

3）若液压油温度正常，应测量主油路油压。若油压太低，应检查节气门拉索或节气门位置传感器的调整情况。若节气门拉索或节气门位置传感器安装正常，应拆卸自动变速器，检查油泵是否磨损过甚，阀板内的主油路调压阀和节气门阀有无卡滞，主油路有无漏油处。

4）若上述检查均正常，则故障可能是汽车经常超负荷行驶所致，或未按规定使用合适牌号的液压油所致。对此，可将液压油全部放出，加入规定牌号和数量的液压油。

自动变速器 ATF 易变质的故障诊断与排除流程如图 3-5-3 所示。

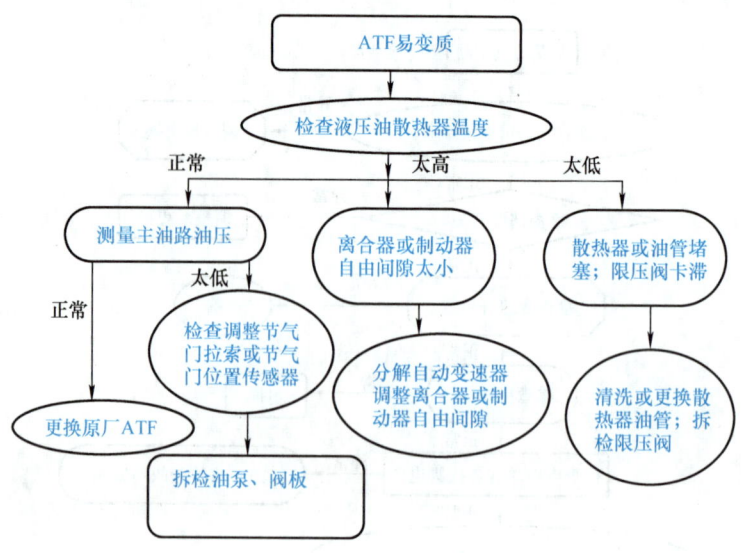

图 3-5-3 ATF 易变质的诊断流程

回顾与思考

1. 根据一挂档就熄火的故障分析方法，分析如何判断在汽车行驶中，一踩下制动踏板发动机就熄火的故障原因。

2. 一辆雷克萨斯 LS430 轿车，装用 A761E 型自动变速器。此车冷车状态一切正常，热车后，不能起动发动机，点火开关在 ST 位时，起动机没有反应。分析此故障，写出诊断思路。

3. 分析冷车一切正常，热车后自动变速器打滑的原因，写出诊断思路。

复 习 题

一、填空题

1. 自动变速器异响常用的诊断方法有_____和_____。
2. 在异响诊断中，_____的元件，不会产生异响。
3. 换档品质不佳，主要表现在_____、_____、_____、_____等。
4. 分析换档冲击的原因，一般有两个方面_____、_____。
5. 换档规律不正常是指_____。
6. 自动变速器打滑有三种表现形式，一是_____。二是在行驶中，踩下加速踏板，发动机转速高，而车速不快。三是_____。
7. 自动变速器油温过高，会导致 ATF _____。
8. 举出 3 个易导致 ATF 变质的原因：_____、_____、_____。

二、选择题

1. 自动变速器异响不可能来自（　　）。
  A. 齿轮运动干涉　　　B. 轴承磨损　　　C. 不运动的元件　　　D. ATF 的流动
2. 如果汽车在行驶过程中出现异响，那么下列说法错误的是（　　）。

A. 首先要分清楚是传动系统中的哪个部位发出的响声
B. 如果是行驶中的某个档位才出现异响，可以根据档位传动图分析故障部位
C. 只有倒档时才出现异响，可能是油泵损坏
D. 汽车在中速行驶出现异响，一般是 40~80km/h，三四档左右

3. 一挂档就灭车故障原因分析错误的是（　　）。
A. 发动机怠速过低
B. 输入轴转速传感器故障
C. 档位开关有故障
D. 油压过高

4. 对于无发动机制动的故障，下列说法错误的是（　　）。
A. 档位开关调整不当
B. 变速杆调整不当
C. 2 档强制制动器打滑或低档及倒档制动器打滑
D. 油压太高

三、简答题

1. 写出自动变速器前进打滑的故障诊断思路。
2. 某自动变速器车，在行驶中一踩下制动踏板，发动机就熄火，分析故障原因。
3. 某车装有自动变速器，驾驶人检查油量时，发现油量一天天增多，分析原因。

附 录

附录 A 工学结合一体化课程教学设计示范

教学设计

课程名称：<u>汽车自动变速器故障诊断与排除</u>

学习任务：<u>丰田卡罗拉自动变速器（U340E）</u>

<u>不升档故障的诊断与排除</u>

授课班级：

任课教师：

广州市工贸技师学院制

学习任务名称	诊断与排除丰田卡罗拉自动变速器不升档故障		
课程名称	汽车自动变速器故障诊断与排除	教学对象	汽车检测与维修专业预备技师阶段学生
课时	20课时	设计者	
一、教学内容分析			
《汽车自动变速器故障诊断与排除》是汽车检测与维修专业高级工层次的一门专业核心课程。学习完成本课程后，学生应当能诊断与排除自动变速器常见故障。 　　本课程内容是通过企业调研、召开企业实践专家访谈会、对企业典型工作任务提取而获得的，是企业中最常见的任务之一，具有代表性、典型性。根据企业对不同层次人才的技能要求，我们将自动变速器学习分为两个层次：初中级水平层次和高级水平层次。 　　初中级水平层次人员的主要工作是自动变速器检修，具体工作划分为4个项目共计13个学习任务，详见本系列丛书中的《汽车自动变速器检修一体化教程》。 　　高级水平层次人员的主要工作是自动变速器故障诊断与排除，具体工作划分为3个项目共计12个学习任务，详见本书。 　　本次课是高级工水平层次的项目三学习任务三活动2不能升档的故障诊断与排除中的参考性学习任务。通过本次课学习，要求学生能够确认自动变速器不升档故障现象，查阅维修手册等相关资料，正确编制故障排除计划，并根据计划排除故障。根据这一目标，对教学内容做如下处理： 　　（1）以《诊断与排除丰田卡罗拉自动变速器不升档故障》的工作页作为学习任务书，指引学生实现"学习的内容就是工作，通过工作实现学习"的目的。 　　（2）提供与原车型配套的《丰田卡罗拉维修手册》，便于学生查阅和参考。 　　（3）选用的教材为《汽车自动变速器故障诊断与排除一体化教程》作为教学用参考资料，由机械工业出版社出版，王正旭等编著。本书适用于一体化教学，理论讲解透彻，操作步骤详细。			
二、教学对象分析			
汽车检测维修专业预备技师班是高中毕业、学制四年的学生。年龄在20~21岁之间，有一定逻辑思维能力，容易调动课堂气氛，课堂参与度较高，与高职或本科生相比，动手操作能力强，抽象逻辑思维能力较弱。本课程一般安排在第五学期学习，第三、四学期已经学习过《汽车自动变速器维修》和《汽车自动变速器大修》的课程，学生已经具备查阅维修手册等资料的能力，有团队合作与沟通能力，会使用解码器等检测设备。			
三、学习目标			
1. 能确认自动变速器不升档现象，与客户有效沟通，正确填写接车单。 2. 能独立查阅维修资料，通过小组合作，能列出自动变速器不升档可能的原因。 3. 能通过小组合作方式，制定维修计划，并排除故障。关注安全及健康事项。 4. 能正确使用自动变速器，并给客户合理使用建议和指导。			
四、学习重点及教学方法			
学习重点：正确查阅维修手册，编制维修计划方案。 教学方法：教师讲解示范。			

五、学习难点及其化解方法

学习难点：换档电磁阀、PNP 开关等部件与线路测量。

难点化解方法：教师示范测量仪器仪表的使用，学生模仿。

六、教学策略选择与设计

根据教学目标和学生特点，教学策略设计为"工学一体"的教学模式。首先，企业车间情境再现，采用角色扮演法，培养学生职业素养。

引领任务之后，以学生为主体，教师为主导，小班分组的教学组织形式，用行动导向法突出学生的主体地位，追求"学以致用，工学一体"的课堂，同时培养学生社会能力和方法能力。

根据待解决的问题查找相关资料；组织学生分组讨论，制定计划；小组沟通决策，培养学生表达能力、思辨能力。

实施过程中培养学生动手操作能力。

检查与总结提升：起到举一反三、触类旁通的效果。

采用课件辅助教学，以企业工作流程为主线，贯穿课堂教学环节。体现："学习的内容就是工作，通过工作实现学习"的教学思想。

七、教学环境及资源准备

教学环境：汽车自动变速器学习工作站

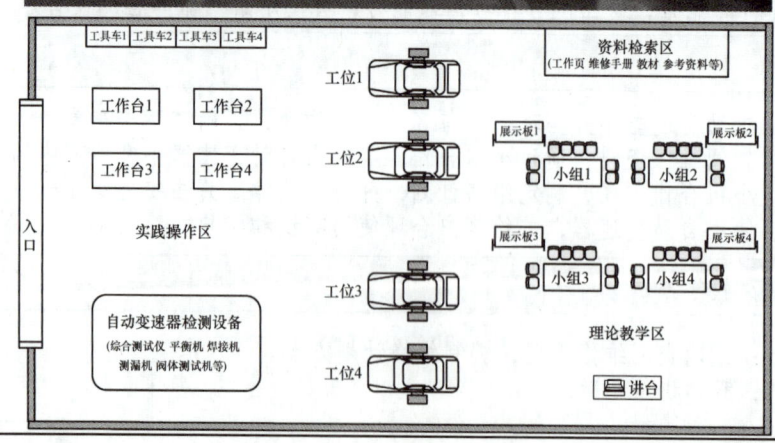

1. 自动变速器学习工作站面积约 200 平方米，配有多媒体教学设备和网络。
2. 汽车自动变速器专用检测设备：综合测试仪、平衡机、焊接机、测漏机、阀体测试机等。
3. 有四组工位，可以同时安排 30 人学习。
4. 配有整车，每组一辆；车辆举升机、工具车和配套工具 4 套。
5. 工作页、维修手册、教材等每组一套。
6. 展板、水笔、图钉、0 号大纸、直尺等。

八、知识逻辑结构图

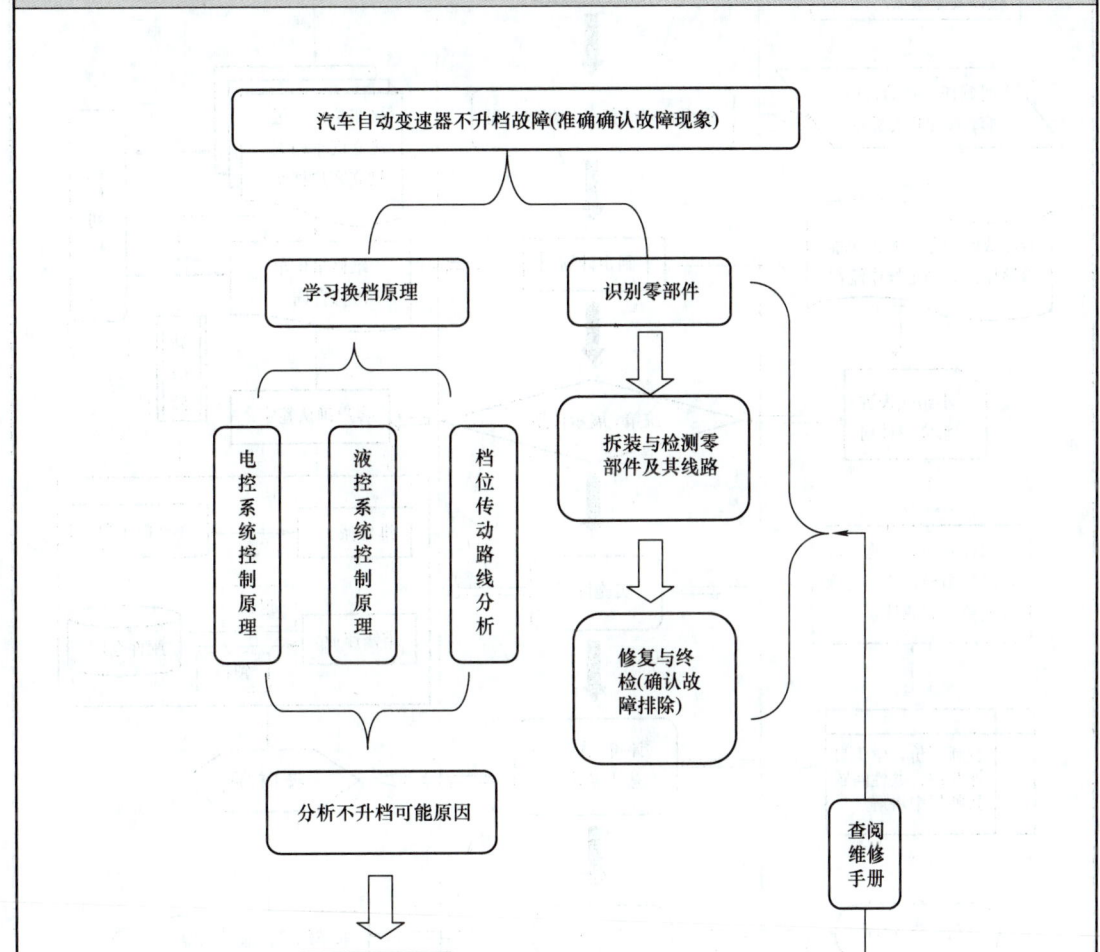

九、教学流程图

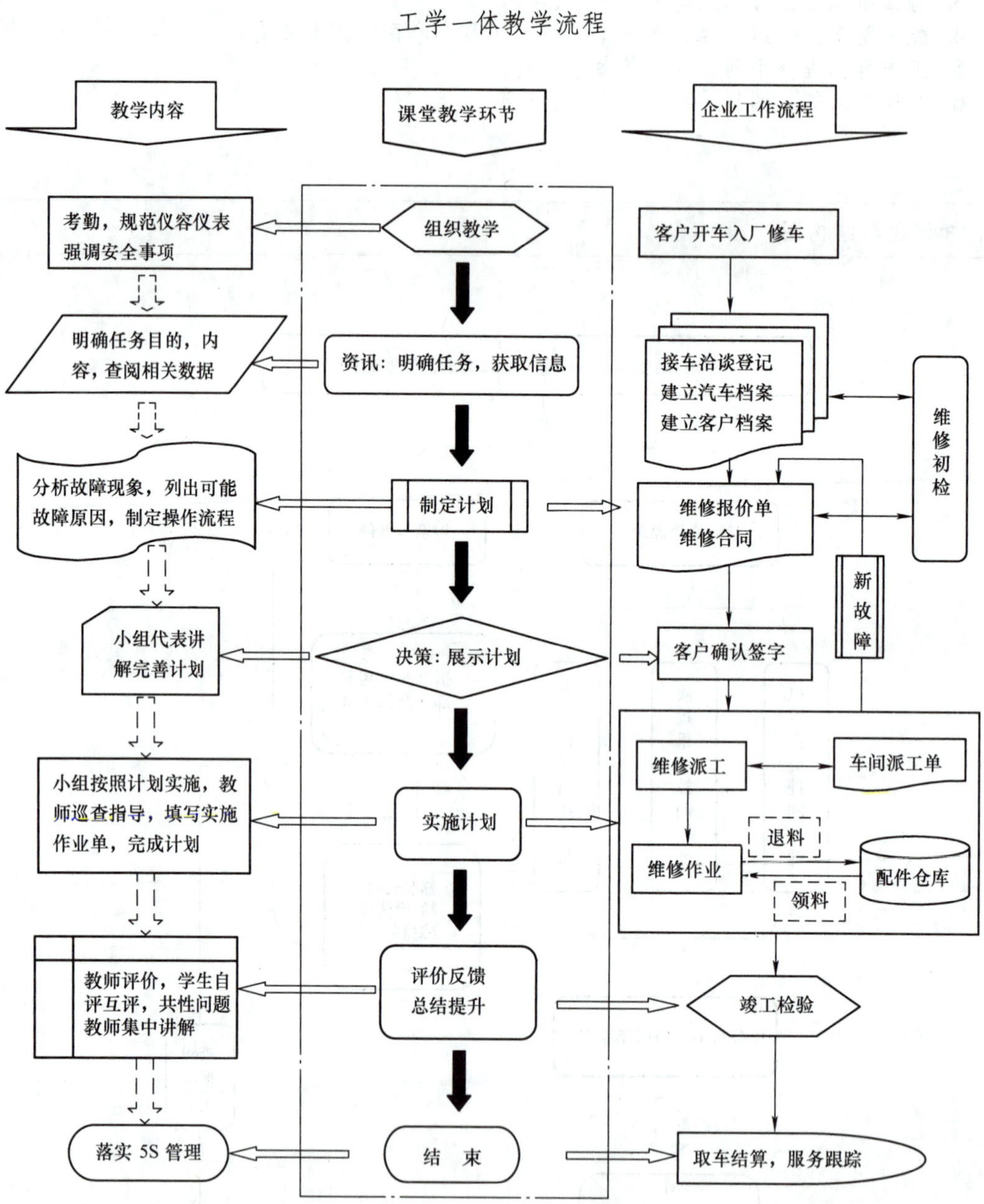

工学一体教学流程

教学内容	课堂教学环节	企业工作流程
考勤，规范仪容仪表 强调安全事项	组织教学	客户开车入厂修车
明确任务目的、内容，查阅相关数据	资讯：明确任务，获取信息	接车洽谈登记 建立汽车档案 建立客户档案 → 维修初检
分析故障现象，列出可能故障原因，制定操作流程	制定计划	维修报价单 维修合同（新故障）
小组代表讲解完善计划	决策：展示计划	客户确认签字
小组按照计划实施，教师巡查指导，填写实施作业单，完成计划	实施计划	维修派工 — 车间派工单；维修作业 ⇄ 配件仓库（退料/领料）
教师评价，学生自评互评，共性问题教师集中讲解	评价反馈 总结提升	竣工检验
落实 5S 管理	结束	取车结算，服务跟踪

十、教学过程（按4课时展示）

教学环节及时间分配	教学内容（企业工作）	学生活动	教师活动	设计意图及资源准备
教学环节1：组织教学（10分钟）	1. 上课起立，检查仪容仪表，强调穿工作服。 2. 展示课堂协议。 3. 考勤，填写教学日志。 4. 客户开车入厂修车（课前教师已经设好故障）。	1. 学生分组就座；每4~6人一组，组长负责制。 2. 学生鼓掌述课堂协议。	1. 组织上课，考勤，检查学生仪容仪表。 2. 展示课堂协议，填写教学日志。	意图：强化学生出勤与仪容仪表基本职业素养，培养学生纪律意识和团队意识。 资源：教学日志，教学评价表（附件1）
教学环节2：明确任务，获取信息（35分钟）	任务情境： 李先生开一辆2009款COROLLA-EX轿车，配置1ZR-FE发动机和U340E自动变速器，此车行驶里程已达到40000km。一周前，李先生发现此车加不起速度，同时仪表板上有个黄色的灯（故障灯）亮起，感觉行驶无力，两天后经前台接车后，主管把此车交给你们组来完成自动变速器不升档故障与车辆故障的原因，经检测确定为自动变速器不升档故障，你的任务是： 1. 学习接车过程，经延长沟通主要学习内容即接车，维修初检，建立客户档案材料，建立车辆档案。 2. 学习维修手册资料，修复故障，常见维修延长时间增加维修费用。 3. 学习汽车自动变速器不升档故障维修过程。 4. 学习与客户沟通技巧，注意礼仪。 工作要求： 1. 接车单填写要尽量完整，得体、有效，注意礼仪。 2. 与客户沟通要有效，不得缺漏，与客户沟通要准确描述故障现象的确认。	1. 模拟企业前台接待，分组操作，注意接待礼仪。 2. 填写接车单。 3. 试车体验感知自动变速器不升档现象（如果条件允许）。 4. 建立客户和车辆电子档案材料。	1. 教师示范指导，引导学生进入企业工作场景。 2. 讲解接车单填写要求。 3. 指导学生建立档案。 4. 过程监控。	意图：以企业任务的工作真实任务真实引入课题，配合PPT讲解。学习的内容是企业的真实工作。目的是解决企业实际问题。此过程完成学习目标1。 资源：COROLLA-EX轿车每组一台，接车单（学习任务工作页），维修手册，教材等参考资料。

（续）

教学过程及 教学环节及 时间分配	教学内容 （企业工作）	学生活动	教师活动	设计意图及 资源准备
教学环节3： 制定诊断与排除 自动变速器不 升档故障的实 施计划 （40分钟）	1. 获取相关专业知识（参照附录B鱼骨图），打下理论基础。 途径：查阅维修手册，小组讨论，查阅传统教材，教师讲解等多种方法途径。 2. 学习自动变速器换档控制原理（结合附录C工作页引导）： 电控原理（完成对应工作页内容）； 液控原理（完成对应工作页内容）； 齿轮变速机构换档原理绘制（鱼骨图为依据）。 3. 操作计划流程图绘制（以知识逻辑结构图、鱼骨图为依据）。 4. 绘制流程图的方法（分组，头脑风暴，不拘一格）。 5. 沟通与合作方法，团队意识培养。 6. 维修报价，成本核算（参照维修报价单）。 工作要求： 1. 制定计划要发挥团队的力量。 2. 维修报价要合理公开透明。 3. 查阅维修手册，要求：快、准、有效。	1. 小组成员合作，组长组织分工，讨论、查阅资料获取相关理论知识。 2. 学习自动变速器换档控制原理： ①电控原理； ②液控原理； ③齿轮变速机构档位分析。 3. 列出自动变速器不升档可能的原因（故障点）。 4. 编写计划，操作流程图	1. 指导学生查阅资料，完成任务，答疑讲解。 2. 共性问题集中讲授。 3. 控制进度，根据学生完成情况在教学评价表上评分。 4. 展示三个层次，八测评职业能力个指标的评价模型。	意图：通过小组合作，培养学生团队沟通表达能力，组长的协调组织能力，完成学习目标。 2. 能独立查阅维修资料，通过小组合作，能列出自动变速器不升档可能的原因。结合工作页填写情况给学生客观评价。 资源：零号大白纸每组一张，水性笔、直尺A4白纸若干，教学评价表。

| 教学环节4：展示小组计划作出决策（20分钟） | 方案决策与实施准备：
1. 各小组展示计划流程的编制，派代表讲解本组诊断思路。
2. 明确职业能力测评中的功能性指标和过程性指标。 | 1. 小组派代表讲解本组计划流程，同组学员可以补充，其他组成员可以提问。
2. 根据其他同学提问，教师点评，修正完善本组计划。 | 提问质疑学生计划，为学生计划提出修改建议
教师点评 | 意图：
1. 培养学生演讲表达能力，口才锻炼。当众讲话的举止形态，提高综合职业素养。
2. 培养与人为善，学习他人长处，取长补短的学习心态。
3. 完成学习目标3中制定计划并完善计划部分。
4. 教学环节3和4完成教学重点的突破。
资源：展板、图钉、水笔等、工具车、必备的工具。 |

(续)

十、教学过程（按4课时展示）

教学环节及时间分配	教学内容（企业工作）	学生活动	教师活动	设计意图及资源准备
教学环节4：展示小组计划，作出决策（20分钟）	3. 修改完善本组计划流程图。 4. 准备实施的工具材料。 5. 填写对应工作页。 评价指标：社会责任感、创新性、环保性、经济性、工作过程和生产（经营）流程导向、使用价值导向、解释展示、功能性 能力层次：设计能力、过程性能力、功能性能力 工作要求： 1. 决策要科学、合理。经过论证、对比，方案可实施性好。 2. 流程图要求条理清晰，层次分明，直观性好。 3. 工具设备要求齐备。	1. 小组派代表讲解本组计划流程，同组学员可以补充，其他组成员可以提问。 2. 根据其他同学提问，教师点评，修正完善本组计划。	提问质疑学生计划，为学生计划提出修改建议，教师点评。	意图： 1. 培养学生演讲表达能力，口才锻炼，当众讲话的形式综合职业形态的综合职业素养。 2. 培养与人为善，学习他人长处，取长补短的学习心态。 3. 完成学习目标3中制定计划部分。 4. 完成教学环节3和4教学重点的突破。 资源：展板、图钉、水笔，必备的工具。

| 教学环节5：实施维修计划（30分钟） | 1. 首先列队，讲解实操安全，再次检查着装。强调人身安全，工具设备安全。
2. 调取故障码DTC，根据故障码确定维修范围。
3. 认识零部件安装位置（完成工作页学习活动四）。
4. 根据工作页引导学习问题，检测PNP开关、电磁阀等零部件及其电路。
5. 充分利用维修手册，查找各束线连接器编号，对应接脚编号（参照本导学工作页）。
6. 测量线束导通情况，结合计划流程图，找出故障点。

3. 读取故障代码
7. 修复故障点，注意正确使用。
8. 维修终检，确认故障排除。
工作要求：
1. 工作服、四件套等劳动保护用品齐备。
2. 解码器、万用表等等能正确使用。
3. 不准正负极相碰试火，注意操作安全。
4. 要求分工明确，团队合作完成任务。 | 1. 学生列队再次检查劳动保护用品，工具设备是否齐备完好。有意外报告老师或组长。
2. 根据计划方案实施，模仿教师示范，检测零部件及其线路。
3. 查阅维修手册，充分利用厂家的资料，按照厂家要求作业。
4. 查出故障点，报告老师和所有组员。实施修复，排除自动变速器升档故障，并确认故障排除。 | 1. 指导学生实施故障排除。
2. 示范部件测量，以便突破难点。
3. 注意学生的安全操作。
4. 答疑。
5. 监控。
6. 指导。 | 意图：在真实的环境中操作，学生感受到职业氛围，培养学生对职业的认同感。分组操作，培养其团队意识。分工协作，培养组长的协调管理能力。教师对过程监控，学生的问题可以及时回答，发现操作及错误及时补救带来设备的安全和操作人员的安全。同时便于现场考核。共同完成学习目标3、4
3. 安全操作，关注身体健康。
教学中难点的化解、操作部件的测量技能掌握。
资源：万用表、解码器、导线、热缩管、电烙铁、工作页、教学评价表、COROLLA-EX轿车每组一台。 |

(续)

十、教学过程（按 4 课时展示）				
教学环节及时间分配	教学内容（企业工作）	学生活动	教师活动	设计意图及资源准备
教学环节6：评价与反馈，总结提升（20分钟）	1. 维修终检后，洗车清洁，通知客户提车。 2. 了解客户驾驶习惯有无，给客户驾驶使用维护建议。 3. 回顾从接受任务到故障排除的全过程，填写车间维修记录，归纳总结。 4. 教师点评，归纳总结。 学生听老师总结点点评 试车确认故障排除 纠正学生不正确接线过程 5. 布置作业： 6. 按照"5S"的标准，对场地归位整理，提高学生素养。 工作要求： 1. 汽车需要试车时，无驾照，未经批准者，不得驾驶。 2. 服务跟踪要及时到位。 3. 5S管理，要养成习惯，自觉完成。 4. 竣工检验后，要求填写车间维修记录。	1. 现场整理整顿，洗车前准备。做好交车前准备。 2. 分析故障原因是否与驾驶人使用习惯有关，并给出建议。 3. 小组代表展示操作过程，并简短自评。 4. 听老师的总结与点评，记录需要提升的新知识和技能点。 5. 清扫，清洁，整理，整顿，素养。按照5S标准恢复现场。	1. 组织学生角色扮演，模拟交车过程。 2. 引导学生如何向客户提出建议。 3. 点评实现有效的教学过程实现学生操作提升。 4. 试车确认故障排除（如果教学条件允许）。	意图：学生核算维修费用，了解当前配件的市场价格，培养成本意识，注重职业活动的经济型指标要求，分析驾驶习惯与故障的关系，培养学生的服务意识，完成学习目标5，实现目标的迁移和应用。小组展示，促进学生对过程反思，培养学生总结归纳提升的学习能力。 资源：工作页、教材、维修手册等资料。

十一、教学评价设计

　　教学评价设计思想：科学的教学评价体系是实现教学目标的重要保障。评价是教学方向的指挥棒。

　　根据教学目标、教学内容、学习环境和学生的个体差异设计切实可行的评价标准。

　　教学评价的设计以教学目标为依据，在教学之后，评价学习者在认知、情感、技能等方面是否符合教学目标。本次课教学目标有以下四点：

　　① 能确认自动变速器不升档现象，与客户沟通，正确填写《接车单》。
　　② 能独立查阅维修资料，通过小组合作，能列出自动变速器不升档可能的原因。
　　③ 能通过小组合作方式，制定维修计划，并排除故障。关注安全及健康。
　　④ 对自动变速器的正确使用，能给客户指导或建议。

　　目标①通过《接车单》的填写即可评估是否达成。目标②③要采用过程评价和结果评价相结合评估，对学生在学习过程中的态度、兴趣、参与程度、任务完成情况以及学习过程中所形成的成果如计划流程的编制、工作页的填写。

　　基于以上思想，设计了《教学评价表》《接车单》《工作页》，见附件1、附件2、附录C。

十二、教学总结与反思

　　工学一体的课堂教学实施，应该是两条线索：一条是工作的过程，其结果是生产出合格的产品或汽车功能的恢复；另一条线索是学生学习的过程，其结果是培养出行为和能力提高的学生。用产品是否合格（汽车功能是否恢复）来检验培养的学生是否达到预定的培养目标。

　　工与学如何结合，是课堂教学成败的关键。

　　成功之处：①用企业任务引领，将企业真实的工作搬进课堂，实现了通过工作实现学习的目的。②另外，课前准备比较充分，包括故障点的设置，工具的准备比较到位。③线路测量时，采用教师示范的方法，避免了学生错误操作对设备的损坏，同时避免安全事故发生。④学生对工学一体的教学模式还比较新鲜，且技师层次的学生学习主动性较好，积极性较高，才得以实现以学生为主体，教师为主导的教学形式。目前"工作"是模拟的，学习是真实的。当学生对这种模拟的"假"工作不感兴趣的时候，教学就会很难实施。

　　不足之处：一体化的工作环境不够真实，模拟的效果与真实的企业工作环境有差距。

　　改进措施：如何才能让工作不假，只有走深度校企合作的路子，把真实的企业搬进课堂，或把课堂搬进企业！如英国的学徒制、德国的双元制，那需要全社会和体制的支持。

附件1：教学评价表

《汽车自动变速器故障诊断与排除》课程过程考核方案
学习任务 诊断与排除丰田卡罗拉自动变速器不升档故障

班级_____

学号	出勤（10分）	角色扮演得分（10分）	制定计划得分（10分）	工作页填写得分（20分）	部件测试得分（20分）	安全作业（10分）	服务意识（10分）	5S管理得分（10分）	总得分
评分标准	迟到一次扣5分	能确认故障现象5分，与客户沟通2分，正确填写接车单3分	小组合作4分，列出自动变速器不升档原因6分	查阅资料10分，制定计划10分	找出故障点10分，能排除故障10分	无安全事故发生关注健康10分	能给客户建议指导10分	过程5S满分10分	满分100分
1									
2									
3									
4									
5									
6									
7									
8									
9									
10									
11									
12									
13									
14									

备注：

附件2：接车单

×××汽车维修服务有限公司
接车单

车牌号		客户名称		接车	
联系人		VIN		里程	
联系电话		发动机号		车型	
接车日期		预计交车时间		燃油	

客户口述：	维修类别	定期保养 □
		事故维修 □
		普通维修 □
		索赔维修 □

序号	维修项目&零件项目	班组	工时费	材料费	备注
合计		其他			

备注：1. 车内贵重物品由客户自行带走，否则如有遗失，本厂恕不负责；2. 车主同意上述维修项目并授权本厂对无法修复零件予以更换；3. 客户自带配件与客户要求更换副厂件的，本厂恕不负责质量保证；4. 客户交修车辆应自行保险，如发生天灾地变不可抗拒之灾损，本公司不负责赔偿；5. 车主授权本厂将车辆外出试车，试车期间如发生意外事故，本厂只负责将车辆修复。

检查项目：
灯罩□　备胎□
轮盖□　天线□
玻璃□　证件□
工具□　CD片□

√ 破损　　× 划痕　　△ 凹陷

客户签字确认：

地　址：　　　　　　开户行：
电　话：　　　　　　账　号：

附件3：结算单

×××修理厂维修结算单

地址：广州市××路××号
开户行：广州市工商行××分行
账号：6222 4789 ×××× ×××× ××

客户名称			车牌号码	
联系人		联系电话	车型	
维修类型		作业分类	发动机号	
进场时间		结算日期	备注	

维修项目

序号	项目编号	项目名称	结算方式	金额

序号	配件编号	配件名称	单位	单价	数量	结算方式	金额

付款方式			人工费	
金额大写			材料费	
备注：			管理费	
			其他费	
			税金	
			金额	
			优惠金额	
			实收金额	

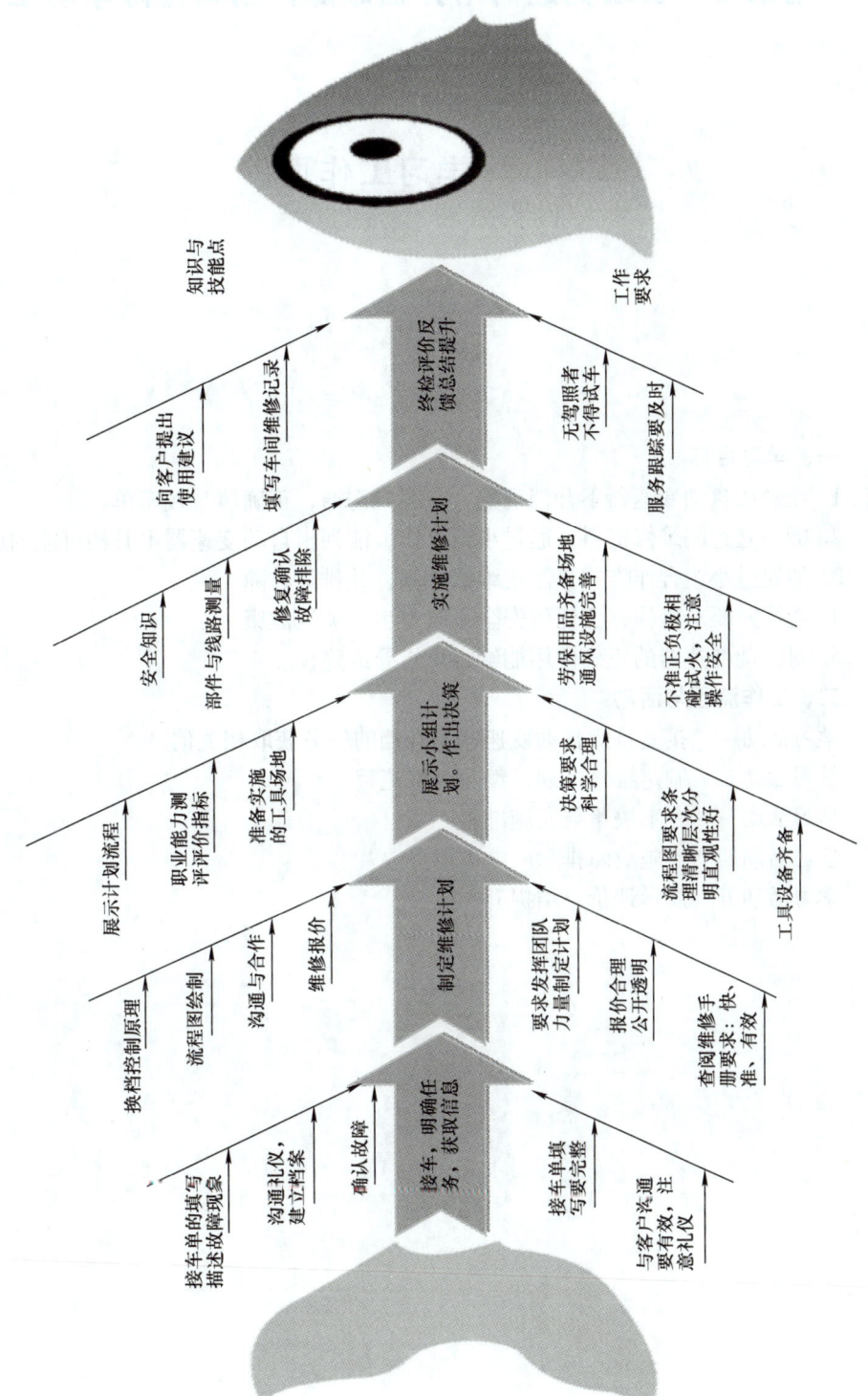

附录 B 自动变速器不升档故障诊断与排除知识技能与工作要求鱼骨图

附录 C　自动变速器不升档故障诊断与排除学习工作页

附录

学习工作页

一、学习目标
1. 能确认自动变速器不升档现象，与客户沟通，正确填写接车单。
2. 能独立查阅维修资料，通过小组合作，能列出自动变速器不升档可能的原因。
3. 能通过小组合作方式，制定维修计划，并排除故障。
4. 能按照要求操作，无任何安全事故发生，关注健康。
5. 对自动变速器的正确使用能给客户指导或建议。

二、工作流程与活动
学习活动一　接受排除自动变速器不升档的任务获取相关信息
学习活动二　制定维修计划，编写维修流程
学习活动三　方案决策与实施准备
学习活动四　实施故障排除
学习活动五　展示评价总结提升

任 务 书

任务描述：

　　李先生开一辆2009款卡罗拉EX轿车，配置1ZR-FE发动机和U340E自动变速器。行驶里程已达到40000km。一周前，李先生发现此车加不起速度，感觉行驶无力，且仪表板上有个黄色的灯（故障灯）常亮着。开到附近一家快修店请师傅维修，当时师傅说该保养了，在师傅的建议下，李先生把车交给快修店保养。更换了ATF，但故障灯依然点亮。快修店的师傅说，可能是自动变速器出故障了，需要到自动变速器专修店修理，快修店没有维修自动变速器的技术力量。在师傅推荐下，李先生把车开到了你所在的修理厂。

　　经前台接车后，主管把此车交给你们组来完成，要求两天后交车。接到任务后试车，根据现象和初步检测确定为自动变速器不升档故障。要求查阅维修手册，查找不升档的可能原因，经检测修复，恢复汽车正常运行功能，必要时与车主沟通延长维修时间增加维修费用。

故障再现

学习活动一 接受排除自动变速器不升档的任务

获取相关信息

1. 请同学们用红色的笔划出任务描述中的关键词,并把它抄写在横线上。

2. 根据以上关键词的选择,说明该维修任务的要求。

3. 在填写接车单与客户签维修协议时,应注意什么?

4. 根据以上任务描述和驾驶人对故障现象描述,你能想到的可能的故障原因有哪些?请列出。

5. 查阅相关资料或听老师讲解,写出自动变速器换档原理。
(1) 电控系统控制原理

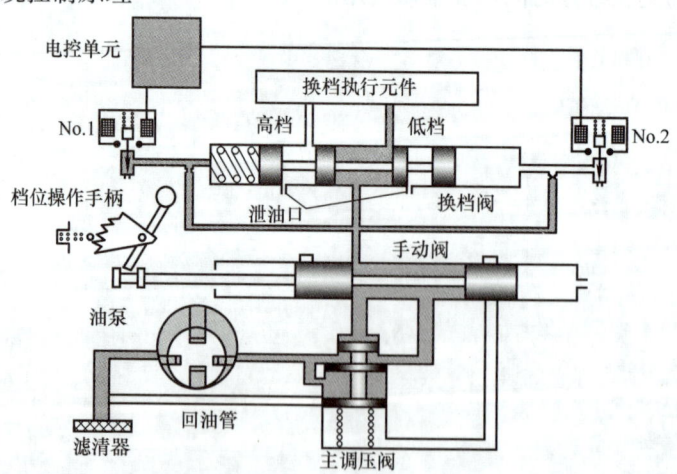

电控单元需要接收到以下传感器的信号,才能正常控制换档:
① 车轮转速传感器提供的_____信号;

② 节气门位置传感器提供的_____信号；
③ 驻车/空档位置开关（PNP）提供的_____信号；
④ ATF 油温传感器提供的_____信号；
⑤ 涡轮转速传感器 NT 提供的_____信号。

电控单元接收档位开关、车速传感器、节气门位置传感器等信号，根据预先存储在其内部的控制程序，向 No.1（S1）和 No.2（S2）电磁阀发出指令，控制档位的自动变换。

U340E 自动变速器换档电磁阀换档控制原理：

正常	电磁阀	S1	ON	ON	OFF	OFF
		S2	ON	OFF	OFF	ON
	档位		1 档	2 档	3 档	4 档

（2）液控系统控制原理

作用于换档阀两端的是由电磁阀控制的电磁阀油压。起动发动机时，油泵建立油压，主调压阀调节主油路油压。当变速手柄选择 D 位时，手动阀将主油压送入换档阀中间，作为工作油压；同时，换档阀两端有经过节流口节流后的控制油压，此控制油压由控制单元控制的电磁阀控制。

当汽车起步时，_____，汽车进入低档位行驶。随着车速的加快，_____，根据换档程序控制 No.1 电磁阀通电，泄油口打开，No.2 电磁阀断电，泄油口关闭。_____
_____
_____汽车升档。

（3）机械部分换档原理（档位分析）

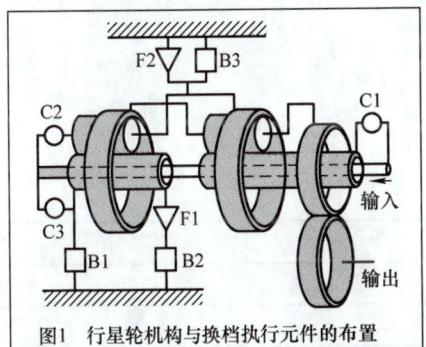

图1 行星轮机构与换档执行元件的布置

图2 U340E 自动变速器动力传递路线
C1—前进离合器　　C2—直接离合器　　C3—倒档离合器
B1—超速/2档制动器　B2—2档制动器　　B3—1/倒档制动器
F1—单向离合器F1　　F2—单向离合器F2

档位	执行元件工作	档位	执行元件工作
D位1档	C1　F2	D位4档	C2　B1　(B2)
D位2档	C1　B2　F1	L位1档	C1　B3　F2
D位3档	C1　C2　(B2)	R位倒车档	C3　B3

注：( ) 表示在该档位接合但不传力

表2　各换档执行元件的作用

换档执行元件	作用
C1(前进离合器)	驱动前排太阳轮
C2(直接离合器)	驱动后排行星架/前排齿圈
C3(倒档离合器)	驱动后排太阳轮
B1(超速/2档制动器)	在2、4档时固定后排太阳轮
B2(2档制动器)	在2档时工作，通过单向离合器F1单向固定后排太阳轮
B3(1/倒档制动器)	倒档时固定前排内齿圈/后排行星架
F1(单向离合器F1)	在2档制动器B2工作时处于锁止状态单向固定后排太阳轮
F2(单向离合器F2)	单向固定前排内齿圈/后排行星架

① 分析 1 档传动路线：

② 分析 2 档传动路线：
动力传动路线：输入轴→C1 离合器→前排太阳轮——①→前行星架后齿圈组件→输出轴。

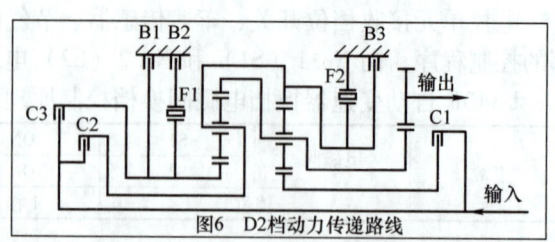

图6　D2档动力传递路线

① 由于1档时，前齿圈后行架被固定，后太阳轮逆时针转动。进入2档时，B2 和 F1 共同作用固定后太阳轮，逼迫后行架绕后太阳轮转动加速了前行星架后齿圈的转动，升为2档。

③ 分析 3 档传动路线：

④ 分析 4 档传动路线：

⑤ 分析倒档传动路线：

6. 根据换档原理，再次列出不升档原因。

_____
_____
_____
_____

学习活动二　制定维修计划，编写维修流程

1. 根据以上列出的丰田 COROLLA U340E 自动变速器不升档的原因，按照由易到难的原则排序为：

_____

_____

_____

_____

2. 用汽车解码器读取故障码，确定故障大致范围。

故障码是 _____

含义是：_____。

3. 根据维修手册，检查 PNP 驻车空档位置开关。

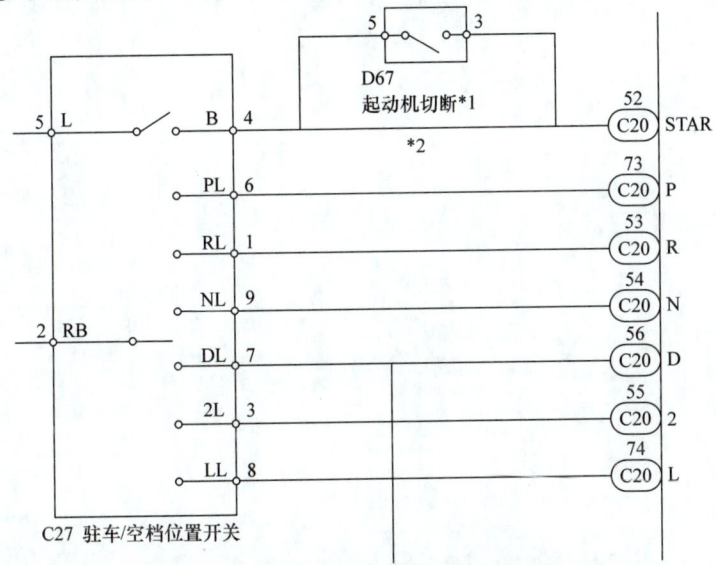

根据以上电路图可知：驻车/空档位置开关的插接器代号是_____。其中 1#和 7#端子分别是_____和_____信号，与 ECM 连接的插接器代号是_____，C20 插接器 56#端子是_____信号。

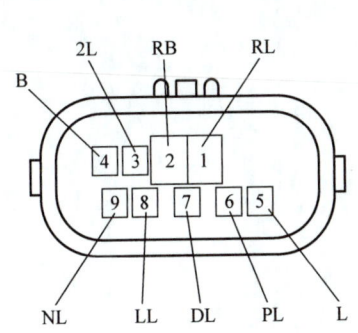

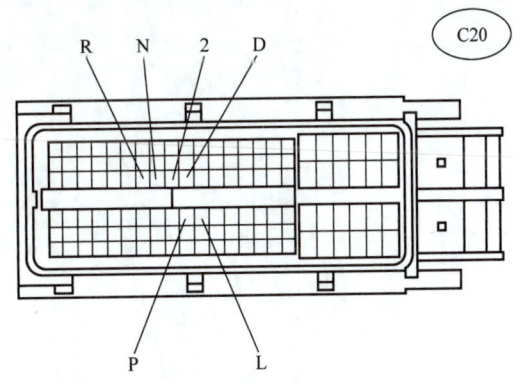

绘制操作流程图，制定实施计划。

学习活动三　方案决策与实施准备

1. 完成此任务需要准备哪些工具?
___
___
___

2. 对车辆做基本检查,需要检查哪些项目?填写下面空白。
   安装汽车防护四件套包括_____、_____、_____和_____。检查油、水、电,包括_____
   ___。

3. 对场地、车辆、人员配置、资料准备等有何要求?
___
___
___
___

学习活动四　实施故障排除

一、认识各零部件安装位置测量方法

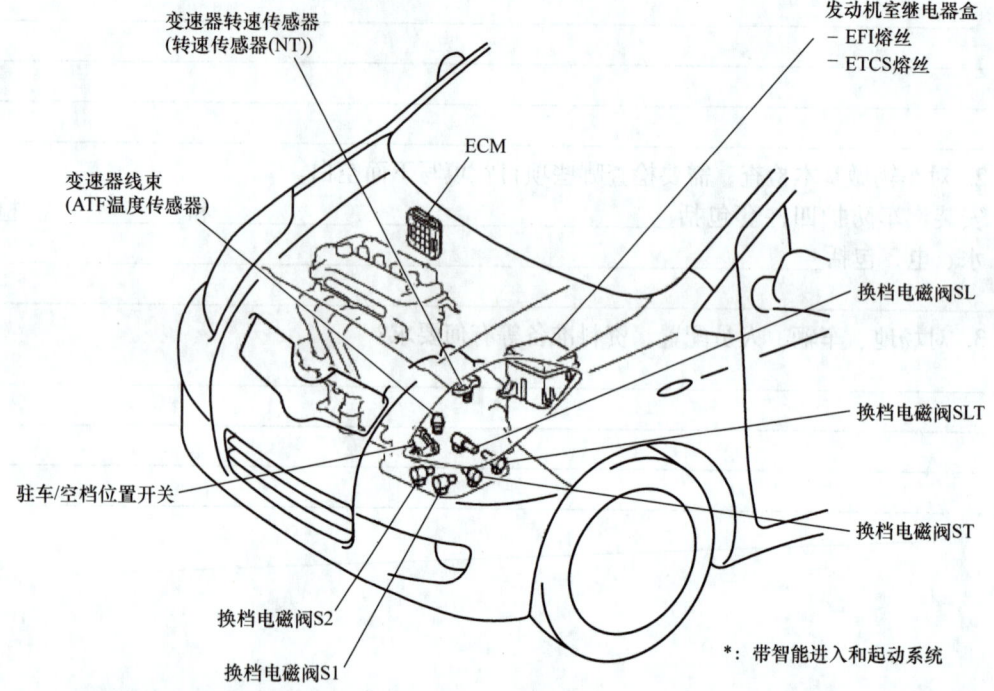

二、查阅维修手册，测量换档电磁阀 S1 和 S2，及其线路。

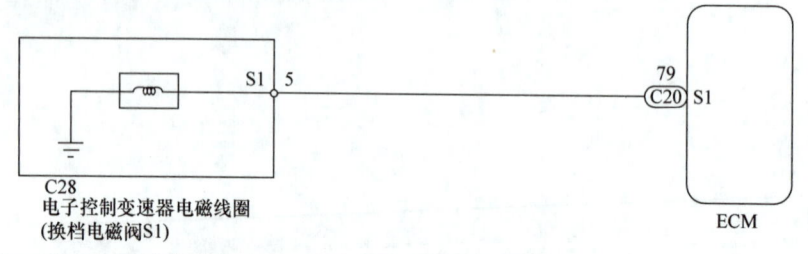

电磁阀 S1 和 S2 是控制换档的电磁阀，线束插接器代号是_____，其_____号端子是 S1 信号，与 ECM 连接的插接器代号是_____，端子是_____。在 20℃下测量其电阻值是_____Ω。

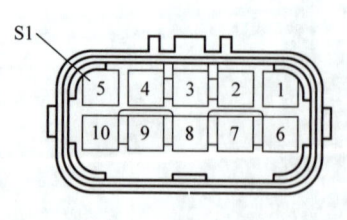

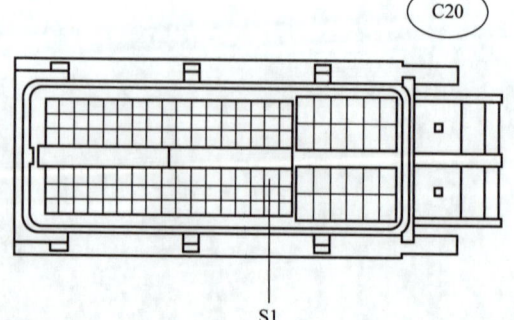

| 3 | 检查换档电磁阀S1 | | |

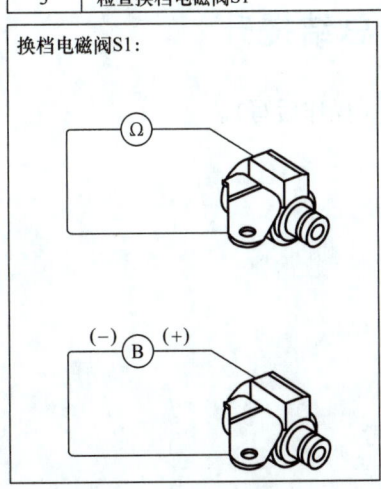

换档电磁阀S1：

(a) 拆下换档电磁阀S1。
(b) 根据下表中的数值测量电阻。
标准电阻

IT-II连接	条件	规定条件
电磁线圈连接器(S1)-电磁线圈体(S1)	20℃(68°F)	11至15Ω

(c) 将正极(+)引线连接到电磁线圈连接器的端子上，将负极(-)引线连接到电磁线圈体上，然后检查电磁阀的工作情况。

OK:
电磁线圈发出工作响声。

NG ▷ 更换换档电磁阀S1(参见页次AX-97)

测量 S1 与电脑接线端子导线是否断路或断路，结果是_____。
对 S2 电磁阀用同样的方法测量。
电磁阀 SLT 是压力控制电磁阀，即控制阀板中的系统油压，是插接器 C28 中的_____和_____端子。与 ECM 连接插接器是_____，其中的_____和_____是电磁阀 SLT 的信号端子。如下图：

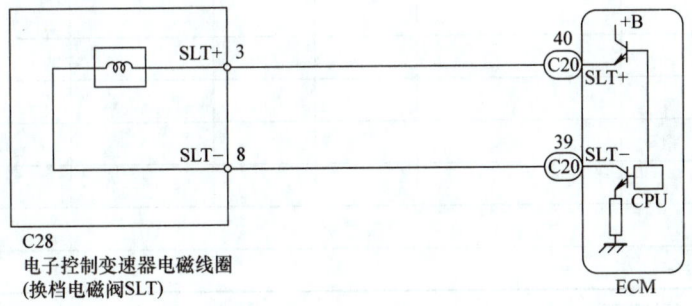

C28
电子控制变速器电磁线圈
(换档电磁阀SLT)

在 20℃下测量 C28 中，3#和 8#之间的电阻是_____Ω；C28 中 3#与 C20 中 40#电阻应该是_____Ω。

| 1 | 检查变速器线束(SLT换档电磁阀) | | |

未连接线束的组件：(变速器线束)

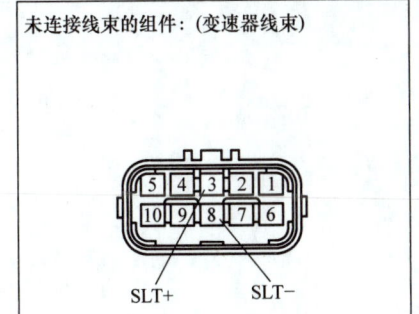

(a) 从传动桥上断开变速器线束连接器。
(b) 根据下表中的数值测量电阻。
标准电阻

IT-II连接	条件	规定条件
3(SLT+)-8(SLT-)	20℃(68°F)	5.0至5.6Ω
3(SLT+)-车身接地	始终	10kΩ或更高
8(SLT-)-车身接地	始终	10kΩ或更高

NG ▷ 进到第3步

C28 中 8#与 C20 中 39#电阻值应该是_____Ω。

学习活动五　展示评价总结提升

1. 请同学们回顾排除故障过程，再次写出操作流程（操作后写）。

2. 过程中你遇到哪些困难，如何克服的？

3. 有哪些因素影响了你的学习？写出你的建议与思考。

4. 小组成员如何分工合作？通过自我评价、小组评价、教师评价填写下表。

项次	项目要求	配分	评分细则	自评得分	互评得分	教师评价	备注
以组为单位							
改进措施：							

注：此表为模板，可另附页。

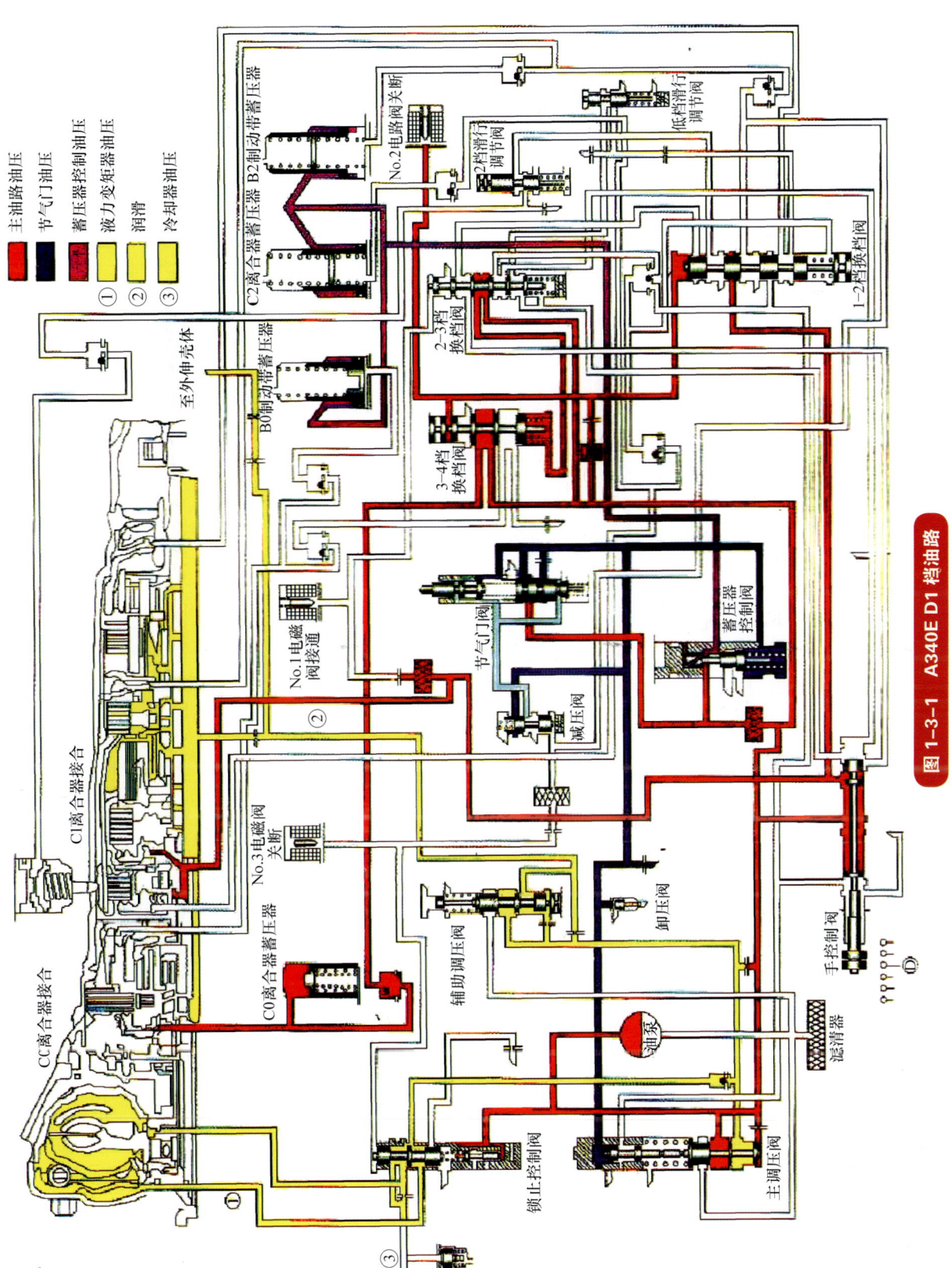

图 1-3-1　A340E D1 档油路

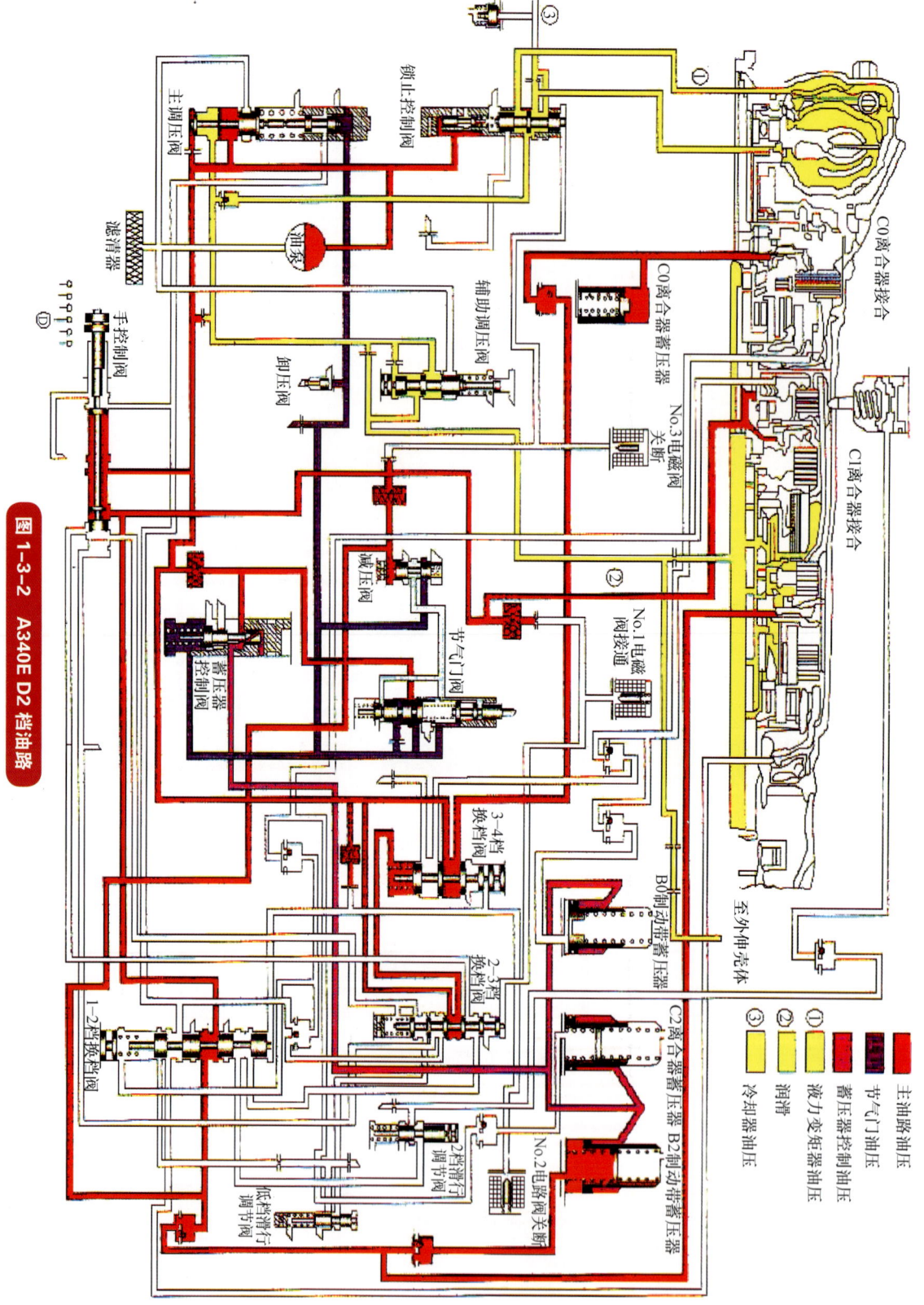

图 1-3-2 A340E D2 档油路

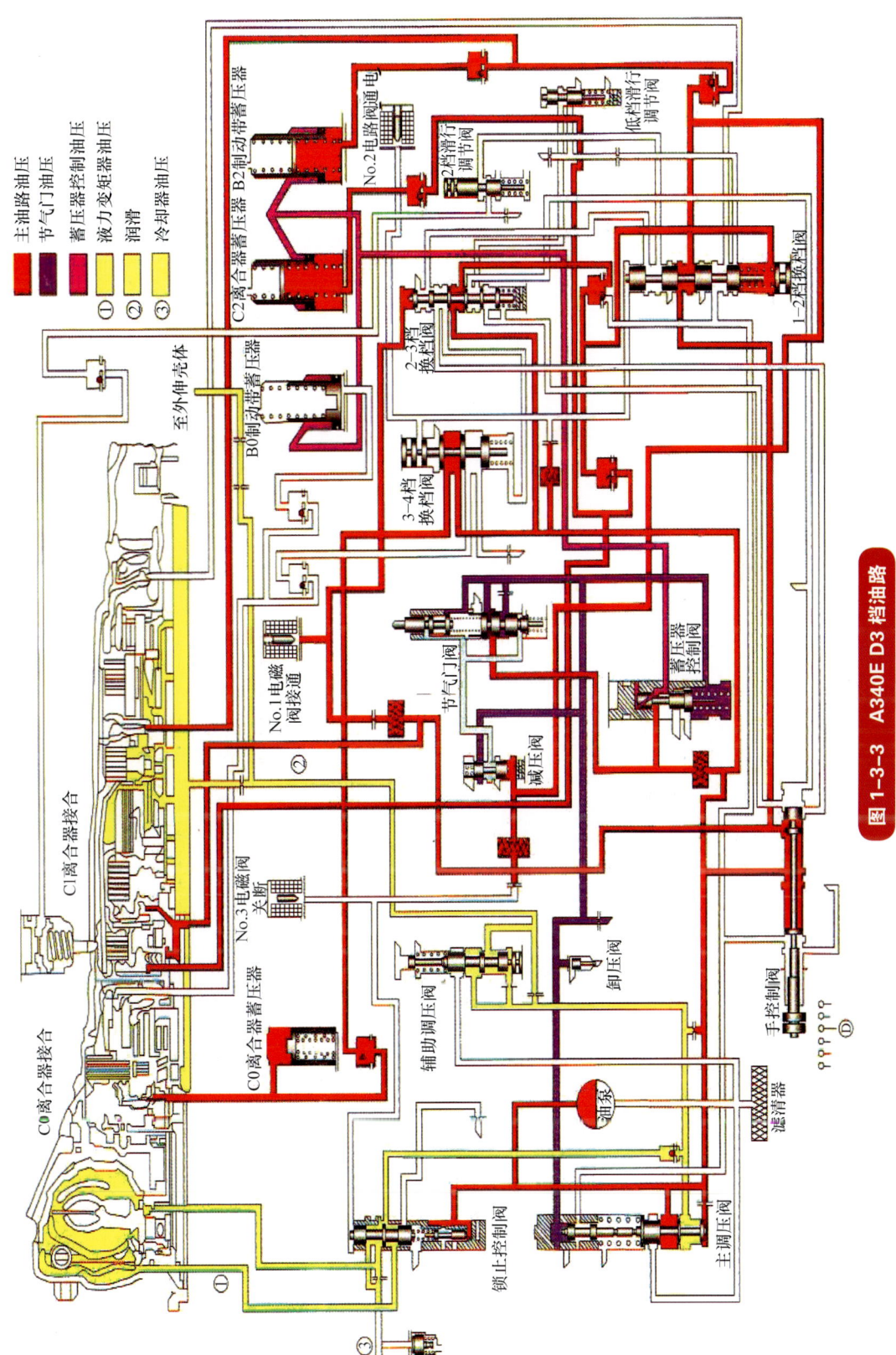

图 1-3-3 A340E D3 档油路

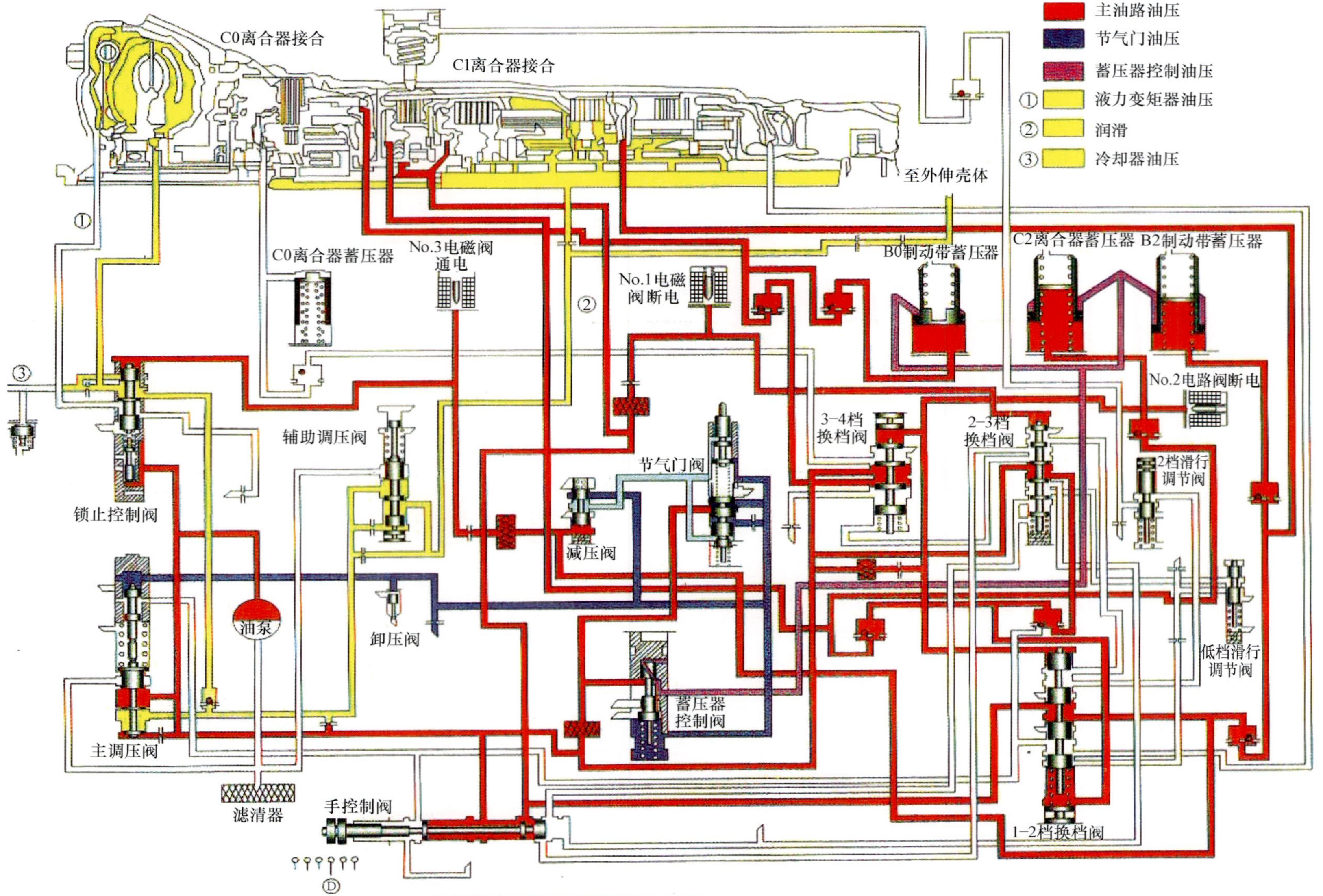

图 1-3-4 A340E D4 档油路

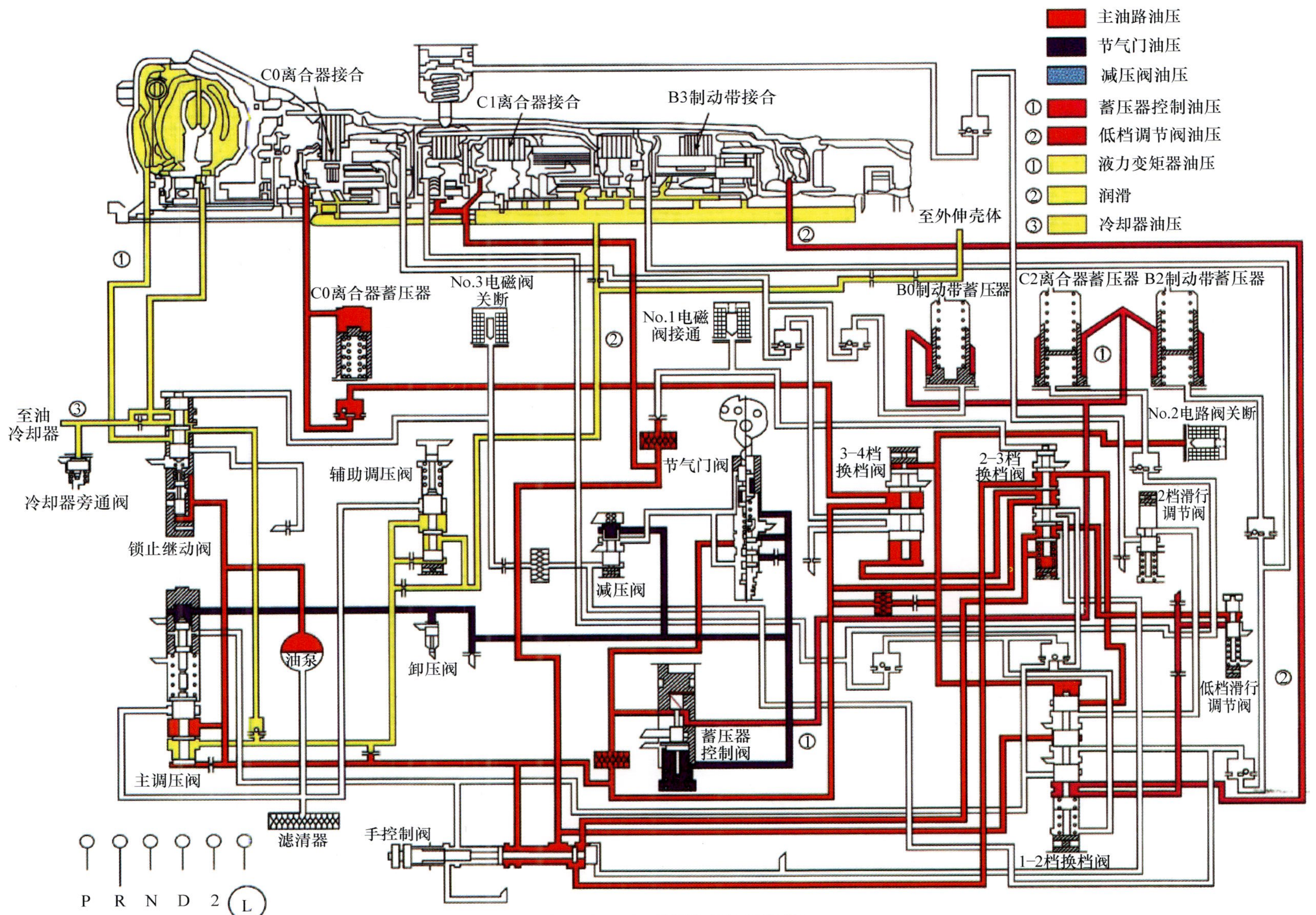

图 1-3-5 A340E L 位 1 档油路

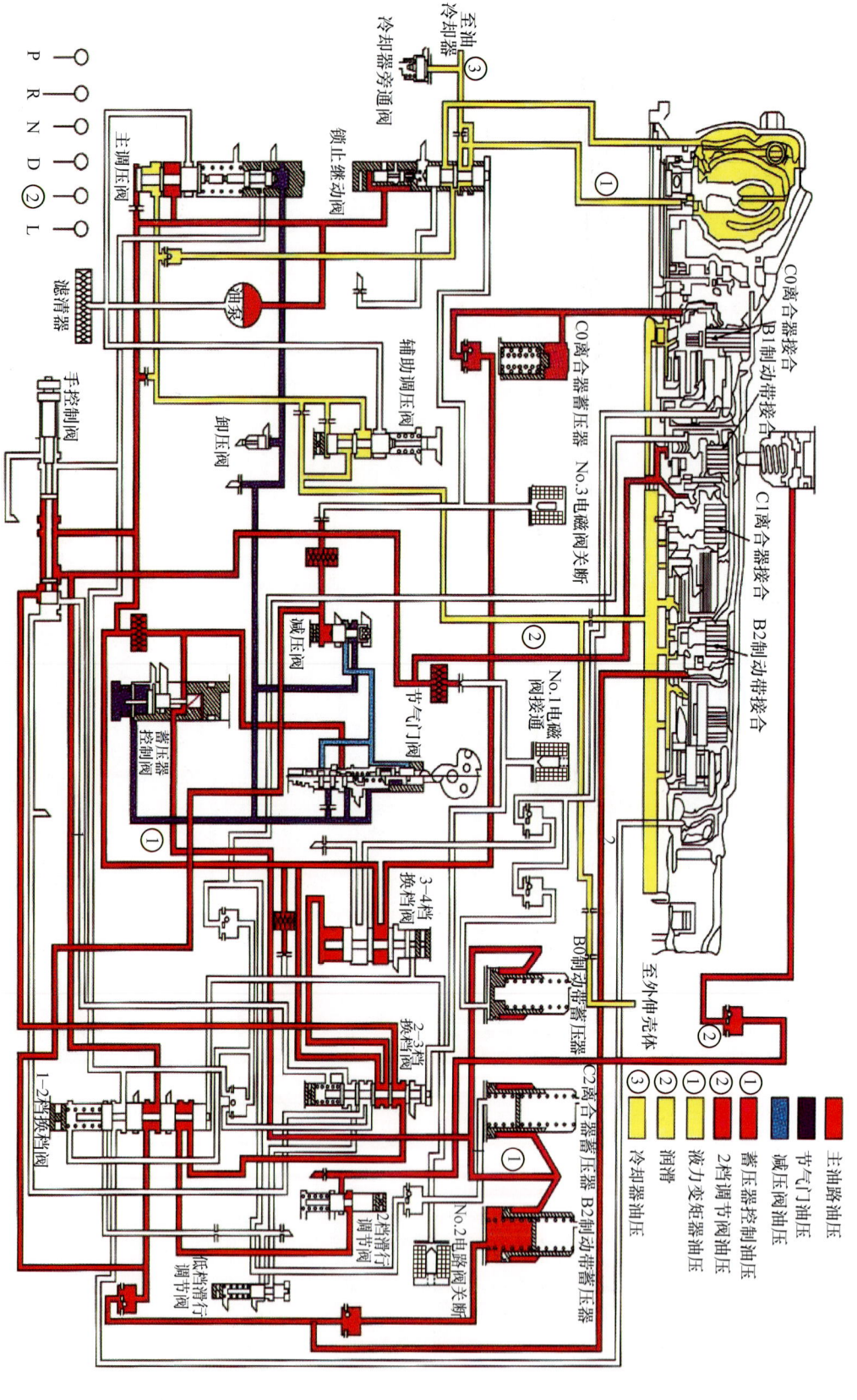

图 1-3-6 A340E 2位2档油路

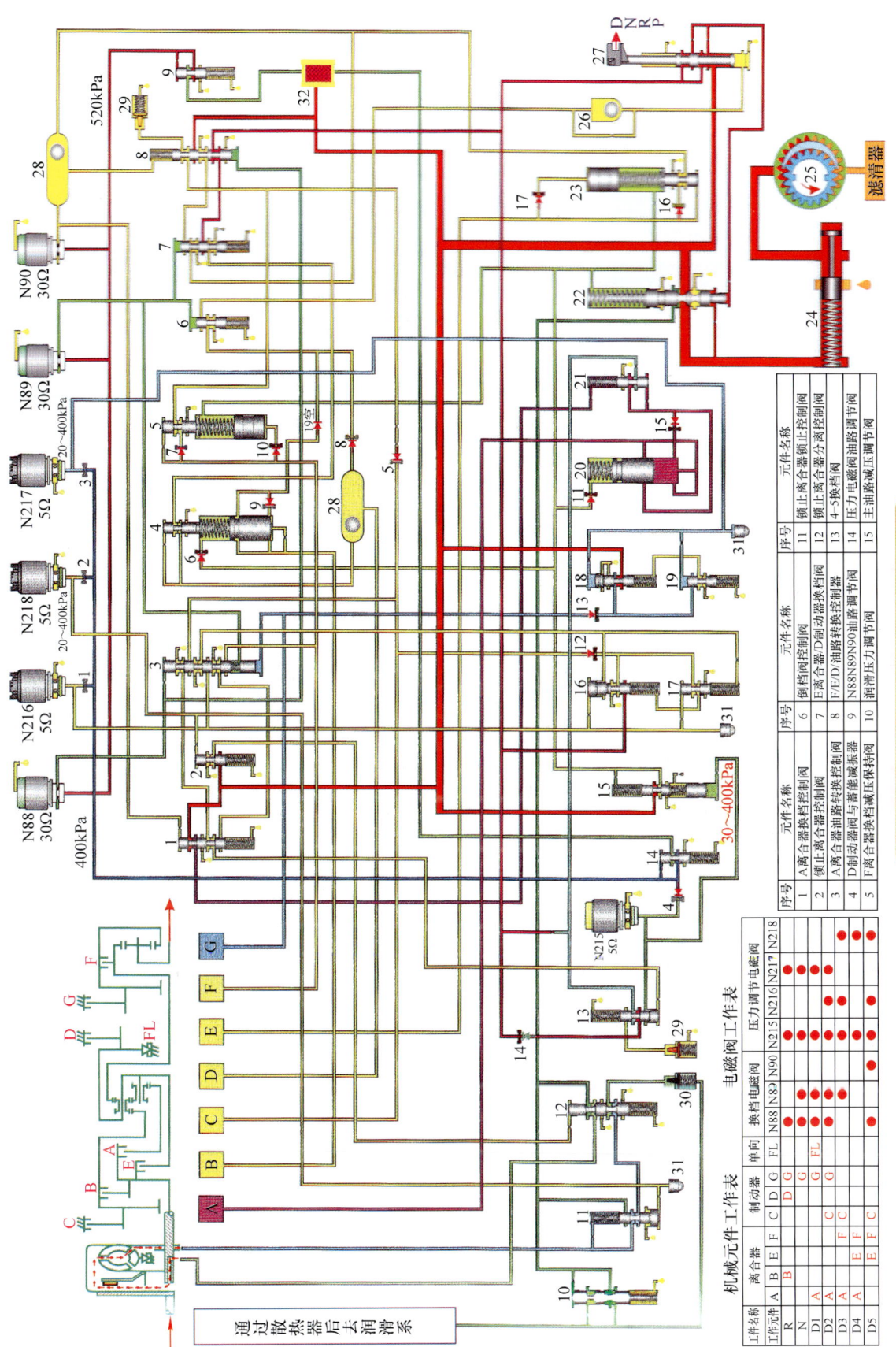

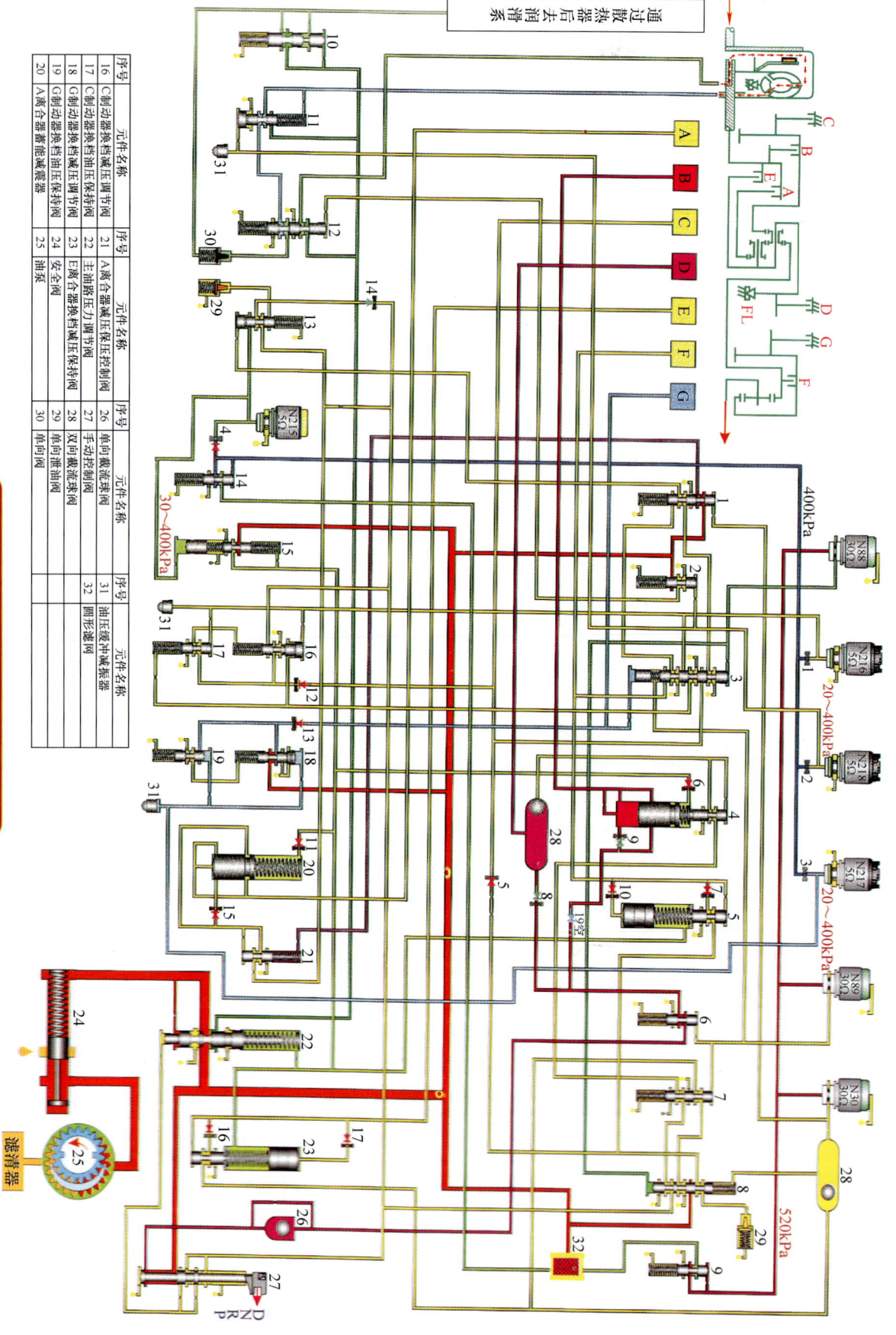